Praxis der Kindertageseinrichtungen

Erfolgreiches Fundraising für Kitas

Schritt für Schritt zu mehr finanziellem Spielraum

Karin Buchner & Dr. Frank Weller

1. Auflage 2011

 Carl Link

Bibliografische Informationen der Deutschen Bibliothek
Die Deutsche Bibliothek verzeichnet diese Publikation in der Deutschen
Nationalbibliografie; detaillierte bibliografische Daten sind im Internet über
http://dnb.ddb.de abrufbar.

Art.-Nr. 06066000 – (ISBN 978-3-556-06066-7)

Der Inhalt dieses Werkes, alle Vorschriften, Erläuterungen, Anregungen und
weiterführenden Fachinformationen, ist mit größter Sorgfalt zusammengestellt.

Quelle Umschlagfoto: Fotolia

© Wolters Kluwer Deutschland GmbH, Köln, Kronach (2011)

Verantwortlich:
Carl Link, Wolters Kluwer Deutschland GmbH
Adolf-Kolping-Straße 10, 96317 Kronach
E-Mail: info@wolterskluwer.de
Internet: www.wolterskluwer.de

Printed in Germany – Imprimé en Allemagne

Inhaltsverzeichnis

1. Über dieses Buch

Die Kita SpielSpass feiert mit vielen Gästen die Neugestaltung ihrer Außenanlage.

Das große Grundstück ist zu einer naturnahen Erlebnislandschaft geworden, die zum Toben, Spielen und Verstecken ebenso einlädt wie zum Forschen und Entdecken. Künstlich angelegte Hügel und Wälle strukturieren das Gelände und fördern gleichzeitig die Bewegungsfreude der Kinder. Unterschiedliche Bodenbeläge aus Sand, Kies, Gras und Holz regen beim Barfußlaufen die Sinne an.

In einem »Kinder-Garten« bauen die Kinder Kräuter und Gemüse an. Vom Säen bis zum Ernten erleben sie, wie Lebensmittel entstehen und welche Faktoren das Wachstum beeinflussen. Darüber hinaus wird durch die Anpflanzung heimischer Wild- und Nutzpflanzen sowie die Anlage von Nistkästen das ökologische Bewusstsein gestärkt. Eine Wasserspielanlage sorgt für viel Spaß, zeigt aber auch, dass mit der Ressource Wasser verantwortungsbewusst umgegangen werden muss.

Mit diesem Projekt verstärkt die Kita ihr Konzept einer ökologischen Ausrichtung. Durch das hautnahe Erleben von Natur begreifen die Kinder spielerisch wichtige biologische Zusammenhänge. Ihre emotionale Bindung an die Natur wird gestärkt und sie werden für ressourcenschonendes, nachhaltiges Handeln sensibilisiert und begeistert.

Der bereits begonnene Erweiterungsbau, der künftig den Ess- und Ruheraum sowie den neuen Badbereich der Kita beherbergen soll, passt da gut ins Konzept. Denn nur natürliche Baustoffe finden Verwendung und eine Photovoltaik-Anlage deckt einen Teil der Energieversorgung.

Vielleicht fragen Sie sich jetzt: »Wie machen die das?«.

Die mögliche Antwort auf diese Frage finden Sie im vorliegenden Buch, das sich an all diejenigen richtet,

- die auch gerne ein solches oder ähnliches Projekt umsetzen möchten;
- die tagtäglich mit ähnlichen Wünschen und der Forderung nach Umsetzung notwendiger Maßnahmen konfrontiert werden, aber keine Möglichkeit der Finanzierung sehen;

- die bereit sind für Veränderungen
- und mit Neugier und Spaß neue Wege beschreiten.

Denn egal, ob es um die Neugestaltung der Außenanlage, die Anschaffung neuer Spielgeräte oder die Erweiterung Ihrer Kita um integrative Betreuungsplätze geht: All diesen Projekten ist gemeinsam, dass ihre Umsetzung Geld, Zeit und Arbeitskraft kostet. Gerade an diesen Ressourcen mangelt es aber oft.

Damit stehen Sie als Kita-Leitung in einem Konflikt: Eltern, Kinder und Träger erwarten die Erweiterung und Entwicklung des Leistungsangebots. Es braucht also innovativer Konzepte und Projekte, um den steigenden Anforderungen und Wünschen gerecht zu werden. Die für die Realisierung notwendigen Mittel fehlen jedoch häufig oder reichen nicht aus.

Folglich bedarf es neuer und zusätzlicher Quellen, um fehlende Mittel zu beschaffen. **Fundraising** wird in diesem Zusammenhang immer häufiger als Ausweg aus dem Dilemma genannt.

Doch was verbirgt sich hinter diesem Begriff, welchen konkreten Nutzen bringt Fundraising Ihrer Kita, welche Voraussetzungen müssen Sie für eine erfolgreiche Fundraising-Strategie erfüllen und wie könnten Ihre ersten Schritte bei der Umsetzung entsprechender Konzepte aussehen?

Oft fehlt es lediglich an den Strukturen, damit Ihre Fundraising-Strategie zur »Erfolgsstory« wird.

Wie Sie diese Strukturen schaffen und welche Finanzierungs- und Planungsinstrumente Sie unterstützend für Ihre Arbeit einsetzen, um künftig Ihre kreativen Ideen umsetzen zu können, haben wir in diesem Buch für Sie zusammengestellt.

Bei der Auswahl der vorgestellten Fundraising-Instrumente haben wir uns auf diejenigen beschränkt, die für Kitas gut umsetzbar und auch mit einem kleinen Budget zu realisieren sind. Betrachten Sie dies als Grundgerüst und Anregung, um eigene Ideen zu entwickeln. Ihrer Kreativität sind dabei kaum Grenzen gesetzt.

Über die theoretischen Grundlagen hinaus, zeigen wir an vielen praktischen Beispielen wie die Umsetzung gelingen kann. Die dabei skizzierten Vorgehensweisen sind exemplarisch. Eine allgemeingültige, auf alle

Kitas übertragbare Fundraising-Strategie gibt es nicht. Vielmehr ist Fundraising wie ein Maßanzug, der individuell an die Bedürfnisse und Voraussetzungen Ihrer Kita angepasst werden muss.

Um von vornherein mögliche Fallstricke auszuschließen, haben wir viele Stellen mit rechtlichen Hinweisen ergänzt.

Dem Thema **Datenschutz** ist ein eigenes Kapitel gewidmet. Der sensible Umgang mit Daten ist für Kitas generell ein wichtiges Thema und gewinnt im Fundraising zusätzliche Bedeutung. Mit nur wenig Aufwand lässt sich der Datenschutz in ihre tägliche Arbeit einbauen. Und: Der verantwortungsvolle Umgang mit Daten ist kein lästiges Übel, sondern ein Qualitätsmerkmal, das Ihre kompetente Arbeit sinnvoll bereichert und sichtbar nach außen dokumentiert.

Definitionsgemäß bezieht sich der Begriff des Fundraising auf die Einwerbung von Mitteln durch nicht gewinnorientierte oder gemeinnützige Organisationen.

Wegen der großen **Vielfalt der Trägerlandschaft** im Bereich der Kitas ist es aus Gründen der Übersichtlichkeit unmöglich, auf durch die Rechtsform bedingte Besonderheiten einzugehen. Hinzu kommt, dass viele Kitas durch einen Förderverein unterstützt werden. In unseren Beispielen sind wir daher – ohne näher auf Rechtsformen einzugehen – davon ausgegangen, dass die Kita selbst in gemeinnütziger Trägerschaft (z. B. Verein, Stiftung, gGmbH) oder öffentlich-rechtlicher Trägerschaft (z. B. Kommune) steht und idealerweise durch einen gemeinnützigen Förderverein unterstützt wird, der – in Zusammenarbeit mit Ihrem Kita-Team – die Fundraising-Aktivitäten plant und umsetzt.

Selbstverständlich gilt alles in diesem Buch Gesagte auch für Kitas, die keinen gemeinnützigen Förderverein haben. Dann entfallen allerdings die Vorteile, die sich insbesondere in personeller Hinsicht sowie durch die Gemeinnützigkeit des Fördervereins ergeben, also beispielsweise die Möglichkeit, durch den Verein Zuwendungsbestätigungen auszustellen oder (zusätzliche) Steuerbegünstigungen im Zusammenhang mit Körperschaft- und Gewerbesteuer zu nutzen. Wenn Sie im Einzelfall unsicher sind, sollten Sie auftretende Fragen mit Ihrem Steuerberater klären.

Insiderwissen:

Warum Förderverein?

Fördervereine sind ganz normale Vereine – jedenfalls in rechtlicher Hinsicht. Das heißt, es gelten für ihre Gründung oder ihre Struktur (z. B. Satzung, Vorstand, Mitglieder, Mitgliederversammlung) die gleichen rechtlichen Vorgaben wie für andere Vereine. Sie können als eingetragene oder nicht-eingetragene Vereine auftreten.

Besonderheiten gibt es im Steuerrecht. Im Gegensatz zu anderen Vereinen verwenden Fördervereine ihre Mittel nicht in erster Linie für sich selbst, sondern für andere Körperschaften. Als gemeinnützig können sie anerkannt werden, wenn ihr Zweck darin besteht, Mittel zu beschaffen für gemeinnützige Zwecke einer anderen Organisation. Das kann entweder eine steuerbegünstigte, gemeinnützige Körperschaft (z. B. Verein, Stiftung, gGmbH) oder eine Körperschaft des öffentlichen Rechts (z. B. Kommune, Kirche) sein. Sofern eine solche Körperschaft eine Kita betreibt und dies als gemeinnütziger Zweck anzusehen ist, kann die Kita von einem Förderverein unterstützt werden, der seinerseits ebenfalls gemeinnützig ist.

Während andere Vereine höchstens 50% ihrer Mittel in diesem Sinne weiterleiten dürfen, unterliegen Fördervereine hierbei keiner Höchstgrenze.

Ein Förderverein kann die Kita durch Geldzuwendungen, Sachen oder auf andere Weise unterstützen (z. B. durch Öffentlichkeitsarbeit, Durchführung von Veranstaltungen oder Arbeitseinsätze von Mitgliedern). Dies hängt auch von der Satzung des Fördervereins ab.

Allerdings ist ein Förderverein in erster Linie ein »Spendensammelverein«. Er darf sich zwar wirtschaftlich betätigen, jedoch muss er dabei berücksichtigen – wie andere gemeinnützige Vereine auch –, dass sein wirtschaftlicher Geschäftsbetrieb nur von untergeordneter Bedeutung sein darf.

Wichtig ist auch noch, dass der Förderverein nach seiner Satzung und seinen Aktivitäten eigenständig auftritt, er darf nicht als »Unterabteilung« der zu fördernden Körperschaft zu betrachten sein. Zu empfehlen ist daher beispielsweise, dass im Vorstand des Fördervereins nicht die gleichen Personen wie in der Leitung der begünstigten Organisation sitzen.

Da die Satzung eines gemeinnützigen Fördervereins einige Vorgaben der Finanzverwaltung zu beachten hat, ist es ratsam, die Satzung mit dem zuständigen Finanzamt abzustimmen.

Aus der Perspektive des Fundraising hat die Gründung eines Fördervereins insbesondere folgende Vorteile:

- Die personelle Basis für Fundraising wird erweitert. Der Förderverein bietet Eltern und interessierten Personen eine dauerhafte Plattform zur Unterstützung der Kita. Die Mitglieder des Fördervereins können in Fundraising-Aktivitäten eingebunden werden oder solche in Gang setzen. Auf diese Weise wird das Kita-Team entlastet.
- Auch Unternehmen und Sponsoren können Mitglieder – und natürlich auch Vorstandsmitglieder – des Fördervereins sein und so dauerhaft mit der Kita verbunden werden.
- Ein gemeinnütziger Förderverein kann – eventuell zusätzlich zum Kita-Träger – die Freigrenzen des Steuerrechts für sich und damit auch für die Kita nutzen und selbst Zuwendungsbestätigungen (Spendenbescheinigungen) ausstellen. Dies führt zu mehr Flexibilität und Handlungsfreiheit auch im Zusammenhang mit Fundraising-Aktivitäten (z. B. Veranstaltungen, deren Einnahmen im wirtschaftlichen Geschäftsbetrieb zu verbuchen sind, wie etwa Feste oder Basare).

Noch unklar ist, wie sich der Beschluss des Berliner Kammergerichts (KG) vom 18.1.2011 (Az.: 25 W 14/10) auf die Trägerlandschaft auswirken wird. Das KG hat es abgelehnt, einen Verein als Kita-Trägerverein in das Vereinsregister einzutragen, weil der Betrieb einer Kita eine unternehmerische und damit wirtschaftliche Betätigung sei. Zwar darf ein Verein sich auch wirtschaftlich betätigen, dies muss aber dem nicht-wirtschaftlichen Vereinszweck – dem ideellen Zweck – untergeordnet sein (Nebenzweckprivileg). Das Hauptbetätigungsfeld des Vereins muss im ideellen Bereich liegen. Objektive Kriterien hierfür gibt es nicht; es kommt darauf an, ob die ideelle Betätigung das Erscheinungsbild des Vereins prägt. Hierzu hatte der Verein gegenüber dem KG keine näheren Angaben gemacht. Der Hinweis des Vereins, dass anderswo Kita-Trägerver-

eine unproblematisch eingetragen würden, spielte für das KG keine Rolle.

 Rechts-Tipp:

Versuchen Sie zuerst, eine vorläufige Bescheinigung der Gemeinnützigkeit Ihres Vereins durch das Finanzamt zu erreichen und beantragen erst anschließend die Eintragung in das Vereinsregister. Dann
geht das Vereinsregister üblicherweise davon aus, dass die wirtschaftliche Betätigung von untergeordneter Bedeutung ist und trägt
den Verein ein. Das KG erwähnt diese Variante, befasst sich jedoch
nicht näher damit, weil in seinem Fall eine Bescheinigung seitens der
Finanzverwaltung noch nicht vorlag.

Darüber hinaus nutzen wir in diesem Buch den **Begriff »Kita«** als Syno-
nym für Ihr Fundraising-Team.

Fundraising ist nicht die Aufgabe einer einzelnen Person und kann auch
nicht von Ihren pädagogischen Mitarbeiterinnen und Mitarbeitern oder
von Ihnen als Kita-Leitung nebenbei »erledigt« werden. Es bedarf ganz
unterschiedlicher Kompetenzen und der personellen Unterstützung,
beispielsweise durch ehrenamtlich Engagierte oder die Mitglieder des
Fördervereins. Dieses Team meinen wir, wenn wir vereinfachend in diesem Buch von »Kita« sprechen.

Nutzen wir den männlichen **Genus**, ist dies allein der Tatsache einer
besseren Lesbarkeit geschuldet. Selbstverständlich sind damit Frauen
und Männer gleichermaßen gemeint.

2. Grundlagen des Fundraising

Möglicherweise begegnen Sie dem Thema Fundraising ein wenig skeptisch und stellen sich die Frage, ob sich die Zeit lohnt, um dieses Buch zu lesen.

Ihre Kita und deren Förderverein sind vielleicht recht klein. Sie haben die Befürchtung, ein so komplexes Thema wie Fundraising nicht stemmen zu können, weil dies nur ein Thema für große überregional tätige Organisationen ist.

Jede Organisation – unabhängig von ihrer Größe – kann Fundraising betreiben. Ziel ist, das eigene Anliegen glaubwürdig darzustellen und transparent nach außen zu vertreten. Das ist weniger eine Frage des Aufwands oder des finanziellen Budgets, sondern vielmehr, ob der Wunsch und die Bereitschaft vorhanden sind, eingetretene Pfade zu verlassen.

Kreativität, Beharrlichkeit und Glaubwürdigkeit sind die Erfolgsfaktoren im Fundraising. Das finanzielle Budget spielt eine eher untergeordnete Rolle, denn viele Aktivitäten lassen sich auch mit minimalem finanziellen Aufwand umsetzen.

Wählen Sie Fundraising-Maßnahmen, die zu Ihrer Kita-Philosophie passen und diese stärken. Sie dürfen gute Ideen nachahmen, sollten diese jedoch auf Ihre individuellen Gegebenheiten anpassen, um authentisch zu bleiben.

Neben der Schaffung effizienter und transparenter Strukturen geht es im Fundraising vor allem um Beziehungen. »Menschen geben Menschen« ist der zentrale Grundsatz. Gerade kleine und lokal ansässige Träger und Einrichtungen können diese Stärke ausspielen und ihre persönlichen Kontakte nutzen.

Für unsere Arbeit interessiert sich doch keiner!

Schaffen Sie Interesse. Berichten Sie von Ihren Erfolgen und den Herausforderungen, an denen Sie arbeiten. Begeistern Sie Menschen und werden Sie aktiv! Nutzen Sie Ihre persönliche Nähe zu möglichen Unterstützern. Seien Sie kreativ und selbstbewusst.

Unsere ideellen Ziele lassen sich nicht mit betriebswirt-schaftlichen Methoden messen oder umsetzen!

Fundraising bedient sich in der Tat betriebswirtschaftlicher Methoden. Dies widerspricht jedoch in keiner Weise dem gemeinnützigen Charakter und Ihren ideellen Zielen. Denn Ihr Ziel ist nicht die Gewinnmaximierung, sondern ein Höchstmaß an Wirtschaftlichkeit, bezogen auf den verantwortungsbewussten Umgang mit den Ihnen zur Verfügung gestellten Mittel. Und genau diesen effizienten Mitteleinsatz dokumentieren Sie durch den Aufbau einer Fundraising-Strategie.

Damit schafft Fundraising den Raum, um die ideellen und pädagogischen Ziele Ihrer Kita bestmöglich umzusetzen.

Fundraising ist daher kein Makel, sondern stellt im Gegenteil ein Qualitätsmerkmal dar.

Fundraising braucht Zeit. Aber wir haben jetzt ein finanzielles Problem!

Tatsächlich ist Fundraising langfristig angelegt und nicht geeignet, kurzfristig finanzielle Lücken zu schließen. Die einzelne Fundraising-Maßnahme, also der Spendenaufruf, der Kita-Flohmarkt oder die Benefiz-Veranstaltung kann indes schon einen ersten Beitrag leisten, um benötigte Mittel einzuwerben.

Starten Sie einfach mit der Umsetzung einer Fundraising-Aktivität und nutzen Sie diese zugleich für einen Einstieg in den Aufbau Ihrer Fundraising-Strategie.

Wir haben keinerlei Ahnung von Fundraising. Und eine Fundraising-Agentur können wir uns nicht leisten.

Fachwissen kann man sich erarbeiten und die anfallenden Aufgaben im Team verteilen. Ohnehin ist Fundraising eine Teamaufgabe und ein kontinuierlicher Prozess, in den Sie hineinwachsen werden.

Wo Sie in diesen Prozess einsteigen, wie viel Zeit Sie benötigen, um Ihre Fundraising-Strategie aufzubauen, ist Ihnen überlassen. Denn die allgemeingültige Fundraising-Strategie gibt es nicht. Es handelt sich immer um ein ganz individuelles Konzept, das allein von Ihren Wünschen, Möglichkeiten und Fähigkeiten abhängig ist.

Fundraising-Maßnahmen müssen auch nicht zwingend professionell, sondern vor allem kreativ sein, um zu begeistern.

Und nicht zuletzt haben Sie dieses Buch gekauft, um den ersten Schritt zu wagen!

2.1 Fundraising: Begriff und Philosophie

»Fundraising is the principle of asking, asking again and asking for more.« (Kim Klein)

›Fundraising‹ ist eine anglo-amerikanische Wortschöpfung und setzt sich aus »to raise funds« zusammen, bedeutet also übersetzt so viel wie »Mittel beschaffen«. Damit sind sowohl finanzielle Mittel gemeint als auch alle weiteren Ressourcen (Sachleistungen, Zeit, Fachwissen, Kompetenzen und Kontakte), die für die Umsetzung Ihrer Vorhaben notwendig sind.

Der Begriff Fundraising wird ausschließlich im Zusammenhang mit nicht gewinnorientierten Organisationen gebraucht.

Mittelgeber, also diejenigen, die Ihrer Kita die benötigten Mittel zur Verfügung stellen, können Einzelpersonen, Unternehmen oder Organisationen sein. Die Besonderheit liegt darin, dass Ihre Kita diese Mittel erhält, ohne dass hierfür Ihrerseits eine unmittelbare Gegenleistung erbracht werden muss. Es handelt sich also um Spenden im klassischen Sinne. Auf die Abgrenzung zwischen Spenden und Sponsoring gehen wir in Kapitel 11 ausführlich ein.

Fundraising jedoch lediglich als Mittelbeschaffung anzusehen, wäre überholt und greift zudem viel zu kurz. Vielmehr ist modernes Fundraising eine Organisationsphilosophie:

Die Mittelbeschaffung ist das **Ergebnis** einer spenderorientierten Organisationsstruktur, die sich vollkommen auf den (potentiellen) Unterstützer konzentriert und ihn in den Mittelpunkt aller Überlegungen und Maßnahmen stellt. Jeder im Team leistet seinen Beitrag, um aus bislang unbeteiligten Dritten engagierte Unterstützer und begeisterte Mitstreiter für die Kita zu machen.

Fundraising ist also eine Strategie, die auf einer spenderorientierten Philosophie beruht. Das Ergebnis ist die erfolgreiche Beschaffung aller benötigten Mittel zur Sicherung bestehender und Umsetzung neuer Projekte. Damit dient Fundraising letztlich der nachhaltigen und erfolgreichen Zukunftssicherung Ihrer Kita.

In Analogie zur Kundenorientierung von Unternehmen, steht im Fundraising die Spenderorientierung im Mittelpunkt. Damit diese gelingt und in Ihrer Kita aktiv umgesetzt werden kann, bedarf es einer Fundraising-Strategie, konkreter Maßnahmen zu deren Umsetzung und einer systematischen Planung.

Es ist umstritten, ob Fundraising sich ausschließlich auf die Einwerbung von Spenden, also Unterstützung ohne Gegenleistung, bezieht, oder auch Sponsoring (vertraglich festgelegte Leistung und Gegenleistung), Fördermittel und Stiftungsgelder einschließt.

Unstreitig ist, dass Fundraising für die Einwerbung von Spenden von besonderer Bedeutung ist, denn diese werden nicht nach festgelegten Kriterien, sondern nach individuellen Bedürfnissen und Präferenzen vergeben. Es ist daher besonders wichtig, die Spendermotive möglichst genau zu kennen und zu befriedigen. Ähnliches gilt jedoch ebenso – wenn auch auf anderer Ebene – für Sponsoring, Fördermittel und Stiftungsgelder.

Für das Verständnis des Fundraising-Begriffs ist diese Abgrenzung von untergeordneter Bedeutung. Vielmehr kommt es – mangels allgemeingültiger Begriffsdefinition – darauf an, die Charakteristika des Fundraising zu definieren:

Fundraising ist . . .

- verbunden mit einem Veränderungsprozess, der alle Bereiche der Organisation auf den Prüfstand stellt.
- sowohl Leitungs- wie Teamaufgabe. Alle Beteiligten müssen sich bewusst für diesen Prozess entscheiden und mit daran arbeiten. Nur dann können nachhaltige Erfolge erreicht werden.
- Beziehungsmanagement. Eine Vielzahl potentieller Unterstützer mit ganz unterschiedlichen Motiven und Bedürfnissen wird mit einem auf die jeweilige Zielgruppe zugeschnittenen Konzept angesprochen

und zum Mitmachen begeistert. Ziel ist, die jeweiligen Beziehungen – zu Unterstützern und allen anderen relevanten Bezugsgruppen – erfolgreich aufzubauen, aufrechtzuerhalten und zu verbessern, und zwar unter Berücksichtigung der Interessen aller Beteiligten.

- eine Kommunikationsstrategie. Die Kita baut eine Marke, also ein unverwechselbares Image mit Wiedererkennungswert, auf, das eindeutig und einheitlich nach außen kommuniziert wird. Wie die eigene Arbeit dargestellt wird, orientiert sich dabei an den Motiven und Erwartungen der jeweiligen Zielgruppe.
- ist Beschaffungsmarketing. Ziel ist die systematische und geplante Einwerbung aller für die Umsetzung eines Vorhabens benötigten Mittel. Dies setzt neben einem Zeitplan auch eine exakte Bedarfsermittlung und Finanzplanung voraus. Hieran orientiert sich die Auswahl geeigneter Fundraising-Instrumente.
- keine einmalige Aufgabe, sondern ein sich ständig wiederholender dynamischer Prozess. Erfahrungen und Erkenntnisse aus vorangegangen Projekte fließen ebenso ein wie veränderte Umwelt- und Rahmenbedingungen.

Damit wird die Kita zu einer lernenden Organisation, die sich kontinuierlich verbessert und zudem in der Lage ist, Risiken rechtzeitig zu erkennen, Chancen früher als andere wahrzunehmen und ihr Angebot stets aktuellen Entwicklungen anzupassen.

»People give to people« bedeutet sinngemäß, Menschen geben etwas für und an andere Menschen.

Nicht Ihre Kita steht für den Geber im Vordergrund, sondern in erster Linie Sie als Mensch, der um Unterstützung bittet.

Mit Ihrer Überzeugung, Begeisterung und Ihrem Engagement motivieren Sie ihr Gegenüber – egal, ob Einzelperson oder Unternehmensvertreter – zum Mitmachen. Sie und jede andere Person Ihres Teams fungieren als Botschafter. Ihr Unterstützer macht sich Ihre Sache zu Eigen und trennt sich dafür von seinem persönlichen Vermögen – Geld, Zeit, Gegenstände oder Fachwissen. Er vertraut Ihnen sein Eigentum in der Erwartung an, dass Sie dieses nach seinen Interessen einsetzen, um so ein gemeinsames Ziel zu erreichen.

Der Aufbau einer Fundraising-Strategie und die damit einhergehende Spenderorientierung helfen Ihnen, genau die Argumente und die gemeinsame Sprache zu finden, um bei anderen Begeisterung zu wecken, Vertrauen zu schaffen und überzeugend darzulegen, warum die Investition in Ihre Kita sinnvoll ist.

 Praxis-Tipp:

Allzu häufig sind Finanzierungsprobleme nur ein Symptom. Die Ursache finanzieller Lücken liegt hingegen in der Kommunikation: Beziehungen – ob im Team oder gegenüber Unterstützern – wurden nicht oder nicht ausreichend gepflegt. Mangelnde Transparenz führte möglicherweise zu einem Vertrauensverlust und unzureichende Informationen über Ihre Arbeit ließen andere gar nicht erkennen, welche besonderen Leistungen Sie erbringen.

Der Aufbau einer Fundraising-Strategie führt zu Lösungen, die an der Ursache ansetzen und daher nachhaltig wirken.

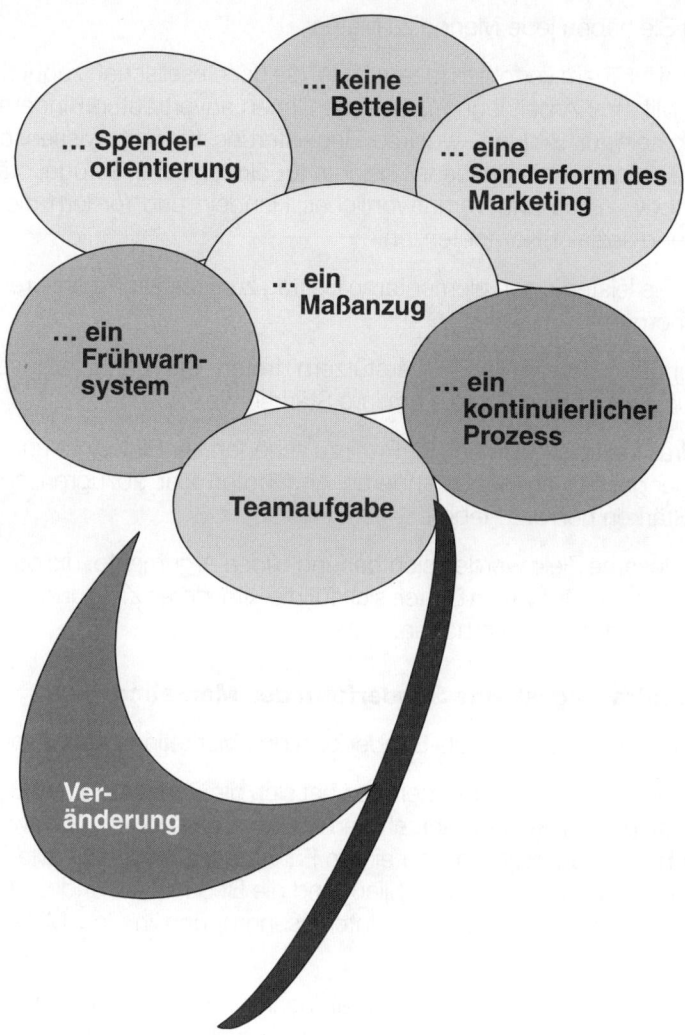

a) Fundraising ist keine Bettelei

Zwar steht der Unterstützung durch Geld, Zeit, Fachwissen oder Sachmittel keine unmittelbare Gegenleistung gegenüber: Dennoch ist Fundraising keine Bettelei.

Denn Sie haben jede Menge zu bieten:

Sie und Ihr Team verfolgen ideelle Ziele, die der Gesellschaft zugutekommen. Mit Ihrer Arbeit legen Sie bei den Ihnen anvertrauten Kindern den Grundstein für Bildung, wecken Begeisterung für naturwissenschaftliche Zusammenhänge, sensibilisieren für ökologische Gefüge, stärken selbstbewusstes und verantwortliches Handeln und fördern die Entwicklung sozialer Kompetenzen.

Kurz: Sie leisten einen elementaren Beitrag zur Gestaltung unserer Welt von morgen.

Gegenüber potentiellen Unterstützern treten Sie daher als selbstbewusste Partnerin auf, die um ihre Stärken weiß.

Fundraising trägt dazu bei, Ihr Profil zu schärfen, Ihr Bildungs- und Leistungsangebot gegenüber anderen Angeboten klar abzugrenzen und Ihre Stärken hervorzuheben.

Gemeinsame Ziele werden sichtbar und bilden Argumente, die das Interesse und die Motivation Dritter, sich für die Kita, deren Ziele und Projekte einzusetzen, deutlich erhöhen.

b) Fundraising ist eine Sonderform des Marketing

Fundraising wird häufig als Sonderform des Marketing beschrieben.

In gewinnorientierten Unternehmen hat sich die Bedeutung des Begriffs Marketing in den letzten Jahrzehnten deutlich verschoben, und zwar von der Absatzorientierung hin zu einem Führungskonzept, das alle Bereiche des Unternehmens einschließt und die Bedürfnisse und Erwartungen der Kunden und anderer Interessengruppen in den Mittelpunkt stellt.

Dies gilt für den Begriff des Fundraising in Analogie: Fundraising wandelte sich von der bloßen Mittelbeschaffung hin zu einer Führungsphilosophie, die sich am möglichen Unterstützer, dessen Motiven, Bedürfnissen und Interessen orientiert. Erfolgreiche Mittelbeschaffung ist das Ergebnis dieser konsequenten Unterstützerorientierung.

Zufallsspenden und spontane »Ad-hoc-Aktionen« werden durch eine langfristige Strategie ersetzt.

Dieses geplante und systematische Vorgehen spart Zeit und Arbeitskraft und ist zugleich das Fundament für die erfolgreiche, nachhaltige und kontinuierliche Förderung durch Unterstützer. Auf diese Weise gelingt es, planbar und zeitgerecht aus unterschiedlichen Quellen alle benötigten Ressourcen zu generieren.

c) Fundraising ist Spenderorientierung

Versteht man Fundraising im zuvor beschriebenen Sinne, dann steht der potentielle Spender im Mittelpunkt aller Überlegungen und Maßnahmen. Bislang unerschlossene Zielgruppen werden durch konsequente Unterstützerorientierung gewonnen, inaktive Spender werden wieder aktiviert, bestehende Beziehungen gepflegt, um die Bindung an Ihre Einrichtung zu stärken.

Sprechen Sie eine gemeinsame Sprache mit Ihren Unterstützern:

Eltern haben ganz andere Erwartungen und Motive, Ihre Kita zu unterstützen, als beispielsweise Unternehmen oder mögliche Kooperationspartner.

- Kooperierende (Bildungs-)Einrichtungen verstehen die gemeinsame pädagogische Fachsprache und teilen methodisch-didaktische Zielsetzungen mit Ihnen.
- Eltern hingegen wollen wissen, welche Philosophie die Kita lebt und welche Entwicklungsmöglichkeiten für ihre Kinder damit verbunden sind.
- Für Unternehmen wiederum ist ein zähl- und messbarer Nutzen wichtig: Steigert sich der Bekanntheitsgrad des Unternehmens, wenn dieses sich für die Kita engagiert? Wird darüber in der Presse berichtet? Können zusätzliche Käuferschichten angesprochen werden?

Beziehungsmanagement ist ein ganz wesentliches Element der Spenderorientierung. Denn: Menschen geben Menschen!

Beziehungsmanagement heißt, dass Aufbau, Entwicklung und Pflege von Beziehungen nicht dem Zufall überlassen werden. Vielmehr arbeiten Sie zielorientiert daran, aus Interessenten und Spendern Freunde zu machen, Vertrauen zu schaffen und Beziehungen zu pflegen. Transparenz, regelmäßige Information und eine Kultur des Dankens zeichnen daher eine Fundraising-orientierte Organisation aus.

Praxis-Tipp:

Überlegen Sie im Team, was einzelne Gruppen dazu veranlassen könnte, Ihre Kita oder bestimmte Projekte zu unterstützen. Wechseln Sie Ihre Perspektive und versetzen Sie sich in die Rolle Ihrer jeweiligen Zielgruppe. Überlegen Sie, welche Motive Sie an deren Stelle zu einer Unterstützung veranlassen könnten und welche (Nutzen-)Argumente die einzelnen Gruppen verstehen. Halten Sie die Ergebnisse schriftlich fest und nutzen Sie diese Auflistung als Grundgerüst zielgruppenorientierter Kommunikation.

d) Fundraising ist eine Teamaufgabe

Fundraising als Führungsstil und Bestandteil der Philosophie Ihrer Kita kann nur wirken, wenn das gesamte Team daran mitarbeitet.

Jedes einzelne Team-Mitglied identifiziert sich mit den Zielen der Kita und ihrem Leitbild und trägt beides auch nach außen. Alle Bereiche der Organisation leisten ihren Beitrag zur Spenderorientierung.

Dies erfordert klare Organisationsstrukturen, eine eindeutige Aufgabenverteilung, verbindliche Zuständigkeiten und kontinuierliche gemeinsame Arbeit an der Fundraising-Strategie. Auch diejenigen Mitarbeiter und Mitarbeiterinnen, die keinen unmittelbaren Kontakt zu möglichen Spendern haben, sind zwingend in diesen Prozess einzubeziehen.

Zwar sind die Abstimmung und das Finden eines Konsenses im Team zuweilen mühsam und zeitaufwändig. Als Lohn wächst das Team aber eng zusammen, spricht mit einer Sprache, verinnerlicht Spenderorientierung und entwickelt gemeinsam eine Fülle von Ideen, um noch serviceorientierter zu arbeiten und die Kita-Philosophie zu leben.

e) Fundraising ist ein kontinuierlicher Prozess

Fundraising ist kein einmaliger, sondern ein kontinuierlicher, sich ständig wiederholender Prozess, der aus Analyse, Planung, Umsetzung, Controlling und Evaluation besteht.

Der Standortbestimmung (IST-Analyse) folgt die Planung.

Planung beinhaltet zum einen die Definition von strategischen und operativen Zielen, zum anderen die Maßnahmen zu deren Erreichung. Es folgt die Umsetzung der geplanten Aktivitäten. Aufgabe des Controlling ist, anhand festgelegter Kriterien die Umsetzung zu begleiten, Abweichungen festzustellen und zu korrigieren. Im Rahmen der Evaluation wird der Erfolg der Maßnahme geprüft: Wurden die zuvor gesetzten Ziele erreicht? Gab es Abweichungen und wenn ja, worin liegen diese begründet? Welche Fundraising-Aktivität war besonders erfolgreich? Wo sind wir gescheitert und warum?

Diese Erkenntnisse und Erfahrungen fließen in den neu beginnenden Kreislauf ein und führen so zu einer ständigen Verbesserung.

Fundraising führt also zu dynamischen Prozessen. Es entsteht eine lebende und lernende Organisation, die sich bewegt, entwickelt, Impulse aufnimmt und sich dadurch stets bedarfsorientiert und marktgerecht ausrichtet.

Ihre Kita arbeitet so stets am »Puls der Zeit« und ist in der Lage, rechtzeitig Risiken zu erkennen und sich frühzeitig auf neue Potenziale einzustellen.

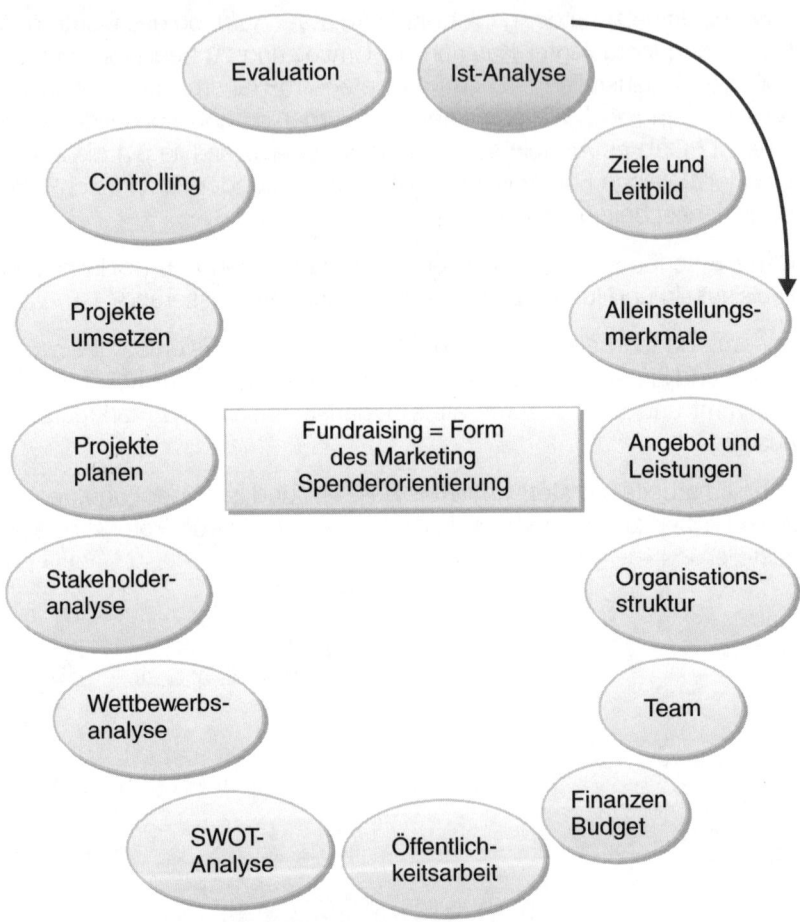

f) Die Fundraising-Strategie ist ein Maßanzug

Die universelle und allgemeingültige Fundraising-Strategie gibt es nicht.

Zu vielfältig und unterschiedlich sind die jeweiligen Voraussetzungen, Budgets oder personellen Ressourcen. Und auch die Frage, welche Unterstützungsformen und -wege für Ihre Kita und das anstehende Projekt am besten geeignet sind, können letztlich nur Sie selbst und ihr Team beantworten.

Hinzu kommt, dass erfolgreiche Fundraising-Strategien sich kaum kopieren lassen: Was bei dem einen Projekt sehr gut funktioniert und hervorragende Spendenergebnisse bringt, kann bei einem anderen Projekt scheitern.

Eine Spende zu leisten ist häufig einerseits eine Impulshandlung und andererseits geprägt von den persönlichen Motiven und Präferenzen des Spenders. Nur wenn Ihre Fundraising-Strategie zu Ihnen passt, wirkt sie authentisch, glaubwürdig und ehrlich.

Die im folgenden beschriebenen Elemente zum Aufbau einer Fundraising-Strategie zeichnen einen idealtypischen Weg und geben einen Überblick über die komplexen Möglichkeiten.

An welchem Punkt Sie starten, welche Fundraising-Instrumente Sie auswählen und kombinieren, mit welchen Argumenten und Aktionen Sie andere begeistern, muss letztlich Ihnen überlassen bleiben.

g) Fundraising als Frühwarnsystem

Die Fundraising-Strategie Ihrer Kita ist einerseits individuell auf Ihre Bedürfnisse zugeschnitten und entwickelt sich kontinuierlich durch Lernprozesse weiter. Erfahrungen aus der Planung und Umsetzung von Projekten sowie dem Erfolg oder Misserfolg von Fundraising-Kampagnen fließen in diesen Prozess ein und führen zu stetigen Modifikationen und Verbesserungen.

Aber auch sich verändernde gesellschaftliche oder rechtliche Rahmenbedingungen spielen eine Rolle.

Die kontinuierliche Beobachtung der Umwelt, die Verfolgung gesellschaftlicher Diskussionen um Werte und Trends, die Information über mögliche und tatsächliche Änderungen rechtlicher Rahmenbedingungen gehören zum Fundraising dazu. Denn so haben Sie die Möglichkeit, auf Veränderungen rechtzeitig zu reagieren, vorzubeugen oder neue Potenziale zu entwickeln, um Risiken zu minimieren und Chancen zu nutzen.

In Ihrer Planung sind Sie damit immer einen Schritt voraus und sichern so die Zukunft Ihrer Kita.

h) Fundraising als Veränderungsprozess

Gute Ideen scheitern immer wieder an fehlenden finanziellen Mitteln? Der Förderverein Ihrer Kita klagt über stagnierende oder gar rückläufige Mitgliederzahlen? Die Zahl der Eltern, die sich aktiv für die Kita engagieren, geht zurück?

Häufig sind es solche – immer wiederkehrende – Probleme, die den Anstoß geben, um über Fundraising nachzudenken. Aber einmalige Spendenaufrufe oder die spontane Registrierung auf einem Online-Spendenportal helfen nur selten und schon gar nicht dauerhaft. Denn hinter den Symptomen – fehlende Mittel, stagnierende Mitgliederzahlen, mangelndes Engagement – steckt oft eine ganz andere Ursache: Sie und Ihre Unterstützer könnten ein Kommunikationsproblem haben.

Jetzt ist ein guter Zeitpunkt gekommen, Veränderungen in Angriff zu nehmen, Neues auszuprobieren und in eine neue Form der Kommunikation mit Ihren Unterstützern einzutreten.

Sie wissen bereits, dass Fundraising Teil einer Philosophie ist, die die gesamte Organisation, deren Struktur, Arbeitsweise und Leistungen umfasst. Vorangegangene Aktivitäten und die daraus resultierenden Erfahrungen werden systematisch erfasst, ausgewertet und fließen in neue Planungen ein. Dadurch wird Ihre Kita zu einer dynamischen Organisation, die auf Veränderungen reagiert und sich stetig weiterentwickelt. Motive, Interessen und Bedürfnisse werden analysiert und sind die Basis einer zielgruppenorientierten Kommunikation.

Mit einem solchen strategischen Konzept, dessen konsequenter und kontinuierlicher Umsetzung, werden Sie nachhaltig und dauerhaft erfolgreich sein.

2.2 Fundraising: Motivation, Aufwand und Nutzen

»If you always do what you always did, you will always get what you've always got.« (Abraham Lincoln)

In Ihrem Kita-Alltag müssen Sie sich nicht nur mit pädagogischen Herausforderungen beschäftigen, sondern auch dafür Sorge tragen, dass Mittel vorhanden sind, um aktuelle und künftige Aufgaben umzusetzen.

Die Motivation, sich mit dem Thema Fundraising zu beschäftigen, entsteht häufig aus der Tatsache, dass diese Mittelbeschaffung nicht mehr ausreichend gelingt. Öffentliche Mittel werden gekürzt, die Spenden gehen zurück und die Mitgliederzahlen des Fördervereins sinken.

Sie haben ein Finanzierungsproblem.

Möglicherweise ist das Finanzierungsproblem aber auch nur das Symptom, dessen Ursache in mangelnder Kommunikation mit Ihren Unterstützern liegt. Vielleicht ist es im täglichen Stress untergegangen, Beziehungen sorgfältig zu pflegen und die Erwartungen Ihrer Spender zu erfüllen.

Oder sind Sie in der glücklichen Situation, dass Ihre Kita finanziell auf tragfähigen Füßen steht? Sie haben aber dennoch das Gefühl, etwas müsste besser werden. Sie suchen nach Möglichkeiten, den Erfolg Ihrer Arbeit sichtbarer zu machen, sich intensiver mit Ihren Unterstützern auszutauschen und diesen weitere Unterstützungsformen anzubieten.

Vielleicht empfinden Sie es aber auch als glücklichen Zufall, dass Sie bislang alle Projekte umsetzen konnten. Jetzt möchten Sie sich aber nicht länger auf Ihr Glück verlassen, sondern die Zukunft Ihrer Kita aktiv gestalten.

Dann ist es an der Zeit, sich intensiver mit dem Thema Fundraising auseinanderzusetzen, denn »wer alles so macht, wie er es immer gemacht hat, wird die Ergebnisse erzielen, die er immer erzielte«.

Der Aufbau einer Fundraising-Strategie ist eine Option, Zukunft zu gestalten und aktiv Veränderungen zu steuern. Dazu gehört auch, die eigenen Erwartungen sowie die anderer zu prüfen und sich zu fragen, ob das, was man tut, als unterstützenswert angesehen wird.

 Praxis-Tipp:

Hüten Sie sich vor zu hohen Erwartungen an sich selbst: Fundraising als spenderorientierte Philosophie setzt Verhaltensänderungen und den Auf- und Umbau von Strukturen voraus. Das braucht naturgemäß Zeit, ebenso wie der Aufbau freundschaftlicher, vertrauensvoller Beziehungen zu Ihren Unterstützern, die die Basis erfolgreichen Fundraising sind.

Aber: Schon der Weg hin zur Fundraising-Strategie ist ein Erfolg und bringt Sie und Ihre Einrichtung weiter. Denn es geht im Fundraising nicht um schnelle, sondern um dauerhafte Lösungen, die planbare Unterstützung sicherstellen.

Der Aufwand, die Anforderungen und Voraussetzungen

a) Fundraising-Bereitschaft

Die Menschen, die die Kita und deren Förderverein tragen, müssen bereit sein, die Organisation und gegebenenfalls auch sich selbst zu verändern.

Es wird notwendig sein, Althergebrachtes zu hinterfragen, Liebgewordenes aufzugeben und bekannte Wege zu verlassen. Dass Fundraising mit solchen Veränderungen einhergeht, muss allen Beteiligten klar und deutlich kommuniziert werden.

Fundraising lässt sich nicht »mal eben nebenbei« erledigen. Den damit verbundenen Aufgaben ist der gleiche Stellenwert wie allen inhaltlichen und pädagogischen Aufgaben einzuräumen. Dies bedeutet in der Regel ein Mehr an Aufwand für jedes einzelne Team-Mitglied.

Fundraising verlangt die Bereitschaft zur Transparenz nach innen und außen: Erfolge müssen ebenso wie Misserfolge kommuniziert werden, betriebswirtschaftliche Zahlen sind kein Geheimnis, sondern werden als Informationen betrachtet, die – in entsprechend aufbereiteter Form – alle angehen.

In diesem Wissen muss die Entscheidung für den Aufbau einer Fundraising-Strategie von allen Beteiligten bewusst bejaht werden.

b) Faktor Zeit

Fundraising ist eine dauerhafte Aufgabe, die Geduld, Beharrlichkeit und Kontinuität verlangt. Erst nach einiger Zeit werden sich sichtbare Erfolge einstellen.

Vor der Umsetzung konkreter Maßnahmen steht in der Regel die Vorbereitung. Fragen nach der eigenen Identität, den Zielen und der Kita-Philosophie sind zu beantworten. Dies erfordert viele Gespräche, wird zu lebhaften Diskussionen und manchmal auch mühseligen Prozessen führen. Auch dies braucht Zeit, die Sie sich unbedingt nehmen sollten. Denn das ist die Basis Ihres künftigen Fundraising-Erfolgs.

Planen Sie also von vornherein für die Vorbereitung mehrere Monate ein, setzen Sie sich kleine Etappenziele und vor allem – feiern Sie gemeinsam jeden Erfolg!

c) Organisationsstruktur

Fundraising geht einher mit systematischer Planung und kontinuierlicher Prüfung der Umsetzungsprozesse. Das bedarf einer professionellen, sinnvoll aufgebauten Organisation, um Doppelarbeiten zu vermeiden und ein Höchstmaß an Effizienz zu erzielen.

Organisation beinhaltet auch strategisches Management. Strategie heißt immer, langfristige Planung und Zielsetzung. Dazu gehört die Beobachtung und Analyse von Märkten und Wettbewerb ebenso wie die Auswahl der für Ihre Kita geeigneten Fundraising-Instrumente.

Ihre Organisationsstruktur trägt ganz wesentlich dazu bei, Vertrauen und Transparenz zu schaffen. So macht beispielsweise eine gut organisierte Buchführung Einnahmen und Ausgaben transparent und lässt erkennen, wo welche Kosten entstehen oder besonders erfolgreich Einnahmen generiert werden. Dies dient sowohl dem Nachweis der verantwortungsvollen Mittelverwendung als auch der Erfolgskontrolle.

d) Teamarbeit

Jedes einzelne Team-Mitglied trägt zum Erfolg der Fundraising-Strategie auf seine Weise bei. Die gemeinsame Entwicklung der Fundraising-Strategie schafft Identifikation mit den Zielen Ihrer Kita und stärkt damit sowohl die Bindung als auch die Motivation.

Fundraising ist eine Leitungsaufgabe, aber zugleich auch Teamarbeit. Denn die Umsetzung kann nur im Team – und nicht durch eine einzelne Person – erfolgen.

Vermeiden Sie, Entscheidungen über die Köpfe des Teams hinweg zu treffen. Nur, wenn alle in den Fundraising-Prozess eingebunden sind und ihn mitgestalten, ist Identifikation möglich. Gehen Sie daher auf Einwände, Vorbehalte und Skepsis ein, nehmen Sie sich Zeit für Diskussionen und Ideenfindung.

Das Fachwissen und die sozialen Kompetenzen Ihres Teams sind die Basis, um hervorragende pädagogische Arbeit zu leisten. Unter Umständen müssen diese Fähigkeiten weiterentwickelt werden, um das Leistungsangebot zu verbreitern oder zu ergänzen. Ihre Kita muss daher bereit sind, in die Personalentwicklung, beispielsweise durch Fortbildung, zu investieren.

 Praxis-Tipp:

Manchmal ist ein kritischer Blick von außen hilfreich.

Unter Umständen ist es daher sinnvoll, einen externen Moderator hinzuzuziehen, der die ersten Team-Besprechungen begleitet.

e) Einsatz und Bindung von Ressourcen

Fundraising verursacht – direkt oder indirekt – Kosten, und zwar auch dann, wenn die Fundraising-Instrumente selbst – wie die meisten der später hier vorgestellten – ganz ohne oder mit sehr kleinem finanziellem Budget zu realisieren sind.

Denn unabhängig vom finanziellen Einsatz, werden Sie für den Aufbau Ihrer Fundraising-Strategie vor allem Zeit und Engagement aufwenden. Und Zeit ist eben auch Geld!

Legen Sie deshalb sowohl ein finanzielles Budget als auch ein Zeitbudget fest, dass Sie in den Aufbau Ihrer Fundraising-Strategie investieren wollen und können.

f) Spenderorientierung

Fundraising verlangt und ist Spenderorientierung: Es gilt, die Visionen, Werte, Motive und Erwartungen potentieller Unterstützer herauszufinden.

Von Ihnen erfordert das Offenheit, die Bereitschaft zum Perspektivwechsel und die Fähigkeit, zuzuhören. Dann fällt es Ihnen leicht, individualisierte, zielgruppenorientierte Kommunikationsstrategien zu entwickeln.

»Danke« ist das wichtigste Wort im Fundraising.

Wertschätzung, Respekt und die Zufriedenheit Ihrer Unterstützer sind die wichtigste Grundlage für Ihren Fundraising-Erfolg. Bauen Sie daher eine Anerkennungskultur auf, und zwar sowohl intern als auch gegenüber Ihren Spendern.

g) »Nein!«

Wer Fundraising betreibt und andere Menschen um Unterstützung bittet, wird am häufigsten das Wort »Nein« hören. Nehmen Sie es nicht persönlich!

Denn »Fundraising ist das Prinzip des Fragens, des erneuten Fragens und des Fragens nach mehr« (»Fundraising is the principle of asking, asking again and asking for more«).

Der Nutzen

a) Zukunftssicherung

Zufriedene Unterstützer bleiben Ihrer Kita treu. Sie entwickeln Vertrauen und bauen eine enge Bindung auf. Sie werden selbst zu Botschaftern ihrer gemeinsamen Sache.

Das ist der sicherste Weg, um Spendeneinnahmen sicherzustellen, kontinuierlich zu steigern und aktive Unterstützung zu garantieren. Damit sichern Sie die Zukunft Ihrer Kita kurz-, mittel- und langfristig und sind in der Lage, bestehende Projekte fortzuführen und neue zu initiieren.

b) Qualitätssicherung

Eine schlanke, aber effektive Organisationsstruktur, eindeutige Ziele und ein klares Leitbild sind wichtige Elemente der Qualitätssicherung.

Der Fundraising-Prozess leistet hierzu einen wichtigen Beitrag und macht zudem Einnahmen und Ausgaben transparent. Unterstützer können leicht nachvollziehen, was mit den von ihnen zur Verfügung gestellten Mitteln erreicht werden konnte.

Damit ist der Aufbau einer Fundraising-Strategie sowohl Kompetenz- wie auch Qualitätsmerkmal.

c) Wirtschaftlichkeitsorientierung

Systematisches und zielorientiertes Handeln, schlanke Organisationsstrukturen, Controlling und Evaluation von Projekten, Abwägen von Aufwand und Nutzen, stellen sicher, dass verfügbare Mittel in höchstem Maße wirtschaftlich und zielorientiert eingesetzt werden.

Für potentielle Unterstützer ein Argument und eine Entscheidungshilfe, um gerade in Ihre Einrichtung zu investieren.

d) Argumentationshilfe

Der Aufbau einer Fundraising-Strategie beinhaltet auch die Auseinandersetzung mit der eigenen Organisation, deren Zielen und Leitbild. Sie erkennen Ihre Stärken, besonderen Kompetenzen und Ihre Einzigartigkeit.

Aus dieser neu gewonnenen Sicherheit und dem Wissen um die eigenen Stärken, lassen sich leicht Argumente ableiten, warum Menschen gerade Ihre Kita fördern sollten. Sie werden zum Partner auf Augenhöhe!

e) Planbarkeit

Die durchdachte Fundraising-Strategie führt zu zielorientiertem Handeln und lässt frühzeitig Notwendigkeiten erkennen.

Statt zu reagieren, werden Sie agieren und Entwicklungen aktiv gestalten. Veränderungen erkennen Sie so rechtzeitig, dass Maßnahmen eingeleitet werden können, um frühzeitig Fehlentwicklungen entgegenzutreten oder Erfolgspotentiale zu entwickeln.

f) Team

Für Ihr Team bedeutet Fundraising noch mehr Arbeit.

Die gemeinsame Strategieentwicklung und deren Umsetzung bringen aber auch jede Menge Spaß und das Gefühl, das eigene Arbeitsfeld maßgeblich mitgestalten zu können.

Teambildung und -bindung werden gestärkt, ein ganz neues »Wir-Gefühl« entsteht.

Und: Eine wirtschaftlich gesicherte Grundlage der Kita, das rechtzeitige Erkennen von Risiken und damit verbunden die Möglichkeit des Gegensteuerns sowie das frühzeitige Entdecken von Erfolgspotentialen sichern auch Arbeitsplätze.

Fazit

»Im Leben gibt es etwas Schlimmeres als keinen Erfolg zu haben: Das ist, nichts unternommen zu haben.« (Franklin D. Roosevelt)

Selbstverständlich stehen für die Kita-Leitung pädagogische Themen und Überlegungen im Vordergrund.

Dennoch müssen sich auch Bildungseinrichtungen betriebswirtschaftliches Wissen aneignen und sich strategisch positionieren, um ihre Leistungen erfolgreich anzubieten. Darin liegt kein Widerspruch, sondern – ganz im Gegenteil – ein Qualitätsmerkmal: Es geht nicht um die Ökonomisierung ideeller Ziele, sondern allein um effiziente und effektive Prozesse, um die wirtschaftliche Verwendung der zur Verfügung gestellten Mittel sicherzustellen.

»Menschen geben Menschen!«: Erfolgreiches Fundraising basiert auf Glaubwürdigkeit und der spürbaren Begeisterung für »ihre Sache«. Darüber hinaus benötigen Sie Geduld, Beharrlichkeit, Engagement und Zeit; dann sind viele Fundraising-Instrumente auch mit einem kleinen oder ganz ohne finanzielles Budget umzusetzen.

Fundraising bedeutet Veränderung und ist zudem eine Investition, die finanzielle und personelle Ressourcen bindet. Jedoch überwiegt der dauerhafte Nutzen bei weitem, so dass sich der Aufwand – egal, ob für eine kleine oder größere Einrichtung – in jedem Fall lohnt.

3. Unterstützungsformen

Unter einer **Spende** versteht man eine freiwillige und unentgeltliche Leistung, die einer Organisation, beispielsweise einem gemeinnützigen Verein (z. B. einem Kita-Förderverein) oder einer Stiftung, zugutekommt. Mithilfe dieser Mittel ist die empfangende Organisation in der Lage, quasi in Stellvertretung des Spenders dessen ideelle Ziele zu erfüllen, die zumeist im wissenschaftlichen, kulturellen, sozialen oder zivilgesellschaftlichen Bereich angesiedelt sind.

Unentgeltlich heißt: Die Spende wird ohne jede Gegenleistung erbracht.

Spenden können in Form von Geld- oder Sachleistungen (Übertragung von Gegenständen, aber auch Rechten und Lizenzen), Zeitspenden oder Fachwissen erfolgen. Das Steuerrecht spricht allerdings nur von Geld- oder Sachspenden.

Selbstverständlich sind finanzielle Mittel unerlässlich, um Projekte umzusetzen. Eine erfolgreiche Fundraising-Strategie setzt jedoch auf einen Mix aller Unterstützungsformen, um sämtliche Ressourcen zu nutzen und ein Höchstmaß an Unterstützung zu erreichen.

Durch einen Mix aus unterschiedlichen Spendenformen erhöht sich zudem die Flexibilität. Denn oftmals können benötigte finanzielle Mittel durch den Einsatz von Zeit, Arbeitskraft, Sachmitteln oder Fachwissen ersetzt werden.

Insbesondere Zeitspenden haben zudem den Vorteil, Ihre Spender enger an die Kita zu binden und ein Wir-Gefühl zu entwickeln.

Insiderwissen

Spende im Sinne des Gemeinnützigkeitsrechts

Spender können Spenden bis zur Höhe von 20% ihrer Gesamteinkünfte als Sonderausgabe von der Steuer absetzen. Das geht aber nur dann, wenn es sich um eine Spende für bestimmte Zwecke handelt und die Vorgaben des Gemeinnützigkeitsrechts eingehalten wurden.

Demnach ist eine Spende eine freiwillige Leistung zur Förderung steuerbegünstigter Zwecke. Dies sind insbesondere mildtätige, kirchliche oder gemeinnützige Zwecke.

Mit der Spende darf keine Gegenleistung verbunden sein.

Der Spender darf also z. B. nicht sagen: »Ich gebe eine Spende, wenn ich dafür auf Eurem Vereinsgelände einen Info-Stand aufbauen darf.« Wird dies umgesetzt, liegt keine Spende, sondern ein Sponsoring-Vertrag vor und der Verein muss den erhaltenen Geldbetrag im wirtschaftlichen Geschäftsbetrieb verbuchen (Näheres zum Sponsoring finden Sie in Kapitel 11).

Für die Zuwendungsbestätigung (Spendenbescheinigung) ist der amtliche Vordruck der Finanzverwaltung zu verwenden.

Eine Spende muss ausschließlich und unmittelbar für die satzungsgemäßen, ideellen Zwecke (einschließlich Zweckbetriebe) des Vereins verwendet werden.

Leistungen für den wirtschaftlichen Geschäftsbetrieb dürfen nicht von der Steuer abgesetzt werden.

Schenkt beispielsweise ein Getränkehändler einem Kita-Förderverein 5 Kästen Apfelsaft zum Verkauf auf dem Vereinsfest, so erkennt das Finanzamt dies nicht als abzugsfähige Sachspende an, da der Verkauf von Speisen und Getränken stets als wirtschaftlicher Geschäftsbetrieb anzusehen ist. Möglich ist aber, dass der Lieferant eine Rechnung über einen angemessenen und üblichen Preis stellt, dann auf sein Geld verzichtet und den Betrag als Geldspende für den ideellen Satzungszweck zur Verfügung stellt. Hierfür darf der Verein eine Spendenbescheinigung ausstellen.

Weiteres Beispiel:

Erhält ein Kita-Förderverein Sachspenden, um diese bei einem Basar zu verkaufen, darf der Verein keine Zuwendungsbestätigung erteilen, da die Spende in den wirtschaftlichen Geschäftsbetrieb und nicht unmittelbar in den gemeinnützigen Bereich fließt, auch wenn der erzielte Erlös dem ideellen Zweck des Vereins zugutekommen soll. Auch hier kann jedoch der Spender die Sachen zu einem üblichen Preis an den Verein verkaufen und dann auf die Bezahlung der Rechnung verzichten oder den erhaltenen Geldbetrag spenden. Diese Geldspende kann von der Steuer abgesetzt werden. Eine weitere Möglichkeit wäre, dass der Spender die Sachen selbst verkauft und den Erlös spendet.

Neben Geldspenden unterscheidet man Aufwands- und Sachspenden.

Bei einer **Aufwandsspende** handelt es sich um eine Form der Geldspende. Denn der Spender verzichtet auf einen Erstattungsanspruch, den er aufgrund seines getätigten Aufwands (Kosten) gegenüber dem Verein hat. Voraussetzung ist zunächst, dass ein Erstattungsanspruch rechtlich einwandfrei vor Ausübung der Tätigkeit besteht. Der Anspruch kann sich etwa aus vertraglichen Abmachungen, der Satzung und/oder einem Beschluss der zuständigen Gremien (Vorstand oder Mitgliederversammlung) ergeben. Weitere Voraussetzung ist, dass der Verein leistungsfähig ist, also über genug finanzielle Mittel verfügt, um den Anspruch erfüllen zu können. Sonst läge kein echter Verzicht vor.

Dies gilt auch, wenn ein Vorstandsmitglied auf die Auszahlung der sog. Ehrenamtspauschale verzichtet. Hier muss besonders darauf geachtet werden, dass die satzungsmäßigen Bedingungen für die Zahlung vorliegen.

Erbringt ein Mitglied oder Nichtmitglied vertragliche Leistungen für den Verein (z. B. Lieferant, Handwerker oder Rechtsanwalt), so kann nach Rechnungsstellung auf die Vergütung ganz oder teilweise verzichtet werden. Dies ist begrifflich keine Aufwandsspende, was aber letztlich unerheblich ist, weil auch hier im Ergebnis eine Geldspende vorliegt, für die die o. g. Voraussetzungen gelten.

Bei einer **Sachspende** gehen Gegenstände in das Eigentum des Vereins über.

In der Zuwendungsbestätigung ist deren Wert anzugeben, was problematisch sein kann. So ist bei gebrauchten Sachen eventuell ein Gutachten erforderlich. Auch ist zu unterscheiden zwischen Sachen aus dem Privatvermögen und dem Betriebsvermögen.

Werden Sachen lediglich zur Nutzung überlassen (z. B. Busunternehmer stellt Kleinbus für eine Fahrt zum Fortbildungsseminar zur Verfügung), liegt keine Sachspende vor. Vielmehr kann der Unternehmer auch hier eine Rechnung stellen und dann auf die Gesamtsumme oder einen Teil verzichten (also Geldspende).

Wichtig:

Bei Geldspenden bis 200 Euro braucht der Spender keine Spendenbescheinigung. Es genügen die Buchungsbestätigung des Kreditinstituts (z. B. Kontoauszug mit Konto und Kontonummer des Empfängers) sowie ein Beleg des Vereins mit Angabe des steuerbegünstigten Zwecks und des Freistellungsbescheids.

Wenn eine unrichtige Spendenbescheinigung erteilt wurde, aber der Spender dies nicht weiß und auch nicht wissen konnte (z. B. weil der Verein den gespendeten Geldbetrag nicht für ideelle Zwecke ausgegeben hat), bleibt es bei dem Steuerabzug. Dann haftet für eine vorsätzlich oder grob fahrlässig falsch ausgestellte Zuwendungsbestätigung vorrangig der Verein, nachrangig aber auch der Aussteller persönlich, und zwar in Höhe von 30% der bescheinigten Spende für entgangene Körperschaftsteuer und 15% für entgangene Gewerbesteuer. Zudem droht dem Verein der Verlust der Gemeinnützigkeit.

Allgemein gilt im Spendenrecht: Bitte dokumentieren Sie alle relevanten Vorgänge möglichst durch schriftliche Unterlagen, so dass Sie jederzeit den einwandfreien Nachweis der Spende gegenüber dem Finanzamt führen können.

3.1 Geld

Wenn von Spenden die Rede ist, denken wir meist an Geld. Und natürlich sind finanzielle Mittel wichtig und auch lebensnotwendig, damit Sie die Arbeit Ihrer Kita fortführen und entwickeln können.

Geldspenden sind flexibel einsetzbar. Das gilt sowohl im Hinblick auf die Zeit – Geld kann man sparen – als auch im Hinblick auf die Verwendungsmöglichkeiten: Mit Geld lassen sich benötigte Leistungen, Materialien, Know-how etc. kaufen.

In Deutschland werden jährlich zwischen 3 und 5 Milliarden Euro in Geld an gemeinnützige Organisationen gespendet. Auch Ihre Kita erhält sicherlich – zusätzlich zu den Mitgliedsbeiträgen – weitere Geldspenden. Diese können ungebunden oder zweckgebunden erfolgen.

Legt der Spender fest, für welche konkreten Zwecke (Maßnahmen, Anschaffungen etc.) die Spende verwendet werden soll, muss sich die Kita an diese Vorgabe halten.

 Rechts-Tipp:

Erhält eine gemeinnützige Organisation Geldspenden, so darf sie diese nicht auf unbegrenzte Zeit ansparen.

Der Gesetzgeber macht klare Vorgaben, unter welchen Voraussetzungen gemeinnützige Organisationen Geld ansparen dürfen bzw. innerhalb welchen Zeitraums die Geldspende ihrem Bestimmungszweck, nämlich einen Beitrag zur Erfüllung der satzungsgemäßen Ziele zu leisten, zugeführt werden muss.

Normalerweise müssen die Mittel, die einem Verein zufließen, bis zum Ablauf des folgenden Wirtschaftsjahres verbraucht werden (zeitnahe Mittelverwendung), es sei denn, man kann genau begründen, dass man den gesparten Betrag für einen ganz bestimmten Zweck, der weiter in der Zukunft liegt, benötigt (sog. projektbezogene Rücklage, z. B.für eine Jubiläumsfeier in 3 Jahren oder eine in 2 Jahren fällige wichtige Anschaffung).

Eine zulässige Rücklage kann auch bis zur Höhe von 10% der vorliegenden Mittel gebildet werden (freie Rücklage).

Wenn ein Spender seine Spende ausdrücklich dazu bestimmt, das Vermögen des Vereins zu mehren, muss diese Spende nicht zeitnah verwendet werden.

Weitere Rücklagen sind unter engen Voraussetzungen möglich. Im einzelnen handelt es sich hier um komplizierte steuerrechtliche Fragen, für deren Beantwortung man den Verein und seine Besonderheiten genau kennen muss. Es empfiehlt sich, Expertenrat einzuholen.

Mitgliedsbeiträge sind – rechtlich betrachtet – keine Spenden, aber natürlich eine wichtige Form der finanziellen Zuwendung und für Ihre Kita daher unverzichtbar.

Denn sowohl die Höhe der jährlichen Mitgliedsbeiträge als auch der Zeitpunkt ihrer Fälligkeit sind für Ihre Finanzplanung eine kalkulierbare und damit verlässliche Größe.

 Praxis-Tipp:

Vor diesem Hintergrund ist auch die Neuwerbung von Mitgliedern zu sehen.

Neue Mitglieder bedeuten nicht nur mehr ideelle oder aktive Unterstützung, sondern sie verbreitern mit ihren Beiträgen auch die Basis Ihrer Finanzplanung.

Mitgliederwerbung und -bindung sind daher wichtige Ziele Ihrer Fundraising-Strategie.

Kosten sind ein im Fundraising zuweilen heiß diskutiertes Thema. Häufig stellen Spender die Frage, welcher Kostenaufwand hinter einer Fundraising-Kampagne steckt. Sie möchten wissen, was genau mit dem von ihnen gespendeten Geld geschieht und wie viel von jedem Spenden-Euro tatsächlich dem eigentlichen Zweck zugutekommt.

Vor dem Hintergrund dieser Fragen, bevorzugen manche Unterstützer daher sogenannte zweckgebundene Spenden. Sie wollen damit sicherstellen, dass ihr Geld tatsächlich und ausschließlich einem bestimmten Projekt, und nicht etwa der Finanzierung von Verwaltungsstrukturen zugutekommt. Als Empfänger sind Sie dazu verpflichtet, diese Spende ausschließlich und nur dem bestimmungsgemäßen Zweck zufließen zu lassen. Und auch organisatorisch muss Ihre Buchhaltung in der Lage sein, gegebenenfalls die zweckentsprechende Verwendung zu belegen.

Sofern Ihr Förderverein vom zuständigen Finanzamt als gemeinnützig anerkannt wurde, dürfen Sie für erhaltene Geldspenden Zuwendungsbestätigungen (Spendenbescheinigungen) ausstellen. Dies setzt aber voraus, dass die Spende für die **ideellen** Satzungszwecke verwendet wird. Für den Geldspender bedeutet dies, dass er seine Spende steuermindernd geltend machen kann. Wie sich dies letztlich auswirkt, hängt von den individuellen Einkommensverhältnissen des Spenders ab.

3.2 Sachspenden

Sachspenden sind funktions- und nutzungsfähige Wirtschaftsgüter aller Art, die Ihrer Einrichtung bzw. Ihrem Förderverein unentgeltlich überlassen werden. Lediglich zwischen 4% bis 10% (unterschiedliche Quellen machen hier differierende Angaben) des Gesamtspendenaufkommens entfallen auf Sachspenden.

Dieses Schattendasein führen Sachspenden zu Unrecht, denn das in ihnen liegende Potenzial ist bei weitem höher.

Zwar sind sie weniger flexibel einsetzbar als Geldspenden und es bedarf eines gewissen Planungsaufwands, um genau die Dinge zu erhalten, die benötigt werden. Der Wettbewerb in diesem Segment ist jedoch geringer als im Bereich der Geldspenden.

Hinzu kommt, dass Menschen sich leichter von Sachwerten als von Geld trennen. Und gerade hier eröffnet das Internet interessante Möglichkeiten, die der Sachspende zu neuer Bedeutung verhelfen.

Sie benötigen einen neuen Drucker für Ihr Kita-Büro, Sand für den Außenbereich, eine Waschmaschine oder Bastelmaterial?

Gerade größere Unternehmen verfügen häufig über nicht mehr genutzte Bürogeräte oder Einrichtungsgegenstände und freuen sich, wenn diese bei Ihnen noch gute Dienste verrichten.

Für spezielle Wünsche wie Sand, Spielgeräte, Bücher oder Bastelmaterialien sollten Sie sich an Hersteller oder Großhändler in Ihrem Umfeld wenden. Manchmal lassen sich auch Teil-Spenden aushandeln: Ein Teil des benötigten Materials wird von Ihnen gekauft, ein weiterer Teil wird Ihnen vom Unternehmen als Sachspende zur Verfügung gestellt.

Diesen Nutzen bringen Sachspenden Ihrer Kita:

- Dem Geber fällt das Spenden leichter, weil er in mehrfacher Hinsicht Gutes tut:
  - Das schlechte Gewissen, sich von funktionstüchtigen Gegenständen zu trennen, entfällt, denn diese werden nun sinnvoll weiter genutzt. **Aber Achtung**: Auch hier gilt, dass die Spende dann im ideellen Bereich des Vereins eingesetzt werden muss!
  - Gleichzeitig wird eine gute Sache unterstützt.

o Und zu guter Letzt profitiert auch der Spender selbst, denn über die Sachspende kann eine Zuwendungsbestätigung ausgestellt werden.

• Sachspenden schonen Ihre Liquidität. Sie müssen keine oder deutlich weniger finanzielle Mittel einsetzen, um benötigte Gegenstände oder Materialien zu erhalten.

• Sachspenden zeigen einen ressourcenschonender Umgang mit Sachwerten. Diese werden nicht vernichtet, sondern finden einen neuen Verwender und bleiben so der Wertschöpfungskette erhalten. Ein Argument, das möglicherweise sehr gut zu Ihrer Kita-Philosophie passt!

• Die Bereitschaft, Sachmittel zu spenden ist ungleich höher als bei der Bitte um Geld.

Nachteile von Sachspenden:

• Um eine korrekte Zuwendungsbestätigung auszustellen, ist es erforderlich, den Wert der Sachspende zu bestimmen. Insbesondere bei gebrauchten Gegenständen kann dies schwierig und aufwändig sein.

• Größere Projekte mithilfe von Sachspenden zu realisieren, erfordert Zeit, eine sehr genaue Planung und gute Vorbereitung. Nur dann ist sichergestellt, dass Sie die Gegenstände erhalten, die Sie wirklich benötigen.

Daher eignet sich die Einwerbung klassischer Sachspenden vor allem im Einzelfall, wenn also nur ein Gegenstand oder wenige Alltagsgegenstände benötigt werden, die der Kita zugutekommen und direkt dort eingesetzt werden.

Insbesondere unter steuerlichen Gesichtspunkten (und daher relevant bei der Ausstellung einer Spendenbescheinigung) ist grundsätzlich zu unterscheiden, ob es sich bei der Sachspende um ein neues oder ein gebrauchtes Wirtschaftsgut handelt und wem die Sachspende zugutekommt: Wird Sie direkt vom Empfänger genutzt oder dient sie der Verwertung?

Kommt die Sachspende direkt dem Empfänger zugute und dient dem ideellen Vereinszweck, kann eine Zuwendungsbestätigung ausgestellt werden. Da es gerade bei gebrauchten Gegenständen oftmals problematisch ist, den korrekten Wert der Spende zu bestimmen, sollten Sie gegebenenfalls einen in diesen Fragen erfahrenen Steuerberater zu Rate ziehen.

 Praxis-Tipp:

Soll ein umfangreiches Projekt überwiegend durch Sachspenden realisiert werden, legen Sie unbedingt eine detaillierte Bedarfsliste an.

Führen Sie so konkret wie möglich alle benötigten Gegenstände und Materialien auf und fügen Sie, wenn möglich, Preisangaben hinzu. Sonst laufen Sie Gefahr, Dinge zu erhalten, die am tatsächlichen Bedarf vorbeigehen.

Scheuen Sie sich nicht, für gebrauchte Dinge Zustandskriterien festzulegen. Zum Beispiel sollte der Kopierer bisher nicht mehr als 50.000 Kopien gefertigt haben oder der PC nicht älter als 3 Jahre sein. Anderenfalls besteht das Risiko, dass die Sachspenden wegen ihres Zustands nicht zu gebrauchen sind oder bereits nach kurzer Zeit wieder ersetzt werden müssen.

Benennen Sie einen Ansprechpartner, der alle Informationen und Spendeneingänge koordiniert. So vermeiden Sie Doppelspenden.

Bestimmt haben Sie in Ihrer Kita schon einmal einen Flohmarkt oder Basar organisiert.

Die Familien Ihrer Kita-Kinder haben ausrangierte, aber in gutem Zustand befindliche Spielsachen, Kleidung, Bücher oder CDs auf diesem Flohmarkt angeboten. Die so erzielten Verkaufserlöse flossen dann Ihrer Kita zu.

Auch hierbei handelt es sich um eine Form der Sachspende: Andere Menschen besitzen Dinge, die sie nicht mehr benötigen. Sie spenden diese Gegenstände an Ihre Kita, die sie wiederum nicht selbst nutzt, sondern einen Flohmarkt organisiert und die Sachspenden dort verwertet, also verkauft. Die erzielten Erlöse kommen Ihrer Kita zugute.

Diese Form der Sachspende dient also der mittelbaren Geldbeschaffung.

Rechts-Tipp:

Hier ist genau auf den Weg der Sachspende zu achten.

Wird die Kita durch einen Förderverein unterstützt, dann ist der Förderverein in aller Regel auch Veranstalter des Flohmarkts oder Basars. Betätigt sich der Förderverein Ihrer Kita hierbei selbst als »Verwerter«, verkauft er also erhaltene Sachspenden weiter, entstehen verschiedene rechtliche Problemkreise:

Die Erlöse kommen zwar dem ideellen Satzungszweck des Fördervereins – nämlich Unterstützung der Kita – zugute. Der Flohmarkt selbst fällt aber in dessen wirtschaftlichen Geschäftsbetrieb. Daher ist unbedingt auf die steuerlichen Freigrenzen zu achten. Ziehen Sie im Zweifelsfall einen Experten zu Rate.

Hinzu kommt: Der Förderverein der Kita darf sich als gemeinnütziger, steuerbegünstigter Verein nur in einem bestimmten Rahmen (als untergeordneter Nebenzweck) wirtschaftlich betätigen, damit der ideelle Zweck – und damit die Gemeinnützigkeit – nicht gefährdet werden. Zu achten ist daher darauf, dass der Förderverein die Mittel für die Kita nicht überwiegend durch seinen wirtschaftlichen Geschäftsbetrieb, sondern vorwiegend im ideellen Bereich (z. B. Beiträge, Spenden) beschafft.

Da der Flohmarkt oder Basar wirtschaftlicher Geschäftsbetrieb ist, sind Sachspenden hierfür auch steuerlich nicht abzugsfähig; es darf keine Zuwendungsbestätigung ausgestellt werden.

Es kann daher zweckmäßig sein, wenn der Eigentümer selbst die Sachen auf dem Flohmarkt verkauft und den Erlös dem Förderverein für dessen ideellen Bereich spendet. Diese Geldspende ist abzugsfähig. Gleiches gilt, wenn der Eigentümer den Gegenstand für einen üblichen und angemessenen Betrag an den Verein verkauft und dann auf die Zahlung des Kaufpreises verzichtet (Geldspende). Dies sollte schriftlich dokumentiert werden.

Alternativ zum direkten Verkauf können Sie Sachspenden für die Veranstaltung einer Tombola nutzen.

Hier sind zwar einige bürokratische Hürden zu nehmen, was jedoch mit einem gewissen zeitlichen Vorlauf nicht besonders problematisch sein sollte.

Eine Lotterie (Tombola) gehört als sogenannter Zweckbetrieb zum steuerbegünstigten Bereich, wenn Sie behördlich genehmigt ist und der Reinertrag unmittelbar und ausschließlich zur Förderung gemeinnütziger Zwecke verwendet wird (§ 68 Abgabenordnung). Möglicherweise bedarf die Tombola wegen der niedrigen Losverkaufsumme keiner Genehmigung, muss dann aber bei der zuständigen Genehmigungsbehörde wenigstens angemeldet werden. Daneben ist – unabhängig von der Genehmigung – zumeist eine Anmeldung bei der Finanzverwaltung erforderlich. Im Einzelnen sollten die Voraussetzungen und Zuständigkeiten mit der zuständigen Genehmigungsbehörde (meist Gemeinde oder Kreis) und dem Finanzamt abgeklärt werden, zumal von Bundesland zu Bundesland hier Abweichungen auftreten können.

Lotteriesteuer fällt nicht an,
- wenn die Tombola ausschließlich gemeinnützigen Zwecken dient und der Gesamtpreis der Lose 40.000 Euro nicht übersteigt oder
- nur Sachpreise verlost werden und der Gesamtpreis der Lose nicht über 650 Euro liegt.

Ihre Kita verkauft Lose und lobt die erhaltenen Sachspenden als Preise aus.

Ihr Vorteil:

Für die Sachspenden, die nun als Tombola-Preise ausgelobt werden, dürfen Sie Zuwendungsbestätigungen ausstellen. Und die über den Losverkauf erzielten Erlöse sind – anders als der direkte Verkauf – nicht dem wirtschaftlichen Geschäftsbetrieb zuzuordnen.

Umsatzsteuer in Höhe von 7% muss abgeführt werden.

 Praxis-Tipp:

Bei Sachspenden muss es sich nicht immer um Güter oder Waren handeln.

Im weiteren Sinne handelt es sich auch dann um Sachspenden, wenn Dinge mit symbolischem Wert oder Events gespendet werden. Wie andere Sachspenden auch, werden diese sodann verkauft oder versteigert und der erzielte Erlös kommt Ihrer KiTa zugute.

Oft handelt es sich dabei um emotional sehr attraktive Spenden, beispielsweise das Trikot eines bekannten Sportlers, der handsignierte Fußball oder das Backstage-Treffen mit einem bekannten Künstler.

So wurden beispielsweise für die Erdbebenopfer Haitis Miniatur-Flugzeuge, LKWs und Transporter als Symbole für Hilfsleistungen versteigert. Wikileaks versteigerte ein Essen mit Julian Assange, um Spenden für die Wikileaks-Plattform einzuwerben, und Lufthansa bietet mit dem Projekt »Miles to Help« die Möglichkeit, erworbene Prämienmeilen für Umwelt- und Hilfsprojekte zu spenden.

Auch wenn Sie keine Prominenten einbinden können, haben Sie ganz bestimmt kreative Ideen, welchen besonderen, für Geld nicht käuflichen Event Sie versteigern könnten!

3.3 Zeitspende und Fachwissen

Im Frühjahr müssen die Spielgeräte des Außengeländes gereinigt und kleinere Ausbesserungsarbeiten vorgenommen werden. Traditionell stellen sich hierfür Eltern der KiTa-Kinder zur Verfügung und erledigen gemeinsam an einem Samstag die anfallenden Arbeiten.

Dies ist die klassische Form der Zeitspende. Eine Zeit- und Arbeitsleistung wird freiwillig und ohne Bezahlung oder Gegenleistung erbracht. Auch besteht keinerlei rechtliche Verpflichtung, diese Leistung zu erbringen.

Gegenstand von Zeitspenden ist also die ehrenamtliche Übernahme bestimmter Aufgaben, sei es regelmäßig oder von Fall zu Fall.

Zeitspenden sind beliebt: Nahezu jeder dritte Bundesbürger engagiert sich ehrenamtlich. Besonders aktiv ist dabei die Altersgruppe der Menschen zwischen 40 und 65 Jahren. Gerade der Trend der über 50-Jährigen sich zu engagieren, wird sich in Zukunft noch verstärken, denn im Durchschnitt werden wir gesünder alt und suchen sinnvolle Aktivitäten, mit denen Umbruchphase und 3. Lebensabschnitt gestaltet werden können.

Verbunden mit Zeitspenden ist immer auch der Einsatz von Fachwissen. Dabei kann es sich sowohl um Kompetenzen handeln, als auch um Fähigkeiten, die beispielsweise beruflich erworben wurden.

Im Zusammenhang mit Sachspenden haben Sie bereits gesehen, dass es Menschen leichter fällt, sich von Gegenständen als von Geld zu trennen. Gleiches gilt auch für Arbeitskraft und Zeit, insbesondere in finanziell schwierigen Zeiten, wenn die Spendenbereitschaft generell zurückgeht.

Mit ihrer Arbeit und ihrem Einsatz können Eltern und Förderer viel bewegen – und finanzielle Mittel ersetzen.

Vielleicht hat ein Elternteil Interesse daran, Sie in der Buchhaltung zu unterstützen, die Pressearbeit zu übernehmen oder die Internetseite Ihrer Kita zu pflegen. Der Nutzen für Sie liegt auf der Hand: Es entsteht ein Kompetenzzuwachs, Sie erhalten Unterstützung und Entlastung und können Dinge realisieren, die ohne diese Unterstützung gar nicht oder nicht dauerhaft möglich wären. Zeitspenden sind aber auch ein interessantes Konzept für sonstige Förderer und Unterstützer:

So suchen Unternehmen zunehmend gezielt nach Möglichkeiten, gesellschaftliche Verantwortung zu übernehmen und lokale oder inhaltliche Verbundenheit zu zeigen.

Eine Partnerschaft mit Ihrer Kita bringt dem Unternehmen zum einen Imagegewinn. Zum anderen bietet sich die Chance, soziale Kompetenzen der Mitarbeiterinnen und Mitarbeiter zu entwickeln und Teambindungsprozesse zu fördern. Die Zusammenarbeit und das gemeinsame Interesse am Gelingen eines Projekts stärken das »Wir-Gefühl«, schaffen Identität und Verbundenheit.

Und häufig führt eine solche projektbezogene Zusammenarbeit zu einer dauerhaften Kooperation zwischen Ihrer Kita und dem unterstützenden Unternehmen.

Praxis-Beispiel:

Einige Räume Ihrer Kita brauchen unbedingt einen neuen Anstrich.

Die Personalabteilung einer Bank erklärt sich spontan bereit, Sie hierbei zu unterstützen. Während Ihr Team mit den Kita-Kindern auf einen Wanderausflug geht, stellt die Bank ihre Auszubildenden für einen Tag frei, um die Räume der Kita zu streichen.

Ihre Kita stellt Essen und Getränke bereit und sorgt für das notwendige Material. Die Streicharbeiten werden von den Auszubildenden übernommen.

Die Bank sieht in diesem Engagement nicht nur einen Imagegewinn.

Die Auszubildenden stehen am Beginn ihrer Ausbildung und müssen sich erst noch kennenlernen und ein Team-Gefühl entwickeln. Dafür ist nichts besser geeignet, als die gemeinsame Arbeit und das Erfolgserlebnis am Ende des Tages, wenn alles in neuem Glanz erstrahlt.

oder

Der Frühling naht und das Außengelände muss in Schuss gebracht werden. Bäume und Sträucher sind fachgerecht zu stutzen, Spielgeräte müssen überprüft werden und einige benötigen einen neuen Anstrich.

Die Mitarbeiter eines Gartenbaubetriebes sowie das Team eines kleinen Handwerksbetriebs aus der Nachbarschaft übernehmen diese Arbeit gemeinsam.

Ihre Kita stellt die benötigten Materialien, die beiden Teams bringen ihr Handwerkszeug und ihre Arbeitskraft mit.

Am Ende des Tages ist das Außengelände in Ordnung gebracht und bereit, damit die Kinder dort wieder ungefährdet toben und spielen können.

Die beteiligten Unternehmen profitieren nicht nur vom Imagegewinn und einer anderen Form der Öffentlichkeitsarbeit; sie haben auch ihr Netzwerk erweitert und können von dem neuen Kontakt in Zukunft vielleicht auf geschäftlicher Ebene profitieren.

Über den Weg der Zeitspende lassen sich auch andere Kooperationspartner gewinnen:

Senioren übernehmen Lesepatenschaften, Eltern oder andere Förderer stellen ihre Berufe vor, Künstler und Künstlerinnen kommen zu Besuch in die Kita und führen die Kinder an kreatives Arbeiten heran. Ihrer Kreativität sind hier keinerlei Grenzen gesetzt.

Durch die neu gewonnenen Zeitspender entlasten Sie die Mitarbeiterinnen und Mitarbeiter Ihrer Kita. Darüber hinaus entsteht eine Vielzahl neuer Angebote, die die Attraktivität Ihrer Einrichtung weiter erhöhen.

Positive Imagebildung und Steigerung des Bekanntheitsgrades sind ein weiterer nützlicher Nebeneffekt, denn solche Initiativen eignen sich bestens, um darüber in der Presse zu berichten.

Diesen Nutzen bringen Zeitspenden den Kindern und Ihrer Einrichtung:
- Zeitspenden sind leichter einzuwerben als Geldspenden.
- Das Netzwerk der Kita wird gestärkt.
- Kooperationsprojekte, die eine Spende von Zeit (= Arbeitskraft) oder Fachwissen anstreben, sind häufig ein guter Einstieg in die Zusammenarbeit mit Unternehmen.
  Aus Unternehmersicht spricht für solche Projekte spricht nicht nur der Imagegewinn. Denn sie können damit auch die Bereitschaft zur Übernahme gesellschaftlicher Verantwortung sowie lokale Verbundenheit zeigen. Darüber hinaus werden durch solche Initiativen die sozialen Kompetenzen und das Wir-Gefühl auf Seiten der Unternehmens-Mitarbeiter gestärkt.
- Durch den Kontakt zu Personen mit ganz unterschiedlichen Wissens- und Erfahrungshorizonten profitieren die Kita-Kinder: sie entwickeln soziale Kompetenzen, lernen andere Sichtweisen kennen und erfahren eine Bereicherung in ihrem Bildungsprozess.
- Unter Umständen werden ganz neue Leistungsangebote möglich, die Ihre Kita noch attraktiver machen und positiv von anderen Einrichtungen abheben.
- Die pädagogischen Mitarbeiterinnen und Mitarbeiter Ihrer Kita werden entlastet.

Nachteile:

- Zeitspenden sind steuerlich nicht absetzbar, d. h. für geleistete ehrenamtliche Arbeit können Sie keine Zuwendungsbestätigung ausstellen.

 Praxis-Tipp:

Überprüfen Sie Ihre Datenbank. Falls Sie bislang die Berufe und Fähigkeiten der Kita-Eltern oder anderer Unterstützer noch nicht erfasst haben, ergänzen Sie diese Schritt für Schritt. Dann können Sie diese ganz gezielt mit der Bitte um Unterstützung ansprechen.

Hilfreich hierfür ist die Erstellung eines Kompetenzprofils, das Sie gemeinsam mit den interessierten Personen erstellen.

 Rechts-Tipp:

Im Hinblick auf den **Datenschutz** benötigen Sie für eine solche erweiterte Datenbank aber die schriftliche Einwilligung der Eltern und sonstigen Unterstützer, deren Daten dort gespeichert werden sollen.

Zuvor müssen Sie genau darüber informieren, welche Daten Sie wofür benötigen. Dies hat aber den Vorteil, dass die meisten Eltern oder Unterstützer mit der Erweiterung der Datenbank vermutlich einverstanden sind (Näheres zum Datenschutz finden Sie in Kapitel 10).

Fragen Sie gezielt bei Eltern und sonstigen Förderern nach, ob diese bereit sind, sich ehrenamtlich zu engagieren und wenn ja, wie viel Zeit sie hierfür aufwenden können und wollen. Das erleichtert Ihnen die Planung.

Erstellen Sie eine Liste mit Zusatzangeboten, die Sie gerne umsetzen würden. Erarbeiten Sie für die jeweilige Aufgabe ein Anforderungsprofil, das sowohl die notwendigen Kompetenzen und Fähigkeiten, als auch den voraussichtlichen Zeitaufwand umfasst. Klare Absprachen zwischen Ihnen und dem Zeitspender verhindern Enttäuschungen auf beiden Seiten.

Laden Sie Ihre Zeitspender zu regelmäßigen Treffen ein. So werden Verbundenheit und Teamgefühl gestärkt, neue Ideen können entwickelt und mögliche Probleme aus dem Weg geräumt werden.

Einige Beispiele für mögliche Zeitspenden

- Engagement von Fachkräften
Neben Ihren pädagogischen Fachaufgaben müssen Sie und Ihr Team sich einer Menge – manchmal auch lästiger – Pflichtaufgaben widmen. Ein typisches Beispiel ist die Buchhaltung.
Schauen Sie sich im Kreise der Familien und der Förderer nach Buchhaltern, Steuerberatern oder Steuerfachgehilfen oder aber Kaufleuten um. Bitten Sie diese Personen um ihre ehrenamtliche Unterstützung und binden Sie sie somit durch eine Zeitspende in den Arbeitsalltag Ihrer Einrichtung mit ein.
Sie profitieren doppelt: Sie haben mehr Zeit für andere Aufgaben zur Verfügung und Sie können sichergehen, dass die Arbeit durch einen Fachmann kompetent ausgeführt wird.

- Ehrenamtler ergänzen Fachkräfte
Es ist unvermeidlich, dass Sie oder jemand aus Ihrem Team wegen einer Krankheit oder aber wegen der Teilnahme an einer Fortbildungsmaßnahme nicht am Arbeitsplatz sein kann. Dann kann leicht ein Personalengpass entstehen.
Ganz sicher können pädagogische Fachkräfte nicht ersetzt werden, aber vielleicht finden Sie unter Ihren Kita-Eltern und sonstigen Förderern Menschen, die regelmäßig oder im Bedarfsfall mit ihren Kompetenzen einspringen.
So freuen sich beispielsweise viele Großeltern über eine regelmäßige Zeit, die sie mit ihren Enkeln und anderen Kindern in Ihrer Kita verbringen können.
Am besten legen Sie eine Liste von Freiwilligen an, die sich sporadisch oder regelmäßig in Ihrer Kita engagieren möchten. Wichtig ist, dass Interessierte auch angeben, wie viel Zeit sie zur Verfügung stellen und in welchem Bereich ihre Kompetenzen und Interessen liegen.

- Punktuelle Aufgaben
Egal, ob es sich um Organisationsfragen oder aber um tatkräftiges

Anpacken handelt: Immer wieder engagieren sich Familien und Förderer bei Kita-Projekten, beispielsweise bei baulichen oder gestalterischen Maßnahmen (Zimmer streichen, Spielplatz neu gestalten) oder Ausflügen.

Aber auch besondere Angebote, wie beispielsweise ein Musikkreis, die Fußball-AG oder ein monatlicher Berufe-Kennlern-Tag können mit Unterstützung Freiwilliger eingerichtet werden.

- Von und mit Künstlern lernen
Malen, Musik oder Töpfern: In der Kunst leben Kinder ihre Fantasie aus. Prüfen Sie, ob in Ihrem Netzwerk Künstler vertreten sind oder Sie Kontakte zu Künstlern herstellen können.

Diese können den Kindern in der Kita beispielsweise ihr Musikinstrument näherbringen oder aber gemeinsam malen. Im Idealfall können Sie einen regelmäßigen Kurs einrichten und somit das Angebot Ihrer Einrichtung erweitern.

In der Folge lassen sich aus einem solchen Angebot heraus sogar Konzerte oder Musicals aufführen, mit denen Ihre Kita in den Medien in Erscheinung treten kann und über das Eintrittsgeld an zusätzliche Einnahmen gelangt.

 Rechts-Tipp:

Haftung

Werden »fremde« Personen in Ihrer Kita tätig, also Personen, die nicht beim Träger Ihrer Einrichtung beschäftigt sind, stellt sich auch immer die Frage nach der Haftung.

Die »Zeitspender« können eine Schädigung verursachen wie auch selbst erleiden.

Zwar ist die Haftung ohnehin eingeschränkt, wenn jemand ohne Gegenleistung eine »Gefälligkeit« erbringt, aber darauf sollte man sich nicht unbedingt verlassen, zumal wenn es um längerfristige ehrenamtliche Engagements geht.

Hier kommt in Betracht, diesen Personen – in Abstimmung mit dem Träger Ihrer Kita und den Eltern – schriftlich zuzusichern, dass sie lediglich für grobe Fahrlässigkeit (sehr gravierende Fehler) und Vorsatz, aber nicht für einfache Fahrlässigkeit haften.

Für Schäden aufgrund von Fehlern, wie sie jedem von uns immer wieder unterlaufen können (z. B. Nachlässigkeiten, Flüchtigkeitsfehler), müssen die Zeitspender dann nicht einstehen.

Außerdem sollten Sie mit den betreffenden Personen rechtzeitig prüfen, ob diese durch bestehende Versicherungen ausreichend abgesichert sind, wenn sie Schäden verursachen oder erleiden. Greift die eigene Haftpflichtversicherung ein, wenn man in einer Kita aushilft oder Kurse veranstaltet? Besteht eine Unfallversicherung? Falls nicht, kommt eventuell auch der Abschluss eines Gruppenversicherungsvertrages über den Kita-Träger oder den Förderverein in Betracht.

Vergütung

Soweit die Zeitspender Mitglieder des Kita-Fördervereins sind und in dessen satzungsgemäßem Auftrag nebenberuflich tätig werden, können sie

- mit einem steuer- und sozialabgabenfreien Betrag bis 2.100 Euro pro Jahr bezahlt werden, wenn sie sich in der Kita als Übungsleiter, Ausbilder, Erzieher, Betreuer oder in einer vergleichbaren Tätigkeit oder in der Pflege kranker oder behinderter Menschen oder in einer künstlerischen Tätigkeit engagieren (§ 3 Nr. 26 Einkommensteuergesetz – EStG);
- eine Vergütung bis 500 Euro pro Jahr steuer- und sozialabgabenfrei erhalten (Ehrenamtsfreibetrag, § 3 Nr. 26a EStG).

Für die gleiche Tätigkeit kann nur eine dieser Varianten genutzt werden. Beide Freibeträge können nicht mehrfach pro Jahr in Anspruch genommen werden; fragen Sie daher, ob die betreffende Person den Freibetrag schon bei einem anderen Verein ganz oder teilweise in Anspruch nimmt und lassen Sie sich die Antwort ggf. schriftlich bestätigen.

Das nach Satzung zuständige Gremium (z. B. der Vereinsvorstand) muss die Zahlung beschließen. Möglicherweise muss die Satzung zuvor geändert werden, wenn sie solche Ausgaben nicht erlaubt.

4. »Wer den Hafen nicht kennt ...«

Leitbild und Ziele – Das Fundament des Fundraising

Auch wenn Ihre Kita bereits über ein Leitbild und ausformulierte Ziele verfügt, sollten Sie dennoch unbedingt dieses Kapitel lesen.

Denn vielleicht ist auch Ihr Leitbild schon vor einigen Jahren entstanden, als es »in« war, ein Leitbild zu haben. Meist wurden diese Leitbilder nie wieder überprüft und aktualisiert, geschweige denn, bewusst in die tägliche Arbeit umgesetzt. Sie aber wollen etwas ganz Besonderes:

Nämlich die Zeit, das Geld und das Fachwissen von Menschen, die in keiner direkten Beziehung zu Ihrer Kita stehen.

Damit diese Menschen bereit sind, Ihnen diese Mittel ohne Vergütung oder materielle Gegenleistung zur Verfügung zu stellen, müssen Sie Anker schaffen – und die liegen in gemeinsamen Werten und Zielen.

Es lohnt sich also auf jeden Fall, einen intensiven Blick auf Leitbild und Ziele zu werfen, egal, ob diese bereits bestehen oder noch erarbeitet werden müssen.

Denn Antoine de St.-Exupéry hat Recht, wenn er schreibt:

»Wer den Hafen nicht kennt, in den er segeln will, für den ist kein Wind ein günstiger!«.

Nur, wer sich selbst, die eigenen Ideale, Werte und Ziele genau kennt, kann andere für seine Arbeit begeistern und ganz konkret um Unterstützung bitten.

Mit Ihrer Zielformulierung beschreiben Sie, **was** Sie erreichen wollen; Ihr Leitbild macht deutlich, **wie** Sie es erreichen wollen.

Ziele und Leitbild sind die Navigationsinstrumente Ihrer Kita: Sie bestimmen maßgeblich den Weg, den Sie einschlagen, also die Strategie, sowie die konkreten Maßnahmen, die zur Umsetzung notwendig sind. Ziele und Leitbild sind auch ein Korrektiv. Stellen Sie sich bei jeder neuen Idee oder vor Beginn einer Projektplanung immer folgende Fragen:
- Bringt uns die Idee/das Projekt unserem Ziel ein Stück näher?
- Unterstützt die Idee/das Projekt unsere Philosophie?
- Entspricht die Idee/das Projekt unserem Selbstverständnis?

Nur wenn Sie diese Fragen bejahen können, ist es richtig und sinnvoll, eine Idee weiterzuverfolgen. Anderenfalls müssen Sie sich überlegen, ob und wie Sie Ihr Vorhaben verändern müssen und können, damit Sie die obigen Fragen mit »Ja« beantworten können.

Wegen dieser grundlegenden Bedeutung – Anker, Richtschnur, Navigation und Korrektiv – sollten Sie sich viel Zeit für die Identifikation und Formulierung von Zielen und Leitbild nehmen und in diesen Prozess alle Teammitglieder einbinden.

Gehen Sie keine Kompromisse ein! Diskutieren und feilen Sie so lange an Formulierungen, bis sich jeder Einzelne damit vollständig identifizieren kann. Nur dann ist sichergestellt, dass jedes Team-Mitglied Ziele und Leitbild verinnerlicht, sie mittragen und nach innen und außen leben kann.

4.1 Leitbild

Das Leitbild ist das Kurzprofil Ihrer Kita. Es beinhaltet
- Ihre Ziele (die *Vision*)
- die Aufgaben, die Sie für sich aus Ihrer Vision ableiten (die *Mission*)
- die Art und Weise, wie Sie Ihre Vision realisieren wollen (die *Strategie*)
  - die Menschen, an die Sie sich wenden (*Adressatenkreis od. Anspruchsgruppen od. Stakeholder*)
  - die Leistungen, die Sie anbieten
- die Wertekultur, auf deren Basis Sie Vision, Mission und Strategie umsetzen.

Mit anderen Worten: Im Leitbild formulieren Sie die zentralen Inhalte Ihrer Arbeit, Ihr Selbstverständnis und Ihre Leitphilosophie.

Das Leitbild ist die Identität Ihrer Kita und zugleich deren Kompass. Es ermöglicht zielgerichtete Führung und die Übertragung Ihrer Ziele in ganz konkrete Maßnahmen und Aktivitäten.

Das Leitbild ist der zentrale Orientierungspunkt, und zwar sowohl nach innen wie nach außen. Ihre Anspruchsgruppen (s. o.), also Ihr Team, Kinder, Eltern, Unterstützer und sonstige Dritte können mithilfe des Leitbildes prüfen, ob ihre eigenen Werte und ihre Lebenseinstellung deckungsgleich mit denen der Kita sind. So wird Identifikation möglich und die Grundlage für ein »Wir-Gefühl« geschaffen.

Leitbildentwicklung ist Teamarbeit. Nur wenn das gesamte Team in die Entwicklung des Leitbilds eingebunden ist und sich darin wiederfindet, kann dieses seine identitätsstiftende Wirkung entfalten.

Das Leitbild ist also quasi die Verfassung und das Grundgesetz Ihrer Kita. Es sollte deshalb unbedingt schriftlich und so kurz und präzise wie möglich formuliert werden. Der Umfang sollte nicht mehr als 1 DIN-A4-Seite umfassen; 60 bis maximal 90 Sekunden sollten genügen, um Ihr Leitbild mündlich wiederzugeben.

Haben Sie das geschafft, dann haben Sie zugleich einen elementaren Baustein für Ihre Fundraising-Strategie gelegt:

- Sie haben Ihrer Kita eine unverwechselbare »Persönlichkeit« gegeben.
- Sie treten nach außen »mit einer Stimme« auf. Jedes Team-Mitglied präsentiert Ihre Kita in der gleichen Weise, so dass eine Corporate Identity, also eine gemeinsame Identität, entsteht.
- Ihre Vision, Ihre Mission, Ihre Wertekultur und Ihre Strategie sind präzise und transparent formuliert. Damit haben Sie für sich selbst und für andere eine Möglichkeit der Orientierung und der Identifikation geschaffen.
- Ihre Projekte und Ihre Aktivitäten richten Sie an Ihrem Leitbild aus. Wie bei einem Kompass können Sie damit prüfen, ob der eingeschlagene oder angedachte Weg zum angestrebten Ziel führt.

Und auch auf Ihrer Webseite, in Flyern und Broschüren, bei Förderanträgen und Wettbewerben oder einfach im Gespräch mit potentiellen Unterstützern werden Sie immer wieder auf Ihr Leitbild zurückgreifen und in wenigen Worten vermitteln können, warum es sich lohnt, gerade Ihre Einrichtung zu unterstützen.

Dabei genügt es selbstverständlich nicht, lediglich ein Leitbild zu formulieren. Es muss auch mit Leben gefüllt und gelebt werden, sonst wirkt es aufgesetzt und wird schnell unglaubwürdig. Ein Leitbild ist nicht statisch, sondern unterliegt einem Wandel durch sich verändernde Umweltbedingungen, also rechtliche Rahmenbedingungen oder gesellschaftliche Wertvorstellungen.

So hat beispielsweise der Wertewandel im Zusammenhang mit einem verstärkten ökologischen Bewusstsein, ressourcenschonenden Handeln oder bewusster Ernährung auch die Inhalte der pädagogischen Arbeit in Kitas beeinflusst. Ebenso spielten die politische Forderung nach Ausweitung von Ganztagesbetreuungsangeboten oder die Möglichkeit der Betreuung für Kinder unter 3 Jahren eine Rolle. Und aktuell dominiert auch im vorschulischen Bereich das Stichwort Inklusion die Debatte.

Es bedarf daher einer kontinuierlichen Beobachtung gesellschaftspolitischer Trends und Entwicklungen, um Chancen und Risiken rechtzeitig zu erkennen und hierauf gegebenenfalls mit einer Modifikation Ihres Leitbildes zu reagieren.

4.2 Ziele

Stellen Sie sich folgende Situation vor: Sie möchten ans Meer, setzen sich in Ihr Auto und fahren los, ohne einen Blick in die Karte zu werfen und ohne festzulegen, ob es Sie an Nord- und Ostsee, ans Mittelmeer oder gar an den Pazifik zieht.

Würden Sie das tun? Vermutlich nicht!

Wahrscheinlicher ist, dass Sie vorher Ihr Ziel genauer eingrenzen und sich beispielsweise fragen, wie viel Zeit Ihnen zur Verfügung steht. Haben Sie nur eine Woche Urlaub, scheiden weite Flugreisen und lange Autoanreisen wohl aus. Wollen Sie nicht nur das Meer genießen, sondern auch die Sonne, kommt die Mittelmeerregion sicher eher in Frage als Nord- oder Ostsee.

Schon dieses kleine Beispiel, das sich beliebig weiter ausbauen lässt, zeigt, dass Sie in der Regel zunächst ein übergeordnetes und noch recht vages Ziel formulieren.

Erst in einem nächsten Schritt wird dieses Ziel unter Berücksichtigung von Wünschen, Vorlieben und limitierenden Faktoren, wie beispielsweise Zeit oder finanzielles Budget, weiter eingegrenzt und dadurch konkretisiert.

Auf dieser Basis treffen Sie dann eine Entscheidung zwischen verschiedenen Zieloptionen und planen konkrete Schritte, um Ihr Ziel zu erreichen. Gleiches gilt auch für Ihre Kita.

Weder persönlich noch als Organisation handeln wir im »luftleeren Raum«. Unser Handeln wird vielmehr strukturiert durch Ziele, die wir erreichen wollen. Unsere Motivation liegt dabei in der Erwartung, dass sich mit Erreichen des Ziels Verbesserungen im Vergleich zum Ausgangszustand ergeben.

Ein Ziel ist somit ein erstrebenswerter Zustand in der Zukunft, auf den wir hinarbeiten.

Am Anfang steht die bewusste, unter Berücksichtigung von Prämissen und bestehenden Rahmenbedingungen getroffene Entscheidung für ein Ziel. Auf dieser Basis entwickeln wir eine Strategie, also einen Katalog notwendiger Maßnahmen, die uns möglichst schnell und effektiv zur Zielerreichung führen sollen.

Als Zielerreichungsgrad bezeichnet man Art und Umfang, in dem ein Ziel tatsächlich erreicht wird. Dies ist zugleich auch der Erfolgsmaßstab unseres Handelns.

Mögliche Ziele Ihrer Kita könnten sein: einen maximalen Auslastungsgrad zu erreichen, die Zahl der Betreuungsplätze aufzustocken und natürlich Ihren Kindern bestimmte Werte, Kompetenzen und Fähigkeiten zu vermitteln.

Wer bestimmt die Ziele Ihrer Kita?

Grundsätzlich werden die Ziele durch die Kita-Leitung vorgegeben, die dabei jedoch teilweise auch äußere Einflussfaktoren berücksichtigen muss. Dies können beispielsweise übergeordnete Ziele des Trägers, bildungspolitische Ziele der Bundesländer oder gesellschaftspolitische Ziele sein, wie beispielsweise bessere Beschäftigungschancen für Mütter und Väter durch mehr Betreuungsplätze für Kinder ab dem vollendeten 1. Lebensjahr.

Zielsystem: Teilziele und ihr Verhältnis zueinander

Kitas verfolgen jedoch nicht nur ideelle, sondern auch wirtschaftliche Ziele.

Zwar arbeitet Ihre Kita nicht gewinnorientiert, jedoch müssen Sie dafür sorgen, dass die Kita Rechnungen bezahlen und notwendige Investitionen finanzieren kann. Liquiditätssicherung ist also ein wirtschaftliches

Ziel. Ebenso kann ein wirtschaftliches Ziel der Kita darin liegen, einen möglichst ausgewogenen Finanzierungsmix zu erreichen, um finanziell nicht in zu große Abhängigkeit von einem Geldgeber zu geraten.

Schon an diesen wenigen Beispielen erkennen Sie, dass eine Organisation nicht nur ein einziges, sondern meist mehrere Ziele verfolgt. Man spricht von einem Zielsystem.

Beispielhaft könnte dieses für Ihre Kita so aussehen:

Schaffung von Betreuungsplätzen für Kinder unter 3 Jahren	Liquiditätssicherung	ökologisches Bewusstsein schaffen

Damit haben Sie nun sogenannte Oberziele definiert.

Jedem dieser Oberziele lassen sich Teilziele zuordnen. Diese ergeben sich aus den Maßnahmen und Aktivitäten, die notwendig sind, um das jeweilige Oberziel zu erreichen.

So kann es beispielsweise für die Schaffung von Betreuungsplätzen für Kinder unter 3 Jahren notwendig sein, Ihr Team fortzubilden und zu qualifizieren. Auch räumliche Veränderungen wie ein Ruheraum oder die Umgestaltung des Badbereichs könnten eine Voraussetzung bzw. Zwischenschritte sein, damit Sie Ihr Ziel erreichen.

Das Oberziel »Liquiditätssicherung« kann sowohl Kosteneinsparungen als auch die Erschließung neuer Einnahmequellen beinhalten.

Indem Sie Oberziele in Teilschritte zerlegen, ergeben sich zu jedem Ziel separate Handlungsstränge. Damit erweitert sich auch Ihr Zielsystem, das nun wie folgt aussieht:

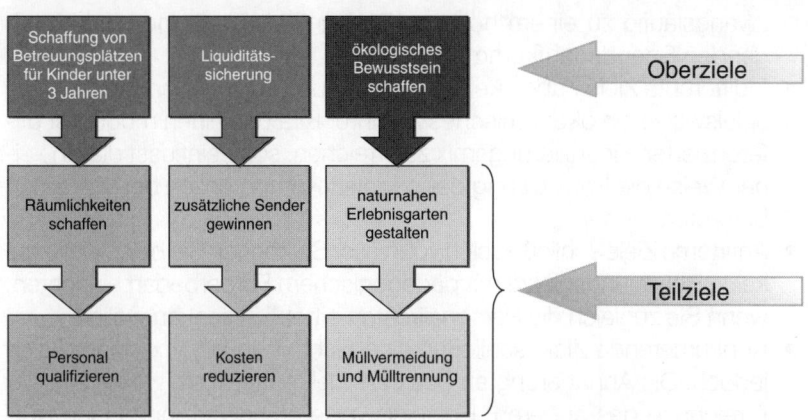

Jedes Teilziel lässt sich weiter aufschlüsseln und mit jeder weiteren Zerlegung werden die zu erfüllenden Aufgaben konkreter. So lassen sich beispielsweise Kosten reduzieren, in dem Sie das Werbebudget kürzen. Wollen Sie jedoch gleichzeitig neue Spender gewinnen, geraten Sie einen Zielkonflikt. Denn in der Regel gelingt dies nur mit einem ausreichend ausgestatteten Werbebudget.

Sie sehen also: Manche Ziele unseres im obigen Beispiel dargestellten erweiterten Zielsystems widersprechen sich, andere ergänzen sich und wieder andere stehen in keinerlei Beziehung zueinander.

Beispielsweise steht das Ziel »ökologisches Bewusstsein schaffen« in keinem direkten Zusammenhang mit dem Ziel »Schaffung von Betreuungsplätzen für Kinder unter 3 Jahren«. Hingegen widerspricht das Ziel »Kostensenkung« der Notwendigkeit, neue Räumlichkeiten zu schaffen. Und – wie gesehen – stünde eine Reduzierung der Kosten durch die Senkung des Werbebudgets in Konkurrenz zu dem Ziel, neue Spender zu gewinnen.

Die graphische Darstellung von Zielen ist ein Hilfsmittel, um ein komplexes Zielsystem zu strukturieren, Wechselbeziehungen in Form von Zielkonflikten oder Abhängigkeiten zu erkennen und – falls notwendig – Prioritäten zwischen verschiedenen Zielen zu setzen. Folgende Zielbeziehungen werden unterschieden:

- Komplementäre Ziele ergänzen sich. Die Erreichung des einen Ziels führt automatisch dazu, auch dem anderen Ziel näher zu kommen. So führt beispielsweise eine verstärkte Öffentlichkeitsarbeit nahezu zwangsläufig zu einem höheren Bekanntheitsgrad und einem steigenden Spendenaufkommen.

- Indifferente Ziele haben keinerlei Beziehung zueinander. Stellt es beispielsweise ein ökonomisches Ziel Ihrer Kita dar, einen möglichst differenzierten Finanzierungsmix zu erreichen, so beeinflusst dies in keiner Weise die Entwicklung der sozialen Kompetenzen der von Ihnen betreuten Kinder.

- Antinome Ziele schließen sich völlig aus. So können Sie beispielsweise keine Betreuungsplätze mit pädagogischem Förderbedarf einrichten, wenn Sie zugleich die Personalkosten erheblich senken wollen.

- Konkurrierende Ziele schließen sich nicht völlig aus, behindern sich jedoch. Die Annäherung an das eine Ziel, entfernt sie weiter von der Erreichung des anderen. Beispielsweise erschwert Ihnen eine Kürzung des Werbebudgets die Gewinnung neuer Unterstützer.

Neben der Klassifizierung von Zielen unter dem Gesichtspunkt ihrer Beziehungen zueinander, können Ziele auch nach weiteren Merkmalen eingeteilt werden:

- Quantität und Qualität

  Quantität steht für ökonomische Ziele. Sie sind relativ leicht messbar: Wie hoch soll die Zahl der Betreuungsplätze für bestimmte Altersgruppen in 1, 3 oder 5 Jahren sein? Wie soll sich in diesem Zeitraum das Verhältnis zwischen pädagogischen Mitarbeitern und betreuten Kindern entwickeln? Welchen Anteil sollen Geldspenden am Gesamt-Finanzvolumen haben?

  Qualität steht demgegenüber für ideelle Ziele. Sie sind schwerer und in der Regel nur über Indikatoren messbar. Wie haben sich soziale Kompetenzen, das naturwissenschaftliche Interesse oder das ökologische Bewusstsein der von Ihnen betreuten Kinder aufgrund Ihrer pädagogischen Arbeit verändert?

- Planungshorizont

  Klassifizierungskriterium sind der Planungszeitraum und der Zeitpunkt, bis zu dem ein Ziel erreicht werden soll. Folgende Planungshorizonte werden unterschieden:

  o langfristig: Der Planungszeitraum umfasst 3 bis 5 Jahre. Wegen des langen Planungshorizonts werden langfristige Ziele auch als Oberziele oder strategische Ziele bezeichnet. Sie haben eine übergeordnete Bedeutung, beeinflussen maßgeblich die Strategie der Kita und haben richtungsweisenden Charakter.

○ mittelfristig: Planungszeitraum 1 bis 3 Jahre
○ kurzfristig: Planungszeitraum bis 1 Jahr

Kurz- und mittelfristige Ziele sind den strategischen Zielen untergeordnet. Als Teil- oder Zwischenziele leisten sie einen Beitrag zur Erreichung der strategischen Ziele. Oft wird daher auch von operativen Zielen gesprochen. Die Frage »Was ist notwendig, um ein strategisches Ziel zu erreichen?« führt zu operativen Zielen, aus denen sich wiederum vielfältige Maßnahmen ableiten, die alle mit dem Oberziel verknüpft sind. Durch das Herunterbrechen eines langfristigen Ziels auf kürzere Planungshorizonte ergeben sich Handlungsstränge und konkrete umzusetzende Maßnahmen.

Welche Nutzen haben Ziele?

Ganz sicher kennen Sie das gute Gefühl, wenn Sie am Ende eines Tages alles oder fast alles geschafft haben, was Sie sich für diesen Tag vorgenommen hatten.

Die Ziele, die Sie sich morgens gesetzt haben, motivierten Sie, bestimmte Dinge zu tun. Weil Sie wussten, was Sie erreichen wollten, konnten Sie die dafür notwendigen Aktivitäten planen und haben damit Ihren Tag strukturiert. Als Sie am Ende des Tages alle Punkte auf Ihrer Aufgabenliste abgehakt hatten, war dies zugleich die Bestätigung, dass Sie Ihre Tagesziele erreicht hatten.

Ziele haben also
• Motivationsfunktion
• Orientierungs- und Steuerungsfunktion: Durch den Aufbau eines Zielsystems sowie einer Zielhierarchie durch Zerlegung von Oberzielen in Teilziele werden konkrete Maßnahmen zur Zielerreichung sichtbar. Darüber hinaus erkennen Sie Abhängigkeiten, Konflikte und Wechselbeziehungen. Das versetzt Sie in die Lage, Prioritäten zu setzen: Welchen Beitrag leistet ein Projekt zur Erreichung unserer Ziele? Müssen wir eine bestimmte Reihenfolge in der Umsetzung unserer Projekte beachten? Müssen vor Projektbeginn noch vorbereitende Maßnahmen getroffen werden?
• Kontrollfunktion: Wie nah sind wir unserem Ziel schon gekommen? Haben wir bereits ein Zwischenziel erreicht? Sind wir »vom Weg abgekommen«?

- Identifikationsfunktion: Ziele sind Ausdruck eines angestrebten zukünftigen Zustands. Halten andere Personen diesen Zustand ebenfalls für erstrebenswert, fällt es ihnen leicht, sich ebenfalls mit diesen Zielen zu identifizieren. Auch für sie entsteht aus diesem Ziel die Motivation, auf dessen Erreichung hinzuarbeiten.
Das Erfolgserlebnis, an einer Lösung mitzuwirken und einen Prozess aktiv zu gestalten, entfaltet darüber hinaus eine verbindende Wirkung. Ein »Wir-Gefühl« entsteht, und zwar sowohl im Team wie auch nach außen in der Beziehung zu Ihren Unterstützern.

Ziele sind also kein Selbstzweck, sondern erfüllen wichtige Funktionen. Oberziele sind in der Regel sehr vage. Durch Unter- oder Zwischenziele werden sie konkretisiert und greifbar, so dass sich aus den Zielen Handlungsoptionen oder Projektideen ergeben.

Konkrete Ziele sind auch Ausscheidungskriterium, nämlich dann, wenn ein Projekt zwar reizvoll ist, aber keinerlei Beitrag zur Zielerreichung leistet.

Damit geben Ziele Struktur und verhindern, dass man sich in seinen Aktivitäten verzettelt.

Ziele SMART formulieren

Damit Ziele die vorgenannten Funktionen auch tatsächlich erfüllen können, müssen sie hinreichend konkret und präzise formuliert sein. Einen Spielraum für Zielinterpretationen darf es nicht geben.

Als Formulierungshilfe sollten Sie die sogenannte SMART-Formel nutzen, die fünf Kriterien aufstellt, die allesamt erfüllt sein müssen, damit ein Ziel SMART formuliert ist.

SMART ist ein Akronym und steht im Deutschen für »**s**pezifisch, **m**essbar, **a**kzeptiert, **r**ealistisch, **t**erminierbar«.

Im Einzelnen heißt das:
- Spezifisch: Zielformulierungen sind präzise, eindeutig und konkret (Orientierungs- und Steuerungsfunktion; Identifikationsfunktion)
- Messbar: der angestrebte Zustand oder die Veränderung muss messbar sein (Kontrollfunktion); hierzu setzt man bestimmte, vorher festgelegte Kennzahlen oder Indikatoren ein

- Akzeptiert: alle Beteiligten müssen mit dem angestrebten Ergebnis einverstanden sein (Motivationsfunktion)
- Realistisch: Ziele müssen erreichbar und möglich sein; sie können durchaus anspruchsvoll, also eine Herausforderung, sein, dürfen aber nicht zu hoch gesteckt oder gänzlich unerreichbar sein; dann verlieren sie ihre motivierende Wirkung
- Terminierbar: das Ziel wird ergänzt um eine klare Vorgabe, bis zu welchem Zeitpunkt das Ziel erreicht sein muss.

SMART formulierte Ziele sind nicht nur konkret sowie messbar und damit überprüfbar. Sie erhöhen vor allem auch den verbindlichen Charakter eines Ziels und treffen eine Aussage zu den Dimensionen Inhalt (= spezifisch), Ausmaß (= messbar) und Zeit (= terminierbar).

 Praxis-Beispiel:

Bislang hat eine Kita formuliert:

Wir möchten unsere Auslastung verbessern.

Dieses Ziel SMART formuliert lautet beispielsweise:

Wir möchten unsere Auslastung innerhalb der nächsten 12 Monate um 10% verbessern.

- Spezifisch = Verbesserung der Auslastung
- Messbar = Steigerung um 10%
- Akzeptiert = alle sind mit dieser Zielsetzung einverstanden
- Realistisch = eine 10%ige Steigerung ist tatsächlich zu erreichen, und zwar sowohl vom Potential der Kinder, die für eine Betreuung in Ihrer Kita in Frage kommen, als auch von Ihren personellen und räumlichen Voraussetzungen
- Terminierbar = die 10%ige Steigerung der Auslastung soll innerhalb der kommenden 12 Monate erreicht werden

Oder: »Wir wollen unsere Kita erweitern.«

SMART formuliert: »Wir wollen unsere Kita in den nächsten 24 Monaten um 10 zusätzliche Betreuungsplätze erweitern.«

Fazit

Während in Unternehmen Ziele zumeist wirtschaftlicher Natur sind, streben Kitas eher ideelle Ziele an. Wirtschaftlichkeit, gute Auslastung und Sicherung der Liquidität sind zwar notwendig, dienen aber eher als Mittel zum Zweck.

In der Regel verfolgt eine Kita mehrere Ziele. Diese müssen nicht gleichrangig nebeneinander stehen, sondern können sich durch den Planungshorizont, Inhalt und Ausmaß unterscheiden. Je nach den individuellen Prioritäten der Kita lässt sich anhand der Klassifizierungskriterien eine Zielhierarchie aufbauen. Aus Oberzielen, also strategischen (langfristigen) Zielen, werden Teilziele abgeleitet. So werden zum einen Beziehungen und ggf. auch Konflikte zwischen den Zielen erkennbar; zum anderen entsteht ein Grundgerüst notwendiger Maßnahmen, das als Orientierung dient und strukturierende Funktion hat.

Darüber hinaus haben Ziele Motivations-, Kontroll- und Identifikationsfunktion. Orientiert man sich bei der Zielformulierung an der SMART-Formel ergeben sich konkrete, mess- und überprüfbare Ziele, die die vorgenannten Funktionen erfüllen können.

Worauf Sie noch achten sollten

Ziele und daraus resultierende Maßnahmen sind unbedingt schriftlich festzuhalten. Das erhöht ihren verbindlichen Charakter.

Versuchen Sie, Ihre Ziele in einem Diagramm zu visualisieren (s. o. Zielhierarchie). Das erleichtert den Überblick, prägt sich besser ein und zeigt auf einen Blick die Beziehungen der Ziele untereinander.

Händigen Sie jedem Team-Mitglied eine Kopie Ihres Zielsystems aus und bringen Sie die graphische Darstellung des Zielsystems an einer für das Team gut sichtbaren Stelle an. So bleiben Ziele im Wortsinne »im Blick« und können ihre Funktionen noch besser erfüllen.

Arbeiten Sie mit Meilensteinen. Meilensteine sind wichtige Zwischenetappen auf dem Weg zur Zielerreichung. Sie sind häufig mit einer Zwischenbilanz und der Frage verbunden, was haben wir bereits erreicht. Ähnlich wie bei einer Wegkreuzung entscheidet sich an Meilensteinen, ob der eingeschlagene Weg richtig ist und sinnvoll weiterverfolgt werden kann.

Praxis-Beispiel:

Sie haben in Ihrer Kita einen Malwettbewerb zum Thema »Der Weih-nachtsmann« organisiert. Die schönsten Bilder wurden prämiert und sollen nun als Motive für Weihnachtskarten verwendet werden. Die Weihnachtskarten sollen gedruckt und dann vor allem an Unterneh-men, aber auch an Eltern und andere Interessierte verkauft werden.

5.000 Karten sollen gedruckt werden. Die Druckkosten belaufen sich auf 5.000,00 Euro. Hinzu kommen Verwaltungskosten für die Entgegennahme, Ausführung und Versendung der Bestellungen so-wie Kosten für die Bewerbung der Aktion. Insgesamt rechnen Sie mit weiteren Kosten von ca. 3.000,00 Euro und kalkulieren daher einen Verkaufspreis pro Karte von 2,50 Euro.

Bei erfolgreichem Verkauf aller Karten stünden den Gesamtkosten von 8.000,00 Euro damit Erlöse von 12.500,00 Euro gegenüber. So-mit verbliebe der Kita ein Gewinn von 4.500,00 Euro.

Sie gehen davon aus, dass Unternehmen bereits im September die benötigten Weihnachtskarten, die sie an Geschäftspartner versen-den wollen, bestellen. Daher starten Sie Anfang August eine Mailing-aktion, um auf Ihre Weihnachtskartenaktion und deren besondere Motive hinzuweisen. Darüber hinaus verteilen Sie Handzettel an die Eltern und die lokale Presse berichtet über Ihre Aktion.

Sie definieren zwei Meilensteine: Bis zum 15. September sollen 50%, bis zum 15. Oktober 75% des Weihnachtskartenkontingents verbindlich verkauft sein.

Die Prüfung des ersten Meilensteins am 16. September ergibt, dass nur 30% der Weihnachtskarten verkauft wurden. Das angestrebte Ziel von 50% wurde also deutlich verfehlt.

Sie müssen handeln: Setzen Sie nochmals alle Hebel in Bewegung, um weitere Bestellungen zu erhalten? Sagen Sie die Weihnachtskar-tenaktion ab? Dann waren die Kosten des Mailings und der Druck der Handzettel vergebens. Zudem müssen Sie mit enttäuschten Un-terstützern rechnen.

Sie entschließen sich, die Aktion fortzuführen. Sie errechnen, dass 3.200 Karten verkauft werden müssen, damit der Erlös aus dem Kar-tenverkauf Ihre Kosten deckt. Daher modifizieren Sie den zweiten

Meilenstein und formulieren neu: »Bis zum 15. Oktober sollen mindestens 3.200 Karten verkauft sein.«

Das gesamte Team sammelt Ideen, wie die Weihnachtskartenaktion bekannter gemacht werden kann. Jedes Team-Mitglied erhält klar definierte Aufgaben, wie beispielsweise Freunde und Bekannte ansprechen, die Eltern der Kita-Kinder motivieren oder telefonisch Kontakt zu den angesprochenen Unternehmen aufzunehmen.

Diese Aktivitäten haben Erfolg: Die Überprüfung des zweiten Meilensteins am 16. Oktober ergibt, dass 3.400 Weihnachtskarten verkauft wurden. Die Kosten der Aktion sind also auf jeden Fall gedeckt und selbst wenn keine weiteren Karten mehr verkauft würden, bliebe doch ein kleiner Gewinn für die Kita übrig.

Meilensteine haben also eine wichtige Frühwarnfunktion und zeigen, wie nah Sie Ihrem Ziel schon gekommen sind oder ob Sie zusätzliche Maßnahmen ergreifen müssen, um Ihr Ziel zu erreichen.

Entwickeln Sie – zumindest intern – eine Spendenethik für Ihre Kita. Dabei sollten sich Ihre ethischen Grundsätze an Ihrem Leitbild und Ihrer Wertekultur orientieren.

Immer wieder kann es passieren, dass Menschen, vor allem aber Unternehmen Ihre Kita unterstützen möchten, Sie aber kein gutes Gefühl dabei haben. Ihre Philosophie oder Ihre Fürsorgepflicht gegenüber den Ihnen anvertrauten Kindern spricht dagegen. Klassische Beispiele für einen solchen Widerspruch sind Spenden von Spielhallenbetreibern oder Herstellern alkoholischer Getränke.

Andere Fälle sind schwieriger zu entscheiden: In Ihrem Leitbild haben Sie als Ziel die Förderung einer gesunden und bewussten Ernährung formuliert. Nun erhalten Sie das Angebot des Betreibers einer Fast-Food-Kette. Was tun?

Und wie würden Sie entscheiden, wenn nicht gesunde und bewusste Ernährung zu Ihren Zielen gehört, sondern Ihre Kita einen inklusiven Ansatz verfolgt?

Je nach Vision und Mission kann die Entscheidung anders ausfallen.

Gleiches kann für bestimmte Fundraising-Instrumente zutreffen. Vielleicht haben Sie so elementare Vorbehalte gegen Testamentsspenden, dass Sie auf diesem Weg keinerlei Unterstützung erhalten möchten. Möglicherweise bringen Sie selbst Haustürsammlungen automatisch mit den sogenannten Drückerkolonnen in Verbindung und möchten daher seitens potentieller Unterstützer einen solchen Eindruck auf jeden Fall vermeiden.

Definieren Sie daher Spendergruppen oder Finanzierungsinstrumente, die für Sie keinesfalls in Betracht kommen. Das dient Ihnen intern als Richtschnur und sorgt mit dafür, dass Sie Ihrem Leitbild und den damit verbundenen Werten treu bleiben.

4.3 Leitbild-Entwicklung und Zielfindung

Nachstehend beschreiben wir beispielhaft, den Prozess der Leitbildentwicklung und Zielfindung.

Denken Sie bitte daran, dass wir diesen Entwicklungsprozess hier nur sehr verkürzt und idealtypisch darstellen können. Sie sollten Ihr Leitbild und die Ziele Ihrer Kita möglichst individuell gestalten und formulieren. Nur dann wirken sie glaubhaft und authentisch.

1. Schritt

Setzen Sie das Thema Leitbild-Entwicklung auf die Agenda Ihres nächsten Teamtreffens. Wecken Sie Begeisterung für die Herausforderung »Leitbild-Entwicklung«: Verdeutlichen Sie die Chancen und den Nutzen, die hierin liegen. Denn nur, wenn alle die Funktion von Leitbild und Zielen verstehen, sind Mitarbeit und Motivation bei deren Entwicklung sichergestellt. Und nur dann können sich alle hiermit identifizieren.

Beziehen Sie alle Team-Mitglieder, auch die freiwillig Engagierten, in diesen Prozess ein. Reagieren Sie positiv und offen auf Skepsis und etwaige Einwände.

Leitbildentwicklung ist häufig auch mit Veränderungen und Neuem verbunden. Es ist daher nur natürlich, wenn seitens Ihres Teams Ängste und Vorbehalte bestehen.

Kommunizieren Sie Regeln für die gemeinsame Entwicklung des Leitbildes: So sollte kein Zeitdruck bestehen, der Umgang miteinander sollte von Offenheit und Transparenz geprägt sein, Wertungen der Ideen anderer sollten in der ersten Phase völlig unterbleiben, später allenfalls auf sachlicher Ebene erfolgen.

In der Leitbildentwicklung gibt es weder Kompromisse noch Mehrheitsentscheidungen. Zieldefinitionen und Formulierungen werden so lange überarbeitet, bis sich jeder Einzelne ohne Einschränkungen damit einverstanden erklärt.

2. Schritt

Sie wissen, dass ein Leitbild Aussagen zu Ihrer Vision, Ihrer Mission, Ihrer Strategie und Ihrer Wertekultur treffen soll. Bitten Sie alle Anwesenden, aus ihrer Sicht kurz zu beschreiben, worin sie die Ziele der Kita sehen:

- Was soll mit der pädagogischen Arbeit erreicht werden?
- Auf welche Weise sollen diese pädagogischen Ziele umgesetzt werden?
- Worin liegen die besonderen Kompetenzen und außergewöhnlichen Angebote der Kita?
- Wie sehen die einzelnen Team-Mitglieder die Kita in drei oder fünf Jahren?
- Welche wirtschaftlichen Ziele sind von Bedeutung?
- Welche Maßnahmen oder Projekte sind aus Sicht der Beteiligten künftig notwendig oder wünschenswert?

Notieren Sie – am besten für alle sichtbar – zu jeder getroffenen Aussage Stichworte.

Hat jedes Team-Mitglied die aus seiner Sicht relevanten Punkte beigetragen, fassen Sie gemeinsam ähnliche Aussagen unter einem Oberbegriff zusammen. Mindestens drei, maximal acht Oberbegriffe sollten am Ende dieses Schritts formuliert sein.

3. Schritt

Die im 2. Schritt gesammelten Oberbegriffe sind jetzt die Überschrift für eine freie Assoziation.

Haben Sie sich vorher an Ihrer Kita orientiert, lösen Sie sich nun und sammeln Begrifflichkeiten, die Ihr Team mit dem jeweiligen Oberbegriff in Verbindung bringt.

Wichtig:

Machen Sie deutlich, dass es hier nicht darauf ankommt, dass die Assoziationen mit dem in Einklang stehen, was Ihre Kita leistet. In dieser Phase kommt es darauf an, den Blick über den Tellerrand zu werfen und die gesamte Bandbreite möglicher ideeller und wirtschaftlicher Ziele einer Kita zu erfassen.

Der Vorteil:

Sie entdecken möglicherweise Themen und Handlungsfelder für sich und Ihre Arbeit, die bislang noch keine Berücksichtigung oder Beachtung gefunden haben.

Nutzen Sie die Methode des Brainstorming: Setzen Sie sich ein Zeitlimit und geben Sie ein quantitatives Ergebnis vor. Also beispielsweise: In 30 Minuten wollen wir 80 Stichworte zu unseren Oberbegriffen sammeln. In dieser Phase gibt es kein »richtig« oder »falsch«. Ausnahmslos alle Ideen und Vorschläge werden kommentarlos und ohne jede Wertung notiert.

4. Schritt

Erarbeiten Sie gemeinsam die Bedeutung der Begriffe Vision, Mission, Strategie und Wertekultur.

Vision

Mit Ihrer Vision entwickeln Sie das Bild einer »Gesellschaft von morgen«. Welche Zukunft wünschen Sie sich für unsere Gesellschaft?

Sie entwickeln aber auch das Bild Ihrer Kita, und zwar so, wie sie sich in den nächsten fünf Jahren entwickeln soll.

Visionen kennen keine Grenzen und kein »unmöglich«. Hier wird der Traum formuliert, den jeder Einzelne sowohl für die Gesellschaft als auch für die Zukunft der Kita für wünschens- und erstrebenswert erachtet.

Ob diese Vorstellungen realistisch sind, spielt an dieser Stelle keine Rolle.

Mission

Was sind die Aufgaben, die sich aus dieser Vision für Ihre Kita ableiten?

Strategie

Die Strategie beschreibt die Art und Weise, wie Sie Ihre Vision realisieren wollen. Sie beschreibt auch Ihren Adressatenkreis sowie Art und Umfang Ihrer Leistungen.

Wertekultur

An welcher Philosophie orientieren wir uns, wie gehen wir im Team miteinander, mit unseren Kindern und unseren Unterstützern um? Was prägt unser Handeln? Welche Spendenethik dient uns als Richtschnur?

Ordnen Sie nun die in Schritt 3 gesammelten Begriffe und Assoziationen diesen vier Bereichen zu.

5. Schritt

In Schritt 4 haben Sie Inhalte zu den vier Bereichen Vision, Mission, Strategie und Wertekultur gesammelt.

Gehen Sie nun jede einzelne Aussage und jeden Begriff durch:
- Prüfen Sie, ob die Zuordnung korrekt erfolgt ist. Handelt es sich tatsächlich um eine Aussage, die die Vision beschreibt oder geht es eher um die Mission?
- Besteht bei allen das gleiche Verständnis zu einem Stichwort?
- Lassen sich Begriffe zusammenfassen?
- Trifft der jeweilige Begriff ein Thema, dass Sie in Ihrer Kita abdecken oder abdecken möchten?

Vorsicht bei Streichungen! Nehmen Sie einen Begriff nur dann ganz aus Ihrer Liste, wenn alle darin übereinstimmen, dass er möglichen Zielen oder Ihrer Wertekultur widerspricht.

6. Schritt

Im vorhergehenden Schritt haben Sie das Grundgerüst Ihres Leitbildes sowie Ihrer Ziele erarbeitet.

Jetzt geht es an die Formulierung: Beginnen Sie mit der Vision. Nutzen Sie alle gesammelten Aussagen und Inhalte und formulieren Sie daraus

Sätze. Gehen Sie mit den zur Mission, Strategie und Wertekultur gesammelten Begriffen in gleicher Weise vor.

Nun steht der erste Entwurf Ihres Leitbildes!

7. Schritt

Formulieren Sie Leitfragen.

Ihr Leitbild ist das Kurzprofil Ihrer Kita. Es soll Eltern und potentiellen Unterstützern auf einen Blick gemeinsame Ideale und Werte vermitteln und kurz und präzise verdeutlichen, warum es sich lohnt, gerade Ihre Kita zu unterstützen.

Mithilfe der Leitfragen entwickeln Sie eine Checkliste, um zu prüfen, ob der Entwurf Ihres Leitbildes alle relevanten Fragen beantwortet.

Leitfragen sind beispielsweise:
• Wer sind wir? Selbstverständnis, Ziele und Philosophie
• Was macht uns einzigartig? Warum wählen Eltern gerade unsere Kita unter vielen anderen aus? Was können wir tun, um diesen Entscheidungsprozess möglichst oft zu wiederholen?
• Was macht uns unverwechselbar? Welche Besonderheiten und welche Kernkompetenzen zeichnen uns aus?
• Wo sind wir besonders innovativ? Wo beschreiten wir neue Wege und tragen auf besondere Weise zukünftigen Entwicklungen Rechnung?
• Worin bestehen die Kernbedürfnisse unserer Kinder, Eltern und Unterstützer? Wie und auf welche Weise werden wir diesen gerecht?

Prüfen Sie anhand dieser und weiterer Fragen, die Ihnen wichtig erscheinen, den Entwurf Ihres Leitbildes.

Achten Sie auch darauf, dass Sie Ihr Leitbild nicht mit Zielen und Inhalten überfrachten. Weniger ist manchmal mehr und es wirkt unglaubwürdig, wenn Sie die ganze Palette denkbarer pädagogischer Ansätze oder möglicher ideeller Ziele umsetzen wollen.

Besser ist, Schwerpunkte zu setzen und diese präzise herauszuarbeiten. Feilen Sie so lange an den Formulierungen bis alle Beteiligten damit einverstanden sind.

8. Schritt

Fast ist Ihr Leitbild fertig. Sie haben nun eine Art Prototyp, den Sie auf seine Wirkung hin überprüfen können.

Legen Sie das Leitbild Freunden und Bekannten, aber auch den Eltern Ihrer Kita-Kinder vor. Sammeln Sie Reaktionen: Fehlt etwas? Wirkt etwas unglaubwürdig? Gibt es Missverständnisse oder andere Interpretationen?

Nutzen Sie diese Rückmeldungen und überarbeiten Sie Ihr Leitbild erneut.

Ist Ihr Leitbild noch sehr umfangreich, dann ist es jetzt an der Zeit, den Inhalt zu komprimieren.

Sie erinnern sich!? Ein Leitbild sollte den Umfang einer DIN-A4-Seite nicht übersteigen und in 60 bis maximal 90 Sekunden kommuniziert werden können.

9. Schritt

Ihr Leitbild steht! Alle Mitglieder des Teams sind damit rundherum zufrieden und einverstanden. Eltern und Unterstützer können sich mit dem Leitbild identifizieren.

Jetzt geht es daran, Ihr Leitbild zu verinnerlichen, zu leben und in die Tat umzusetzen. Letzteres ist ein Thema für die Strategie- und Projektplanung; die Verinnerlichung Ihres Leitbildes können Sie jedoch konkret üben.

Scheuen Sie sich nicht, sich selbst das Leitbild immer und immer wieder vorzutragen. Schauen Sie dabei auf die Uhr und kontrollieren Sie, ob Sie im vorgegebenen Zeitrahmen von 60 bis 90 Sekunden bleiben. Üben Sie Ihr Leitbild bis Sie es »im Schlaf« wiedergeben können.

Das gibt Ihnen Sicherheit und schafft Selbstbewusstsein. Und beides sind elementare Voraussetzungen, um andere von Ihrer Kita und Ihrer Arbeit zu überzeugen.

Praxis-Beispiel:

Beispiele für mögliche Leitbildformulierungen:

»Wir sind eine nicht konfessionell gebundene Einrichtung, die Kinder mit und ohne Behinderung ganztägig betreut. Unser Ziel ist, Werte vorzuleben und zu vermitteln: Wir fördern und fordern Selbstständigkeit, Verantwortung und Toleranz, legen den Grundstein zur Ausbildung sozialer Kompetenzen und gehen gezielt auf die individuellen Fähigkeiten der uns anvertrauten Kinder ein. Maßstab unseres Handelns ist das Bewusstsein, mit unserer täglichen Arbeit einen Beitrag zur Gestaltung unserer Gesellschaft von morgen zu leisten.«

oder

»Jedes Kind ist ein Individuum mit eigenen Fähigkeiten. Unter Berücksichtigung des individuellen Tempos eines jeden Kindes, begleiten und fördern wir dessen Entwicklungsprozess. Die Einbeziehung der Eltern sowie der partnerschaftliche Umgang miteinander ist für uns selbstverständlich. Unsere Arbeit wird getragen von Wertschätzung und gegenseitigem Respekt.«

oder

»Mit dem bisher Erreichten geben wir uns nicht zufrieden. Wir wollen mehr!

Mehr Unterstützung:

Die Betreuung unserer Kinder ist unser pädagogischer Grundauftrag. Darüber hinaus beziehen wir die Eltern in unsere Arbeit ein, unterstützen – gemeinsam mit unseren Kooperationspartnern – die Erziehungsarbeit im heimischen Umfeld, beraten in familiären Konfliktsituationen und bieten Gesprächskreise, Schulungen und Trainings für Eltern.

Mehr Zeit:

Wir sind an 365 Tagen im Jahr für Sie und Ihre Kinder da. Flexible und lange Öffnungszeiten sind für uns selbstverständlich. Darüber hinaus stehen Ihnen bei Bedarf Mitarbeiterinnen und Mitarbeiter unseres Teams für die individuelle Betreuung außerhalb unserer Öffnungszeiten zur Verfügung.

Mehr Werte:

Respekt, Wertschätzung und Toleranz sind Richtschnur unseres Handelns. Dies gilt nicht nur im Umgang mit den uns anvertrauten Kindern, deren Eltern und anderen Menschen, sondern auch im Umgang mit unserer Umwelt.

Mehr Kennenlernen:

Wir sind offen für innovative Ideen und neue Wege. Die kontinuierliche Weiterentwicklung unseres Teams ist daher für uns ebenso selbstverständlich wie die Zusammenarbeit mit europäischen Partnereinrichtungen.«

Prüfen Sie selbst, welches der vorgenannten Beispiele Sie anspricht und überzeugt oder welches vielleicht Fragen offen lässt.

Viele Kitas sind bereits mit Webseiten im Internet vertreten. Lassen Sie sich inspirieren, aber: schreiben Sie nicht ab!

Denken Sie daran: Leitbild und Ziele sind Ausdruck Ihrer Identität und der Persönlichkeit Ihrer Kita. Und ganz bestimmt sind Sie kein Doppelgänger, sondern einzigartig.

5. SWOT-Analyse

Nachdem Sie Ihre Ziele definiert sowie Ihr Leitbild und Ihre Wertekultur formuliert haben, geht es nun im nächsten Schritt darum, sich mit den eigenen Stärken und Schwächen sowie den Rahmenbedingungen Ihrer Arbeit auseinanderzusetzen.

SWOT ist ein Akronym und steht für
- **s**trength   = Stärken
- **w**eakness   = Schwächen
- **o**pportunity   = Chancen (günstige Rahmenbedingungen)
- **t**hread   = Risiken (ungünstige Rahmenbedingungen).

Stärken und Schwächen beziehen sich auf interne Faktoren, wie beispielsweise Größe und Ausstattung Ihrer Räumlichkeiten, fachliche Kompetenz Ihres Teams etc. Es handelt sich also um Faktoren, die von Ihnen direkt beeinflusst und verändert werden können. Stärken sind zugleich Ihre Kernkompetenzen, Schwächen zeigen mögliches Verbesserungspotential auf.

Demgegenüber handelt es sich bei Chancen und Risiken um externe Faktoren: Welche Besonderheiten in Ihrem Umfeld bieten neue Möglichkeiten? Welche gesellschaftlichen Trends und Entwicklungen beeinflussen Ihre Arbeit oder könnten diese in Zukunft beeinflussen? Welche Einrichtungen bieten ebenfalls ein Betreuungsangebot im vorschulischen Bereich und wodurch zeichnen sich diese aus? Wer konkurriert mit Ihnen um Unterstützung?

Mit Hilfe der SWOT-Analyse beleuchtet die Kita also zwei Perspektiven:

einerseits die Sicht nach innen auf die eigenen Stärken und Schwächen, andererseits die Sicht auf Chancen oder Risiken, die durch gegebene Rahmenbedingungen bestimmt werden.

Stärken, Schwächen, Chancen und Risiken werden in einer Matrix zusammengefasst und einander gegenübergestellt.

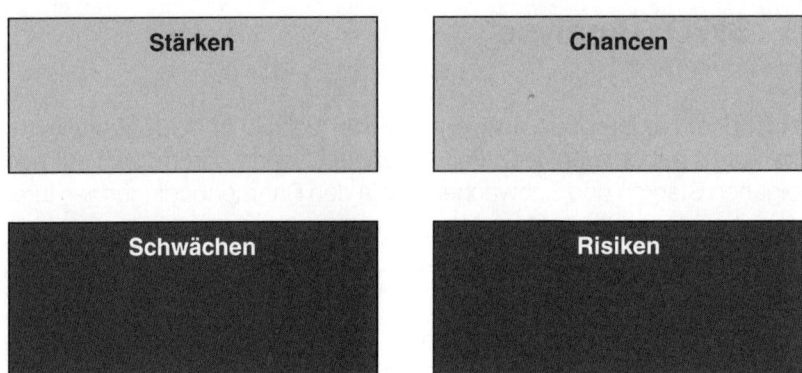

So können Sie auf einen Blick erkennen, welche Ihrer Stärken auf günstige Rahmenbedingungen treffen oder ob sich aus dem Aufeinandertreffen Ihrer Schwächen mit ungünstigen Rahmenbedingungen besondere Risiken ergeben.

Aus dieser Gegenüberstellung und unter Einbezug Ihres Zielsystems lassen sich Handlungsstrategien ableiten. An dieser Stelle gehen wir darauf nur theoretisch ein. Etwas später werden wir anhand von Beispielen den praktischen Nutzen aufzeigen.

- Stärken treffen auf Chancen:
  Es ergeben sich optimale Entwicklungspotenziale, denn günstige Rahmenbedingungen ergänzen sich hervorragend mit den Kernkompetenzen und Stärken Ihrer Kita.
- Stärken treffen auf Risiken:
  Setzen Sie Ihre Stärken gezielt ein, um sich auf ungünstige Rahmenbedingungen frühzeitig einzustellen. Dadurch lassen sich Risiken minimieren und manchmal sogar in Erfolgspotenziale umwandeln.
- Schwächen treffen auf Chancen:
  Veränderte Rahmenbedingungen bieten große Entwicklungschancen. Allerdings ist Ihre Kita gerade in diesem Bereich nicht »gut aufgestellt«. Ob die Chancen genutzt werden können, hängt davon ab, ob und wie schnell es Ihnen gelingt, an Ihren Schwächen zu arbeiten und Ihr Verbesserungspotenzial zu nutzen.
- Schwächen treffen auf Risiken:
  Hier ist Vorsicht geboten. Ungünstige Rahmenbedingungen treffen ausgerechnet auf ein Feld, in dem Sie nicht gut aufgestellt sind. Es gilt,

Handlungsstrategien zu entwickeln, die das hieraus resultierende Risiko minimieren.

Stärken

Worin liegen die besonderen Kompetenzen Ihres Teams und die Vorzüge Ihrer Einrichtung? Neben pädagogischen Kompetenzen gehören hierzu auch räumliche, organisatorische und sonstige Ressourcen.

Es sind gerade Ihre Stärken, die für Außenstehende die Motivation darstellen, Ihre Einrichtung – und keine andere – zu unterstützen. Deshalb: Wuchern Sie mit Ihren Pfunden!

Nehmen Sie die Perspektive Ihrer Förderer ein und betrachten Sie Ihre Kita mit einem distanzierten Blick von außen. Sonst gehen allzu leicht Besonderheiten, die Sie als selbstverständlich betrachten, unter.

- Welches besondere Angebot bieten Sie?
- Warum entscheiden sich Eltern gerade für Ihre Kita?
- Was schätzen Ihre Unterstützer an Ihrer Einrichtung?
- Verfügt Ihr Team über besondere Zusatzqualifikationen?
- In welchen Bereichen sind Sie besser als andere?

Beispiele für mögliche Stärken:

- behindertengerechte Ausstattung
- zentral, aber in verkehrsberuhigter Lage gelegen
- mit öffentlichen Verkehrsmitteln gut zu erreichen
- ausreichende Parkmöglichkeiten
- großes Außengelände
- eigene Küche
- flexible und überdurchschnittlich lange Öffnungszeiten
- ein inklusiver, jahrgangsgruppenübergreifender pädagogischer Ansatz
- ausschließliche Beschäftigung pädagogischen Fachpersonals
- kontinuierliche Weiterbildung
- Betreuungsangebote für unter 3-jährige
- Zusatzangebote, die auch die Eltern einbinden
- Kooperation mit Grundschulen, Vereinen oder anderen Organisationen
- Qualitätsmanagement

- transparente Kostenstellenrechnung
- viele engagierte Zeitspender
- seit Jahren stabiler Pool an Dauerspendern
- ...

Selbstverständlich ist diese Liste bei weitem nicht vollständig. Sammeln Sie gemeinsam mit Ihrem Team, aber auch durch Befragung der Eltern oder aktiver Unterstützer alle Punkte, die Ihre Kita einzigartig machen.

Anschließend fassen Sie Ihre Stärken zusammen.

Beispielhaft könnte das so aussehen:

»Unsere behindertengerecht ausgestattete Einrichtung ist zentral, aber dennoch ruhig gelegen und auch mit öffentlichen Verkehrsmitteln gut erreichbar. Ein großes Außengelände bietet viel Platz zum Toben und Spielen ... Zu unseren Räumlichkeiten gehören auch eine komplett ausgestattete Küche und ein gemütlicher Essraum.

Die flexiblen Betreuungszeiten tragen den Bedürfnissen der oftmals berufstätigen Eltern Rechnung. Unser inklusiver pädagogischer Ansatz fördert Toleranz und individuelle Fähigkeiten; die Kinder erleben jeden Tag, dass Verschiedenheit eine Bereicherung ist. Unser Team setzt sich aus erfahrenen Fachkräften zusammen, die über verschiedene Zusatzqualifikationen verfügen. Regelmäßige Weiterbildung und der Erwerb neuer fachlicher Kompetenzen sind für uns selbstverständlich. Die Vernetzung mit Partnern aus der Seniorenarbeit und dem Sport erschließt uns weitere Möglichkeiten.«

Eine andere Kita, die mitten im sozialen Brennpunkt einer Großstadt angesiedelt ist, formuliert ihre Stärken so:

Unsere Kita liegt inmitten einer Wohnsiedlung und ist sowohl zu Fuß als auch mit öffentlichen Verkehrsmitteln sehr gut erreichbar.

Wir legen großen Wert darauf, unsere Kinder mit einem strukturierten Tagesablauf vertraut zu machen, schaffen aber zugleich viele Freiräume, die jedes Kind nach seinen Vorlieben und Wünschen ausfüllen kann.

Unser geschultes Fachpersonal, das zumeist über weitere Zusatzqualifikationen verfügt, bildet die Vielfalt der in unserem Einzugsbereich lebenden Nationen und Kulturen ab. Alle Mitarbeiterinnen und Mitarbeiter werden von einem Team von Psychologen sowie Kinder- und Jugendtherapeuten kontinuierlich geschult und beraten. Entsprechende Unterstützung, Kurse und Trainings bieten wir auch den Eltern unserer Kita-Kinder an.

Mit den umliegenden Grundschulen haben wir eine Bildungskette ins Leben gerufen. Bei regelmäßigen Besuchen und gemeinsamen Veranstaltungen lernen sich unsere Kinder, deren Eltern sowie Grundschüler und Pädagogen kennen. Schüler übernehmen Patenschaften für unsere Kinder, so dass der Übergang von der Kita zur Grundschule deutlich leichter fällt.

Die Eltern unserer Kinder kommen aus den unterschiedlichsten Nationen: So haben wir einen »Wir lernen die Welt kennen«-Tag ins Leben gerufen, der von den Kita-Eltern gestaltet wird. Außerdem binden wir unter Einbezug der Eltern Mini-Sprachkurse in unser pädagogisches Konzept ein.

Wir kooperieren sehr eng mit dem Fußballverein in unserer Nachbarschaft sowie weiteren Sportvereinen, so dass die Bewegungsfreude unserer Kinder ebenso gefördert wird wie die Entwicklung sozialer Kompetenzen.

Schwächen

So wie jeder Mensch Schwächen hat, ist es ganz natürlich, dass auch Einrichtungen wie Ihre Kita nicht rundum perfekt sind.

Manchmal haben sich Abläufe über die Jahre eingeschlichen und weil »man das schon immer so gemacht hat«, fehlt die Bereitschaft, sie zu überdenken. Oder es fehlt an ehrenamtlichen Helfer, die wichtige Zusatzaufgaben wie Öffentlichkeitsarbeit, Pflege der Internetpräsenz etc. übernehmen könnten.

Auch wenn Schwächen also durchaus natürlich sind, ist es wichtig, sie zu erkennen und sich kritisch mit ihnen auseinanderzusetzen. Nur dann machen Sie Ihre Verbesserungspotenziale sichtbar und können damit beginnen, Veränderungsprozesse in Gang zu setzen.

Schwächen aufzuzeigen, ist meist deutlich schwieriger als Stärken zu benennen. Umso wichtiger ist es, so ehrlich und objektiv wie möglich die eigenen Strukturen, Angebote und Kompetenzen zu analysieren. Auch dies ist Team-Arbeit. Es ist zudem sinnvoll, Eltern und Unterstützer ebenso zu befragen und deren Meinung einzuholen.

Machen Sie sich selbst und Ihrem Team bewusst, dass es sich bei der Benennung von Schwächen nicht um persönliche Kritik handelt. Betrachten Sie diesbezügliche Hinweise vielmehr als Chance, künftig Ihre Aufgaben noch besser erfüllen zu können.

Beispiele für mögliche Schwächen könnten sein:
- unzureichende Außendarstellung
- keine behindertengerechte Ausstattung
- nicht zeitgemäße Spielgeräte
- nur allgemeine Buchhaltung, aber keine Kostenstellenrechnung
- viele Ad-hoc-Aktionen, aber keine systematische Planung
- kaum Zeitspender
- keine Einbindung der Eltern
- kaum Unterstützungsangebote für Kinder aus sozial schwachen Familien oder Familien mit Migrationshintergrund
- wenig aktive Spender
- starre Öffnungszeiten.

 Praxis-Beispiel:

Eine Beschreibung der Schwächen könnte beispielsweise so aussehen:

»Unsere Außendarstellung, zum Beispiel in Form des Flyers, ist nicht mehr aktuell. Wir betreiben kaum Öffentlichkeitsarbeit, unterhalten keine Webseite und unternehmen wenig, um unsere Unterstützer, beispielsweise in Form eines Newsletter, über unsere Arbeit zu informieren. Manche unserer guten Ideen bleiben im Planungsstadium stecken, weil uns die Zeit, das fachliche Know-how und häufig auch die finanziellen Mittel fehlen. Unserem Bemühen um die Einwerbung zusätzlicher Mittel fehlt die Kontinuität. Obwohl wir gut vernetzt sind, gelingt es uns nicht immer, alle hierin liegenden Möglichkeiten zu nutzen. Eingebunden in unsere pädagogische Arbeit, treten die vorgenannten Aufgaben häufig in den Hintergrund und werden

spontan erledigt, wenn sich die Zeit hierfür oder die dringende Notwendigkeit ergibt.

Die unregelmäßige Pflege unserer Spender sowie die unzureichende Kommunikation mit ihnen führt zu nur geringen zusätzlichen Spendeneinnahmen. Allein über unser Budget können wir die teils veralteten Lern- und Spielmaterialien jedoch nicht ersetzen.«

Ob ein Merkmal Ihrer Kita von Ihnen als Stärke oder Schwäche identifiziert wird, ist manchmal gar nicht so einfach zu entscheiden und hängt zum Teil auch von individuellen Präferenzen und Sichtweisen ab. »Zentrale Lage« kann als Stärke gesehen werden, und zwar insbesondere von denjenigen, die auf öffentliche Verkehrsmittel angewiesen sind. Andere betrachten diesen Punkt vielleicht als Schwäche, weil sie damit Lärm oder eine Gefährdung der Kinder durch den Straßenverkehr in Verbindung bringen.

Nehmen Sie sich für die Klassifizierung also viel Zeit, diskutieren Sie im Team und entwickeln Sie Ihre Stärken- und Schwächen-Liste über einige Team-Sitzungen weiter, bis alle der Meinung sind, die wesentlichen Punkte sind nun erfasst.

Stärken-Schwächen-Profil

Die Auflistung Ihrer Stärken und Schwächen ist ein erster wichtiger Schritt, um sich diese bewusst zu machen.

Nicht alle Stärken und Schwächen fallen jedoch in gleichem Maße ins Gewicht: Die eindeutige Zuordnung von Kosten zu Kostenstellen und die damit verbundene Kostentransparenz sind ganz sicher eine Stärke. Von größerer Bedeutung für die Auslastung und das Image Ihrer Kita ist jedoch die Vielfalt des pädagogischen Angebots, die fachliche Qualifikation Ihres Teams oder ein klares Leitbild.

Ziel der nächsten Phase ist daher, Stärken und Schwächen zu systematisieren, um hieraus anschließend Handlungsstrategien zu entwickeln. Am einfachsten gelingt diese Systematisierung mit Hilfe eines Stärken-Schwächen-Profils.

Schritt 1:

Überlegen Sie gemeinsam im Team welche Bereiche für Ihre Arbeit wichtig sind. In der Regel werden dies die folgenden Bereiche sein:

* Leistungen, also zum Beispiel
  o Vielfalt des pädagogischen Angebots
  o Zusatzangebote und Kooperationen
  o Betreuungszeiten
  o Auslastung der Betreuungsplätze etc.
* Ressourcen, also zum Beispiel
  o Größe, Anzahl und Ausstattung der zur Verfügung stehenden Räumlichkeiten
  o Anzahl Fachpersonal
  o Unterstützung durch ehrenamtliche Kräfte
  o Anzahl Spender
  o Ausstattung mit Spiel- und Lernmaterialien etc.
* Kita-Leitung, also zum Beispiel
* Leitbild und Ziele
  o lebendige Wertekultur
  o kooperativer Führungsstil
  o Gestaltung der Abläufe in der Kita
  o Öffentlichkeitsarbeit etc.
* Finanzen, also zum Beispiel
  o Kostenstruktur
  o Kostentransparenz
  o Verhältnis von Spenden zu sonstigen Einnahmen
  o aktives Fundraising etc.

Selbstverständlich ist diese Auflistung nicht vollständig. Ergänzen oder verändern Sie sie, je nach ihrem individuellen Bedarf. Wechseln Sie hierzu auch die Perspektive und versetzen Sie sich in die Lage von Eltern und Unterstützern: Welche Kriterien sind vermutlich aus deren Sicht noch zusätzlich von Bedeutung? Nehmen Sie auch diese Punkte in ihre Liste auf.

Schritt 2:

Nachdem Sie gemeinsam mit Ihrem Team eine ganz individuelle Auflistung wichtiger Kriterien zusammengestellt haben, werden diese nun bewertet. Verwenden Sie dafür am besten das allen geläufige Schulnotensystem, so dass die Bewertung »1« für »sehr gut« und die Bewertung »6« für »ungenügend« steht.

Händigen Sie jedem Team-Mitglied eine Kopie der Liste, die Sie gemeinsam zusammengestellt haben, aus. Bitten Sie alle Beteiligten, jeweils für sich die einzelnen Kriterien zu bewerten.

Ziel ist herauszufinden, wie gut Ihre Kita einzelne Punkte erfüllt bzw. wo noch Verbesserungspotenzial liegt. Verdeutlichen Sie, dass es um eine realistische und objektive Bewertung geht. Etwaige Rücksichtnahme ist hier fehl am Platz. Lassen Sie die Bögen anonym ausfüllen und stellen Sie beispielsweise eine Sammelbox auf, in der jeder »ungesehen« den Bogen zurücklegen kann. Das erhöht die Bereitschaft, auch vielleicht als unangenehm empfundene Bewertungen abzugeben.

Schritt 3:

Bringen Sie nun die Einzelergebnisse zusammen. Gibt es bei einzelnen Punkten Abweichungen, diskutieren Sie im Team solange bis Einigkeit über die Bewertung erzielt wurde.

Schritt 4:

Erstellen Sie nun Ihr Stärken-Schwächen-Profil. Die oben genannten Kriterien beispielhaft zugrundegelegt, ergibt sich folgendes Bild, wobei die dunkel unterlegten Kästchen die Bewertung anzeigen:

Kriterien	1	2	3	4	5	6
Leistungen						
Vielfalt des pädagogischen Angebots		■				
Zusatzangebote				■		
Betreuungszeiten	■					
Auslastung der Betreuungsplätze		■				
Ressourcen						

Kriterien	1	2	3	4	5	6
Räumlichkeiten (Größe, Anzahl, Ausstattung)		■				
Anzahl Fachpersonal		■				
Unterstützung durch ehrenamtliche Kräfte				■		
Anzahl Spender				■		
Ausstattung mit Spiel- und Lernmaterialien		■				
Kita-Leitung						
Leitbild und Ziele		■				
Lebendige Wertekultur	■					
Kooperativer Führungsstil	■					
Gestaltung der Abläufe		■				
Öffentlichkeitsarbeit					■	
Finanzen						
Kostenstruktur				■		
Kostentransparenz					■	
Verhältnis von Spenden zu sonstigen Einnahmen						
Aktives Fundraising					■	

Bei dieser Gestaltung erkennen Sie auf einen Blick, wo Ihre Stärken und Schwächen liegen:
- Die ▨ unterlegten Spalten (Noten 1 und 2) werden von Ihrem Team eindeutig als Stärken identifiziert.
- Die ▨ unterlegten Spalten (Noten 3 und 4) deuten auf vorhandenes Verbesserungspotenzial hin.
- Die ▨ unterlegten Spalten (Noten 5 und 6) sind eindeutig Schwächen.

Schritt 4:

Formulieren Sie Ziele:

- An welchen der mit 3, 4, 5 oder 6 bewerteten Kriterien wollen Sie in den nächsten Monaten vorrangig arbeiten?
- Welche Selbstbewertung wollen Sie in den einzelnen Punkten nach 6 Monaten erreicht haben? Beispielsweise haben Sie Ihre Öffentlichkeitsarbeit mit »5« bewertet. Mit welcher Note wollen Sie diesen Punkt in sechs Monaten bewerten?
- Welche Prioritäten setzen Sie?
  - Vielleicht ist es sinnvoll, zunächst die Stärken weiter auszubauen und Maßnahmen zur Verbesserung zu ergreifen.
  - Möglicherweise sind einige Ihrer Schwächen auch nur langfristig auszugleichen, so dass diese Punkte zunächst hintenan gestellt werden.
  - Unter Umständen gibt es auch Abhängigkeiten zwischen einzelnen Kriterien. Aktives Fundraising ist beispielsweise Grundvoraussetzung, um das Verhältnis zwischen Spenden und sonstigen Einnahmen zu verbessern.
  - Was ist zur Erreichung Ihrer Ziele und zur Umsetzung Ihres Leitbildes von größter Bedeutung?
    In unserem Beispiel wird der Punkt »Zusatzangebote« lediglich mit »3« bewertet. Eine Verbesserung in diesem Punkt sollte auf Ihrer Aufgabenliste daher absolute Priorität haben, da er in direktem Zusammenhang mit Zielen und Leitbild Ihrer Kita steht. Gleiches gilt auch für den Punkt »Vielfalt des pädagogischen Angebots«, in dem trotz der Bewertung mit der Note »2« noch Verbesserungspotenzial liegt, was sich entscheidend auf Ihre Gesamtziele auswirken kann.

Leiten Sie aus Ihren Zielen konkrete Maßnahmen ab: Was ist zu tun, damit sich Ihre Bewertung zu einzelnen Punkten verbessert. Bestimmen Sie Zuständigkeiten und Verantwortlichkeiten und setzen Sie sich einen Zeitplan.

Schritt für Schritt entwickeln Sie auf diese Weise eine klare Handlungsstrategie.

Praxis-Tipp:

Überfordern Sie sich nicht. Sie können nicht alles auf einmal ändern. Es entsteht nur Frustration, wenn Sie und Ihr Team nach sechs Monaten feststellen, dass kaum eines der ambitionierten Ziele erreicht werden konnte.

Wichtig ist der erste Schritt! Sie kennen jetzt Ihre Aufgabenfelder und sollten zunächst mit kleineren Veränderungen beginnen. Versuchen Sie, zusätzliche Zeitspender zu gewinnen, die Sie in den verschiedenen Bereichen unterstützen, also sich beispielsweise um Ihre Öffentlichkeitsarbeit oder eine systematische Kostenstruktur kümmern.

Führen Sie die Stärken-Schwächen-Analyse regelmäßig, beispielsweise im Abstand von 6 oder 12 Monaten durch. Tragen Sie sich dies als Projekt in Ihren Terminkalender ein, damit die Überprüfung nicht in der alltäglichen Arbeit untergeht.

Schritt 5:

Befragen Sie die Eltern und Unterstützer, um Ihr Stärken-Schwächen-Profil noch aussagekräftiger zu machen.

Verdeutlichen Sie, dass Sie und Ihr Team das Kita-Angebot kontinuierlich verbessern möchten und hierfür die Meinung von Eltern und Förderern von größter Bedeutung ist. Bitten Sie darum, sich daher 10 Minuten Zeit zu nehmen, um die obigen Kriterien zu bewerten.

Werten Sie die Rückläufer aus und bilden Sie aus den jeweils vergebenen Werten Durchschnittsnoten. Tragen Sie diese in Ihr Stärken-Schwächen-Profil ein. In unserer Beispiel-Tabelle sind das die pinkfarben unterlegten Felder:

Kriterien	1	2	3	4	5	6
Leistungen						
Vielfalt des pädagogischen Angebots						
Zusatzangebote						
Betreuungszeiten						

Kriterien	1	2	3	4	5	6
Auslastung der Betreuungsplätze		X				
Ressourcen						
Räumlichkeiten (Größe, Anzahl, Ausstattung)		X				
Anzahl Fachpersonal		X				
Unterstützung durch ehrenamtliche Kräfte				X		
Anzahl Spender				X		
Ausstattung mit Spiel- und Lernmaterialien		X				
Kita-Leitung						
Lebendige Wertekultur	X					
Kooperativer Führungsstil	X					
Gestaltung der Abläufe		X				
Öffentlichkeitsarbeit					X	
Finanzen						
Kostenstruktur				X		
Kostentransparenz					X	
Verhältnis von Spenden zu sonstigen Einnahmen					X	
Aktives Fundraising					X	

Sie sehen, dass Außenstehende – also Eltern und Unterstützer – Ihre Kita in einigen Punkten anders wahrnehmen als Sie sich selbst. Selbstbild und Fremdwahrnehmung unterscheiden sich. Gerade aus diesen Abweichungen lassen sich wichtige Impulse ableiten, die Sie in Ihren Handlungsstrategien berücksichtigen sollten.

Exemplarisch greifen wir einige Punkte, die sich aus der Analyse dieser Tabelle ergeben, heraus:

• Das Zusatzangebot Ihrer Kita wird von Eltern und Unterstützern schlechter wahrgenommen also von Ihnen selbst.

Hier besteht also dringender Handlungsbedarf, entweder indem Sie das vorhandene – und aus Ihrer Sicht umfangreiche – Angebot besser kommunizieren oder indem Sie neue und interessante zusätzliche Angebote schaffen.

Das liefert Ihnen übrigens gleichzeitig einen guten Aufhänger für einen Presseartikel, so dass Sie auch etwas Positives für Ihre Öffentlichkeitsarbeit tun!

• Die Punkte »Unterstützung durch ehrenamtliche Kräfte«, »Anzahl Spender« und »Verhältnis von Spenden zu sonstigen Einnahmen« weisen hingegen auf ein Kommunikationsproblem zwischen Ihnen einerseits sowie Eltern und Unterstützern andererseits hin. Aus welchen Gründen auch immer, scheint »draußen« eher der Eindruck zu entstehen, Ihre Kita erhält sowohl personell wie auch finanziell hinreichend Unterstützung.

Für Sie sollte dies Anlass sein, beispielsweise im nächsten Newsletter darauf hinzuweisen, dass Sie ehrenamtliche Helfer suchen. Konkretisieren Sie Ihren Bedarf und veranschaulichen Sie, welche beispielsweise zusätzlichen Angebote auf diese Weise realisiert werden können.

• Eltern und Unterstützer bewerten Ihr »Aktives Fundraising« mit der Note »3«, Sie selbst haben sich in diesem Punkt mit »5« bewertet.

Diese unterschiedliche Wahrnehmung kann schlicht auf einer Fehleinschätzung beruhen, kann aber auch darauf hindeuten, dass Ihre Förderer das Gefühl haben, von Ihnen schon recht häufig um Unterstützung gebeten zu werden.

Wenn Sie die Herausforderung angehen, im Bereich Fundraising aktiver zu werden, sollten Sie daher – auch wenn es schwerer ist – möglicherweise zunächst versuchen, neue Unterstützergruppen zu motivieren.

Sie sehen also: Mit Hilfe der Stärken-Schwächen-Analyse erhalten Sie auf recht einfache Weise eine Vielzahl wichtiger Informationen und Hinweise, die für den Aufbau Ihrer Handlungsstrategie bedeutsam sind.

Praxis-Tipp:

Sie können die Stärken-Schwächen-Analyse auch im Vergleich mit anderen Kitas nutzen. Dann erhalten Sie wichtige Informationen über Ihren Wettbewerb. Allerdings dürften die meisten Kitas in Ihrem Umfeld nicht bereit sein, Ihnen die notwendigen Informationen zu liefern. Sie sind dann auf Schätzungen und frei verfügbare Informationen angewiesen.

Chancen und Risiken

Während Stärken und Schwächen interne Faktoren sind, die von Ihnen aktiv beeinflusst werden können, liegen Chancen und Risiken in den Variablen, die durch Ihre Umwelt geschaffen werden. Diese sind von Ihnen nicht unmittelbar zu beeinflussen.

Relevant sind alle wirtschaftlichen, rechtlichen, sozialen, technologischen oder ökologischen Rahmenbedingungen, die in irgendeiner Weise Auswirkungen auf die Arbeit Ihrer Kita haben können.

Einige Beispiele:
* Das Tagesbetreuungsgesetz hat nicht nur eine Zielvorgabe für die Zahl von Betreuungsplätzen für unter 3-jährige Kinder vorgegeben, sondern erstmals auch Qualitätsstandards für die Betreuung in Kindertageseinrichtungen beschrieben.
  Darüber hinaus sieht das Kinderförderungsgesetz (KiFöG) vor, dass ab August 2013 alle Kinder ab dem vollendeten ersten Lebensjahr einen Rechtsanspruch auf einen Betreuungsplatz erhalten.
  Kitas werden daher in den nächsten Jahren zusätzliche Betreuungsplätze zur Verfügung stellen müssen. Ökonomisch gesprochen »wächst der Markt«.
  Allerdings ist damit eng verbunden die Schaffung adäquater Räumlichkeiten, Fort- und Weiterqualifizierung des pädagogischen Teams, Anschaffung altersgerechter Spiel- und Lernmaterialien etc.
  Ob für Ihre Kita in diesen rechtlichen Rahmenvorgaben eine Chance oder ein Risiko liegt, hängt ganz von ihren individuellen Gegebenheiten ab.
  Haben Sie bereits seit längerer Zeit ein internes Qualitätsmanagement eingeführt, wird es Ihnen leicht fallen, die im Tagesbetreuungs-

gesetz beschriebenen Standards zu erfüllen und sogar zu übertreffen.

Dann liegt hierin eine Chance, die auf eine Ihrer Stärken trifft. Dies können Sie in Ihrer Außendarstellung und bei Ihrer Fundraising-Arbeit positiv kommunizieren.

Anders, wenn Sie sich bislang mit dem Thema Qualitätssicherung noch nicht intensiv beschäftigt haben. Dann trifft eine Schwäche auf eine Chance und es gilt, umgehend die Schwäche zu beheben, um die sich bietende Chance nutzen zu können.

Nutzen Sie diese Gelegenheit jetzt nicht, kann aus der ursprünglichen Chance ein Risiko für Sie werden. Nämlich dann, wenn der Gesetzgeber die Festschreibung von Qualitätskriterien weiter vorantreibt und Sie versäumt haben, auf diese Entwicklung rechtzeitig zu reagieren.

- wirtschaftliche Entwicklung

  Wenn die Wirtschaft boomt und die Fachkräfte knapp werden, steigen die Bemühungen, junge Eltern zu motivieren, sehr frühzeitig wieder an ihren Arbeitsplatz zurückzukehren.

  Über die gesetzlichen Anforderungen hinaus, steigt damit der Bedarf an Betreuungsplätzen für Kinder unter 3 Jahren bzw. ab dem vollendeten 1. Lebensjahr.

  Bieten Sie bereits jetzt ein qualitativ hochwertiges Betreuungsangebot für unter 3-Jährige an, liegt in dieser Entwicklung eine zusätzliche Chance. Bauen Sie Ihre Kernkompetenz aus, qualifizieren Sie Ihr Team in diesem Segment weiter und erhöhen Sie die Zahl möglicher Betreuungsplätze.

- Energiekosten

  Kosten für Strom, Heizung und Wasser sind ein nicht unerheblicher Kostenfaktor in Kitas. Steigen die Preise weiter, kann dies für Ihre Kita zu einem finanziellen Problem werden.

  Sorgen Sie zunächst für Kostentransparenz, damit Sie exakt wissen, welcher Kostenanteil auf die Betriebskosten Ihrer Kita entfällt. Planen Sie Um- oder Neubauten oder stehen Renovierungsarbeiten an, sollten Sie prüfen, ob der Einsatz regenerativer Energien in Betracht kommt.

  Verstärken Sie Ihre Fundraising-Aktivitäten, um auf diese Weise unvermeidbare Kostensteigerungen zu kompensieren.

- Wertewandel: Von der Integration zur Inklusion
Spätestens seit der UN-Konvention aus dem Jahr 2006 zu den Rechten behinderter Menschen ist das Thema Inklusion in aller Munde.
Bis dahin stand der Begriff Integration im Mittelpunkt: Menschen, die aufgrund einer Behinderung ausgegrenzt waren, sollten im Rahmen der Integration am gesellschaftlichen Leben teilhaben können. Im Rahmen der Integration wurden alle Anstrengungen unternommen, diese Menschen an die Bedürfnisse der Gesellschaft anzupassen.
Inklusion geht hingegen davon aus, dass sich die Gesellschaft an die Bedürfnisse der Betroffenen angleichen muss. Sie betont, dass alle Menschen, unabhängig von möglichen Behinderungen, gleich sind und daher von Beginn an in vollem Umfang am Leben teilhaben. Die Unterschiedlichkeit von Menschen wird als Ausdruck menschlicher Vielfalt und als Chance begriffen.
Aus der Ratifizierung dieser UN-Konvention ergeben sich für Deutschland Verpflichtungen, und zwar insbesondere auch im Bereich der inklusiven Bildung.
Eine Kita, die bereits seit vielen Jahren ein inklusives pädagogisches Konzept verfolgt, trifft mit dieser Kernkompetenz auf eine Chance. Sie hat sich im Lauf der Jahre einen kaum einzuholenden Erfahrungsvorsprung erarbeitet, den sie sich nun nutzbar machen und weiter ausbauen kann.
Allerdings ist mittel- und langfristig in dieser Entwicklung auch eine »Bedrohung« zu sehen. Denn hat sich das inklusive Bildungskonzept erst einmal etabliert und wird es in der überwiegenden Zahl der Kitas umgesetzt, geht der Vorsprung und vor allem das Alleinstellungsmerkmal der Kita verloren.

Chancen und Risiken sind weniger leicht zu erfassen als Stärken und Schwächen. Dennoch können Sie sich einen kontinuierlichen Überblick verschaffen:

- Lesen Sie aufmerksam die Fachpresse, um rechtzeitig über geplante Gesetzesänderungen oder die Neuordnung bildungspolitischer Vorgaben und Ziele informiert zu sein.
- Verfolgen Sie gesellschaftliche Trends und Entwicklungen und prüfen Sie, inwieweit diese Auswirkungen auf Ihre Kita haben könnten.
- Tauschen Sie sich regelmäßig mit Kolleginnen und Kollegen anderer Betreuungseinrichtungen aus.

- Nehmen Sie kontinuierlich an Fort- und Weiterbildungsmaßnahmen teil, auch in Bereichen abseits pädagogischer Inhalte.
- Werfen Sie einen Blick über den Tellerrand: Wie gehen unsere europäischen Nachbarn mit bestimmten gesellschaftlichen Herausforderungen um? Welche Lösungsansätze werden dort verfolgt?

Ihr Nutzen der SWOT-Analyse:

Mit Hilfe der SWOT-Analyse erarbeiten Sie sich systematisch einen Überblick über Ihre Stärken und Schwächen (interne Faktoren) sowie die Chancen und Risiken (externe Faktoren).

Erfolgs- sowie Verbesserungspotenziale erkennen Sie mithilfe Ihres Stärken-Schwächen-Profils sowie des Vergleichs zwischen Ihrem Selbstbild und der Fremdwahrnehmung durch Eltern und Unterstützer.

Vorrangig zu bearbeitende Handlungsfelder ergeben sich aus dem Ergebnis dieser Analyse, das Sie wiederum in Kontext zu Ihren Zielen setzen.

Beziehen Sie externe Faktoren, also günstige und weniger günstige Rahmenbedingungen in Ihre Betrachtung mit ein, so ergeben sich die künftig zu verfolgenden Handlungsstrategien.

Beispielhaft kann das für Ihre Kita so aussehen:

Stärken	**Chancen**
• fachlich sehr gut ausgebildetes Team • langjährige Erfahrung mit einem inklusiven pädagogischen Konzept • umfangreiche Zusatzangebote • gut vernetzt in lokalen Strukturen	• UN-Konvention „inklusive Bildung" • boomende Wirtschaft • gesetzliche Vorgaben zur Betreuung von Kindern unter 3 bzw. ab dem vollenden 1. Lebensjahr
Schwächen	**Risiken**
• keine Kostenstellenrechnung • wenig aktives Fundraising • keine Erfahrung mit der Betreuung von Kindern unter 3 Jahren • starre Öffnungszeiten	• demographischer Wandel und Geburtenrückgang • steigende Energiekosten

Hieraus ergeben sich beispielsweise folgende Handlungsstrategien:

• Stärke trifft auf Chance

Bereits seit vielen Jahren arbeiten Sie auf der Basis eines inklusiven pädagogischen Konzepts. Gestärkt durch die UN-Konvention und die damit einhergehende zwingend vorgegebene Umsetzung inklusiver Bildungskonzepte in Deutschland, übernehmen Sie eine Vorreiterrolle.

Nutzen Sie Ihren Erfahrungs- und Kompetenzvorsprung, um Ihre Kita zu erweitern oder auch, um mit diesem Argument neue Unterstützer zu gewinnen.

• Schwäche trifft auf Chance

Mit der Betreuung von Kindern unter 3 Jahren haben Sie bislang keine Erfahrung. Der Gesetzgeber macht jedoch Vorgaben zur Anzahl solcher Betreuungsplätze und schreibt darüber hinaus vor, dass künftig auch eine bestimmte Anzahl Betreuungsplätze für Kinder ab dem 1. Lebensjahr zur Verfügung stehen muss.

Hier entsteht also ein neues und anspruchsvolles Aufgabenfeld, das es zu besetzen gilt.

Nutzen Sie die Zeit und arbeiten Sie an der Beseitigung Ihrer Schwäche. Leiten Sie umgehend Qualifizierungsmaßnahmen Ihrer pädagogischen Mitarbeiter an. Nehmen Sie Umbau- und ggf. Erweiterungsmaßnahmen vor, die der Zielgruppe der unter 3-Jährigen gerecht werden.

In Kombination mit Ihrer Stärke »inklusives Bildungskonzept«, bauen Sie so Ihre Kita strategisch sinnvoll weiter aus und ergänzen Ihr Angebot um eine wichtige Komponente.

Hinzu kommt, dass ...

- Schwäche trifft auf Risiko
  Denn die Zahl der Geburten geht zurück. Kinder ab dem vollendeten 1. Lebensjahr bis zum 3. Lebensjahr sind daher eine wichtige neue Zielgruppe, die es zu erschließen gilt.

- Schwäche trifft auf Chance
  Sie betreiben kein aktives Fundraising, sind aber gut vernetzt in der Region (Stärke!) und die Wirtschaft boomt (Chance!).
  Nutzen Sie Ihre gute Vernetzung, um Unterstützer aus dem Kreis lokaler Unternehmer zu gewinnen. In Zeiten florierender Geschäfte werden diese viel eher bereit sein, Ihre Kita finanziell zu fördern.

 Praxis-Tipp:

Sie kennen nun Ihre Stärken und Schwächen, haben Rückschlüsse aus dem Vergleich zwischen Selbstbild und Fremdwahrnehmung gezogen und wissen um die Chancen und Risiken, die in den gegebenen Rahmenbedingungen liegen.

Gehen Sie mit diesem Wissen nochmals einen Schritt zurück und unterziehen Sie Leitbild und Ziele einer erneuten kritischen Prüfung: Sind Sie bei der Formulierung von zutreffenden Prämissen ausgegangen? Haben Sie alle wesentlichen Stärken im Leitbild erfasst? Passen Ihre Ziele und die notwendigen Handlungsstrategien zusammen? Müssen Sie unter Umständen Zielformulierungen anpassen? Haben Sie einen wichtigen Punkt übersehen, der im Leitbild Berücksichtigung finden sollte?

Mit dem Wissen aus der SWOT-Analyse, dem gegebenenfalls modifi-
zierten Leitbild und einem dementsprechend differenzierten Zielsystem,
haben Sie eine gute Grundlage geschaffen, um sich dem Beziehungsnetz Ihrer Kita zuzuwenden.

6. Beziehungsmanagement

»Friendmaking comes before Fundraising«

Als Teil unserer Gesellschaft steht Ihre Kita in sehr vielfältigen Beziehungen zu Einzelpersonen, Organisationen, Behörden, Unternehmen und sonstigen Dritten.

Erfolgreiches Fundraising setzt voraus,
* dieses individuelle Beziehungsnetz genau zu kennen,
* sich auf die Interessen, Bedürfnisse und Erwartungen der jeweiligen Gruppen einzustellen
* und eine gemeinsame Sprache mit ihnen zu sprechen. Hierauf ist die jeweilige Kommunikationsstrategie gezielt abzustimmen.

Es ist Aufgabe des Beziehungsmanagements, das Beziehungsnetz der Kita zu analysieren und Handlungsstrategien zu entwickeln, die individuell auf die jeweiligen Interessengruppen zugeschnitten sind.

Personen oder Organisationen, die in einer Beziehung zu Ihrer Kita stehen und dabei gleiche oder sehr ähnliche Erwartungen an Sie stellen, werden zu Interessengruppen zusammengefasst.

Da Fundraising seinen Ursprung im angloamerikanischen Raum hat, werden diese Interessengruppen häufig auch als Stakeholder bezeichnet.

Zunächst werden alle Interessengruppen, die in einer – positiven, negativen oder neutralen – Beziehung zur Kita stehen, identifiziert. Im nächsten Schritt untersuchen Sie jede Beziehung für sich, bewerten deren Wichtigkeit für die Arbeit Ihrer Kita, analysieren die bisherige Qualität der jeweiligen Beziehung, setzen Prioritäten zwischen einzelnen Gruppen und legen individuelle Strategien fest.

Auf diese Weise entwickeln Sie ganz gezielt und systematisch Ihr Beziehungsnetz.

6.1 Stakeholder-Analyse

Fundraising basiert auf zwischenmenschlichen Beziehungen. Für den Aufbau Ihrer Fundraising-Strategie ist es daher unverzichtbar zu wissen,
*   wer in welcher Beziehung zu Ihrer Kita steht;
*   welche Einflussmöglichkeiten auf Ihre Arbeit damit gegebenenfalls verbunden sind;
*   welche Interessen und Bedürfnisse die jeweiligen Interessengruppen verfolgen.

Ziel der Stakeholder-Analyse ist, die unterschiedlichen Interessengruppen zu identifizieren, deren Einflussmöglichkeiten auf die Kita abzuschätzen und darauf aufbauend Kommunikationsstrategien zu entwickeln, die die Interessen der jeweiligen Akteure berücksichtigen.

Wenn Sie darüber nachdenken, wer Interesse an Ihrer Kita und deren Arbeit hat, werden Ihnen sicher als erstes die Kinder und deren Eltern einfallen.

Darüber hinaus pflegen Sie selbstverständlich Beziehungen zu Ihrem Träger, Ihrem Team, der Stadt oder Kommune sowie etwaigen Spendern.

Alle genannten Gruppen verfolgen spezifische, unter Umständen sehr unterschiedliche, zum Teil auch konträre Interessen und haben konkrete Anforderungen und Erwartungen an Ihre Arbeit.

*   positives Interesse: Diese Stakeholder fördern Ihre Kita, setzen sich für Sie ein und verfolgen gleiche Interessen wie Sie.
*   neutrales Interesse: Von diesen Stakeholdern erfahren Sie weder Unterstützung noch Ablehnung.
*   widerstreitendes Interesse: Diese Stakeholder verfolgen konkurrierende oder entgegengesetzte Interessen. Dadurch kann Ihre Arbeit gestört, be- oder sogar verhindert werden.

Doch nicht nur die Art des Interesses, das Stakeholder Ihnen entgegenbringen, ist wichtig. Es bedarf auch der Einschätzung, welche Einflussmöglichkeiten die jeweiligen Gruppen auf Ihre Arbeit haben.

An diesen Kriterien richten Sie Ihre Strategie aus und können die jeweiligen Stakeholder zielorientiert ansprechen.

Ziele der Stakeholderanalyse sind
* alle Stakeholder zu identifizieren
* mögliche Unterstützergruppen zu identifizieren, die bislang nicht beachtet wurden
* wichtige Multiplikatoren zu erkennen
* widerstreitende Interessen zu erkennen.

Wer hat Interesse an Ihrer Arbeit

Beginnen Sie zunächst damit, die möglichen Stakeholder Ihrer Kita zu bestimmen. Hierzu können beispielsweise folgende Gruppen gehören:
* die von Ihnen betreuten Kinder:
  Ihr Interesse liegt darin, sich bei Ihnen wohl zu fühlen, Neues zu entdecken, soziale Kontakte zu knüpfen, Freunde zu finden und liebevolle Betreuung zu erfahren.
  Kinder haben sehr wohl auch Einflussmöglichkeiten: Gehen sie mit Begeisterung oder ständigem Widerwillen zur Kita, so hat dies Auswirkungen auf die Zufriedenheit der Eltern.

* Eltern Ihrer Kita-Kinder, andere Eltern, die auf der Suche nach geeigneten Betreuungsangeboten sind sowie Paare oder Familien, die ihre Familienplanung noch nicht abgeschlossen haben:
  Sie haben Interesse an attraktiven und zugleich verantwortungsvollen Betreuungsangeboten. Was als attraktiv empfunden wird, richtet sich dabei nach den individuellen Präferenzen der Eltern und kann sowohl organisatorische Kriterien, wie lange und flexible Öffnungszeiten, aber auch eine bestimmtes pädagogisches Konzept und damit einhergehende ideelle Werte umfassen.
  Eltern haben einen hohen Grad an Einfluss auf die Kita. Sie reagieren beispielsweise auf das Verhalten ihrer Kinder, sind Multiplikatoren im Familien-, Freundes- und Bekanntenkreis, unterstützen Ihre Kita oftmals mit Geld, Zeit sowie Fachwissen und äußern Lob oder Beschwerden gegenüber dem Träger.

* Ihr Team:
  Im Idealfall verfolgt Ihr Team die gleichen Interessen wie die Kita.
  Hinzu kommen aber auch persönliche Motive wie beispielsweise wirtschaftliche Existenzsicherung oder berufliche Weiterentwicklung.
  Mit Ihrem Team steht und fällt Ihre Arbeit in und für die Kita. Jedes einzelne Team-Mitglied trägt die Philosophie der Kita nach innen und au-

ßen, ist Botschafter Ihrer Sache und hat Multiplikatorfunktion. Entsprechend hoch sind die Einflussmöglichkeiten.

- Ihr Träger:
Er erwartet von Ihnen wirtschaftliches Handeln, die aktive Umsetzung seiner Philosophie, Einhaltung rechtlicher und sonstiger Vorschriften und natürlich zufriedene Eltern, die Ihre Kita gerne weiterempfehlen. Die Einflussmöglichkeiten des Trägers sind hoch und können je nach Organisationsstruktur alle Bereiche der Kita – von der Festlegung der Philosophie über die pädagogischen Schwerpunkte bis hin zur Personalauswahl und der Bewilligung finanzieller Mittel umfassen.

- Ihre Lieferanten und Geschäftspartner:
Selbstverständlich tritt Ihre Kita als Kunde am Markt auf: Sie benötigen Büro- und Bastelmaterial, Spielgeräte und möglicherweise Lebensmittel für Ihre Mensa. Ihre Lieferanten und andere Geschäftspartner sind daran interessiert, die Geschäftsbeziehung zu Ihnen zu pflegen und auszubauen, Sie als Multiplikator zu gewinnen, der Produkte und Dienstleistungen im Rahmen seines Netzwerks weiterempfiehlt.
Demgegenüber sind die Einflussmöglichkeiten dieser Gruppe relativ gering, denn Ihre Kita steht in keiner besonderen Abhängigkeit zu ihr.

- Unternehmen:
Dies können Unternehmen aus Ihrem lokalen Umfeld sein, aber auch solche, zu denen thematische Berührungspunkte bestehen.
Beispielsweise kann es für Unternehmen interessant sein, Mitarbeiter auf Ihre räumlich nahegelegene Kita hinzuweisen und damit Möglichkeiten für deren früheren beruflichen Wiedereinstieg aufzuzeigen. Vielleicht dienen die Nähe zu Ihrer Kita und Ihr spezifisches Betreuungsangebot auch als Argument, neue Mitarbeiter zu einem Umzug in die Region zu motivieren.
Möglicherweise ist ein Unternehmen aber auch daran interessiert, mit Ihrer Kita zu kooperieren, weil das unternehmerische Leistungsspektrum oder die Unternehmensphilosophie Parallelen zu Ihrem pädagogischen Angebot aufweist. So könnte ein Unternehmen aus der Branche der erneuerbaren Energien sich für Ihre Kita engagieren wollen, weil Sie einen ökologischen Ansatz verfolgen.
Wie stark die Einflussmöglichkeiten dieser Gruppe sind, hängt von den beiderseitigen Interessen ab.

- Schulen, insbesondere Grundschulen:
  Grundschulen folgen Ihrer Kita unmittelbar in der Bildungskette. Dass vorschulisch bestimmte Grundlagen gelegt werden, die den Einstieg in die schulische Bildung erleichtern, kann für Grundschulen wichtig und interessant sein.
  Die Einflussmöglichkeiten sind in der Regel eher als neutral einzustufen. Bestimmend in dieser Konstellation sind zumeist das kollegiale Miteinander und der gemeinsame Wunsch, ein optimales Entwicklungs- und Lernumfeld für Kinder zu schaffen.

- Die Gesellschaft:
  Kinder sind die Zukunft unserer Gesellschaft, und zwar für uns alle, ganz unabhängig davon, ob wir selbst Kinder haben oder nicht. Wie unsere Gesellschaft morgen aussieht, bestimmt sich nicht zuletzt dadurch, welche Entwicklungsmöglichkeiten Kinder heute haben und welche Fähigkeiten, Werte und sozialen Kompetenzen ihnen vermittelt werden.
  Die direkten Einflussmöglichkeiten der Gesellschaft auf Ihre Kita sind eher gering. Wohl aber bestimmen gesellschaftliche Entwicklungen grundsätzlich unsere Wertekultur.
  Herausforderungen, die unsere Gesellschaft zu lösen hat, spiegeln sich daher über kurz oder lang auch in den Anforderungen an Ihre Kita-Arbeit. Beispielhaft sind hier Themen wie Migration, Integration und Inklusion zu nennen.

- Menschen aus dem Umfeld Ihrer Kita:
  Zumeist wird Ihre Kita in einem Wohngebiet oder einem Stadtteil angesiedelt sein. Die Menschen in Ihrer Nachbarschaft haben ganz unterschiedliche Interessen: Während für die einen die Nachbarschaft zur Kita ein Argument ist, sich genau dort eine Wohnung zu suchen, schätzen andere die ruhige Lage des Wohnumfeldes. Letztere könnten sich durch die Nachbarschaft zur Kita, den damit verbundenen verstärkten Autoverkehr oder die Lebhaftigkeit der Kinder gestört fühlen.
  Der Einfluss Ihrer Nachbarn kann durchaus hoch sein und Ihnen positiv oder negativ begegnen.

- Andere Kitas und gleichgelagerte Einrichtungen:
  Wenn es vielleicht auch nicht so deutlich wird wie bei Unternehmen, stehen Kitas mit anderen Kitas oder vergleichbaren Einrichtungen im

Wettbewerb. Sie konkurrieren um öffentliche Gelder, Unterstützung durch Förderer und natürlich geht es auch um die Auslastung der angebotenen Betreuungsplätze. Sie können aber auch voneinander lernen, Synergien nutzen und sich gemeinsam für verbesserte Rahmenbedingungen einsetzen.
Die Einflussmöglichkeiten sind als eher neutral zu bewerten.

- Vereine, Organisationen und andere Einrichtungen:
  Die Zusammenarbeit mit Vereinen und anderen Organisationen bietet schier unendliche Möglichkeiten: Sie können Netzwerke bilden, um so mit mehr Gewicht gemeinsam bestimmte Ziele zu verfolgen, punktuell kooperieren, um ein besonderes Leistungsangebot umzusetzen oder auch langfristig gemeinsame Projekte zu initiieren.
  Hat Ihre Kita beispielsweise eine auf Ökologie und ressourcenschonendes Verhalten ausgerichtete Philosophie, bietet sich die Zusammenarbeit mit Umwelt- und Naturschutzorganisationen an. Legen Sie in Ihrer pädagogischen Arbeit großen Wert auf Bewegung, könnte die Kooperation mit Sportvereinen sinnvoll sein. Möglicherweise haben auch Krankenversicherungen im Rahmen von Bonusprogrammen im Kontext »Bewegung und gesunde Ernährung« ein Interesse mit Ihrer Kita zu kooperieren. Liegt Ihr Fokus auf integrativer Arbeit, kommt der Schulterschluss mit Einrichtungen in Frage, die sich der Behinderten- und Migrationsarbeit widmen. Vorlesepatenschaften oder Leih-Großelternprojekte lassen sich hervorragend gemeinsam mit Seniorengruppen oder Seniorenheimen realisieren.
  Die Liste möglicher Beispiele ist nahezu unbegrenzt und meist werden solche Beziehungen von gemeinsamen, sich ergänzenden und gegenseitig stützenden Interessen getragen.
  Demgegenüber sind die Einflussmöglichkeiten auch hier eher neutral, wobei natürlich die individuelle Ausgestaltung der Zusammenarbeit eine entscheidende Rolle spielt.

Ganz sicher fallen Ihnen bei Ihren Team-Besprechungen noch weitere Interessengruppen ein. Sie werden andere wichtige Interessen der jeweiligen Gruppen identifizieren oder Interessen anders bewerten. Je mehr Sie darüber nachdenken, umso mehr Stakeholder-Gruppen werden Sie entdecken.

Mit diesem Schritt haben Sie das Beziehungsnetz Ihrer Kita charakterisiert. Um sich dieses Netz besser einzuprägen, empfiehlt sich die graphische Darstellung:

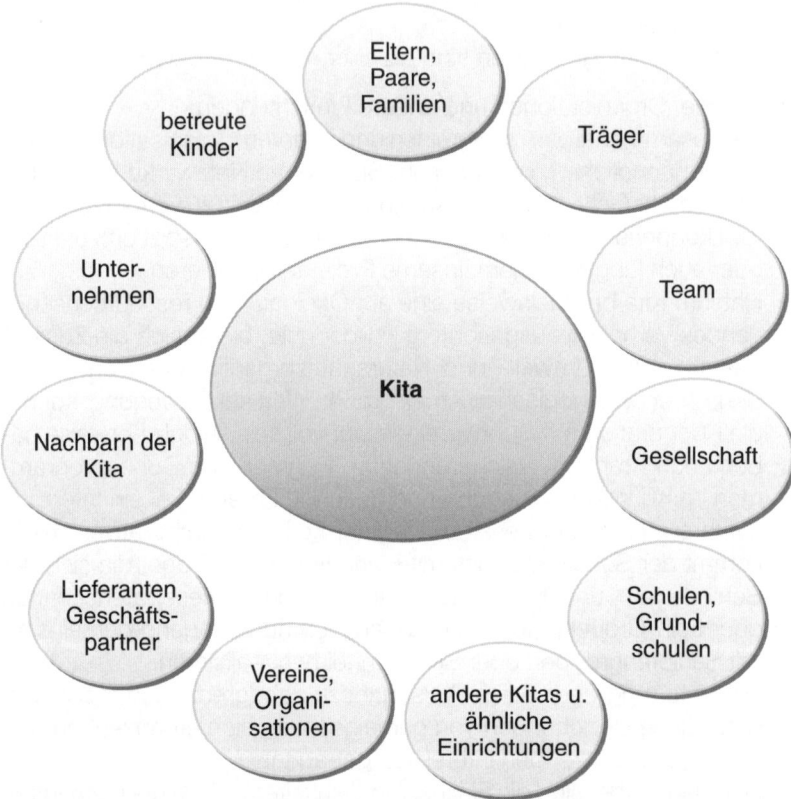

Sie haben sich mit dieser Auflistung und der graphischen Darstellung das Beziehungsnetz Ihrer Kita bewusst gemacht. Statt Beziehungsnetz wird häufig auch von einem Soziogramm gesprochen.

Zugleich haben Sie analysiert, welche dieser Gruppen Ihre Arbeit beeinflusst oder beeinflussen kann und welche Auswirkungen – im positiven oder negativen Sinne – damit verbunden sein können.

Im nächsten Schritt klassifizieren Sie Ihr Beziehungsnetz.

Schon bei der Analyse sind Sie auf die beiden Kriterien »Interesse« und »Einfluss« eingegangen und haben diese in Worten beschrieben. Diese verbale Einschätzung bilden Sie nun in Zahlen ab, beispielsweise in Anlehnung an das Schulnotensystem. Die »1« steht für den höchsten Einfluss und das höchste Interesse, die »6« für absolut kein Interesse und keinerlei Einfluss.

Selbstverständlich können Sie auch jedes beliebige andere Wertungssystem nutzen. Wichtig ist nur, dass Sie ein einheitliches Bewertungsschema verwenden.

Nehmen wir an, Sie und Ihr Team hätten die eben aufgelisteten Stakeholder-Gruppen als Stakeholder Ihrer Kita identifiziert.

In einer lebhaften Diskussion haben Sie gemeinsam für jede Gruppe die Kriterien »Interesse« und »Einfluss« im Schulnotensystem bewertet. Daraus ergibt sich die folgende Tabelle:

Farbe	Stakeholder	Interesse	Einfluss
△	betreute Kinder	1	2
▲	Eltern/Paare/Familien	1	1
△	Team	1	2
▲	Träger	1	1
▲	Lieferanten/Geschäftspartner	3	5
△	Unternehmen	4	5
△	Schulen/Grundschulen	2	4
▲	Gesellschaft	2	3
▲	Nachbarschaft der Kita	2	4
▲	Andere Kitas	2	4
▲	Vereine/Organisationen	2	5

Der besseren Übersichtlichkeit halber, übertragen Sie die Tabellenwerte in eine graphische Darstellung: Waagerecht (also auf der x-Achse) tragen Sie die Werte für Interesse ein, vertikal (also auf der y-Achse) diejenigen für »Einfluss«. Wählen Sie den Schnittpunkt beider Achsen so, dass diese sich im Wert 3,5 schneiden. So erhalten Sie vier Quadranten.

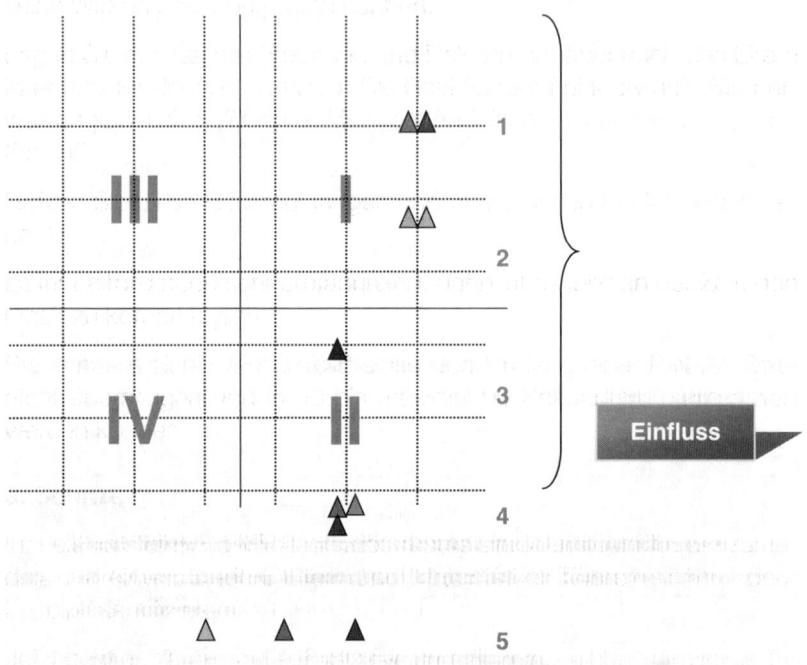

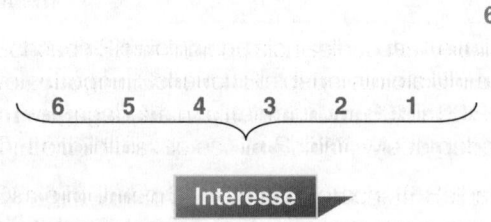

Mit Hilfe der Stakeholder-Analyse machen Sie sich das Beziehungsnetz, in dem Sie sich bewegen, bewusst.

Sie treffen eine Einschätzung, welche Gruppen welches Interesse an Ihrer Arbeit haben und welchen Einfluss sie ausüben können. Auf dieser Basis entwickeln Sie Handlungsstrategien.

Berücksichtigen Sie dabei jedoch, dass Ihre Bewertung subjektiven Charakter hat. Je mehr Sie über Ihre Stakeholder wissen, umso genauer kann Ihre Einschätzung sein. Diskutieren Sie im Team und möglicherweise auch mit Dritten Ihre Einschätzung, um Ihr Bild zu objektivieren.

Diese Genauigkeit zahlt sich aus: Je intensiver Ihre Analyse, umso zielgerichteter und damit erfolgreicher wird Ihr Beziehungsmanagement sein.

Handlungsstrategien – Aufbau Ihres Beziehungsmanagements

Nachdem Sie sich nun einen Überblick über Ihre Beziehungsstrukturen verschafft haben, schauen Sie sich jede einzelne Beziehung genauer an.

Das Kriterium »Einfluss« ist in der Regel insofern als gegeben hinzunehmen, als Sie es nicht verändern können. Variabel ist jedoch das Kriterium »Interesse«, das Sie durch Ihre Informations- und Kommunikationsstrategie beeinflussen können.

Beschäftigen Sie sich daher intensiv mit den Motiven und Interessen, die die jeweiligen Stakeholder im Zusammenhang mit Ihrer Kita haben könnten. Denn erfolgreiches Beziehungsmanagement spricht genau die Punkte an, die diesen Interessen jeweils entsprechen.

Aus der obigen graphischen Darstellung ergeben sich vier Quadranten, von denen jeder durch eine bestimmte Kombination aus Interesse und Einfluss gekennzeichnet ist. Hieraus lassen sich Handlungsstrategien für Ihre jeweiligen Stakeholder-Gruppen ableiten.

- Quadrant I:
  Kombination: hohes Interesse/hoher Einfluss
  Handlungsstrategie: Stakeholder genießen oberste Priorität; enge Einbindung in Projekte und Planungen; engmaschige Informations- und Kommunikationsstrategie
  Beispiele: Kita-Kinder, Eltern, Träger

- Quadrant II:
  Kombination: hohes Interesse/geringer Einfluss
  Handlungsstrategie: wichtige Stakeholder mit hohem Unterstützerpotenzial; regelmäßige Information über Ihre Arbeit, erzielte Erfolge sowie geplante Projekte
  Beispiele: Grundschulen, Lieferanten

■ Quadrant III:
Kombination: geringes Interesse/hoher Einfluss
Handlungsstrategie: können ihren Einfluss positiv oder negativ geltend machen; Kommunikationsstrategie zielt darauf ab, positives oder zumindest neutrales Interesse zu stärken und so Fürsprecher zu gewinnen; Verärgerung unbedingt vermeiden; kontinuierliche Information
Beispiel: wichtige Multiplikatoren und Schlüsselfiguren aus Ihrem lokalen Umfeld

■ Quadrant IV:
Kombination: geringes Interesse/geringer Einfluss
Handlungsstrategie: kontinuierliche Beobachtung, um rechtzeitig Veränderungen zu erkennen
Beispiel: Unternehmen

 Praxis-Tipp:

Die Klassifizierung Ihrer Stakeholder ist dynamisch. Veränderte Rahmenbedingungen oder persönliche Umstände können ebenso zu einer veränderten Interessenlage bei Ihren Stakeholdern führen wie eine gezielte Kommunikationspolitik Ihrerseits.

Die Zuordnung Ihrer Stakeholder zu den Quadranten ist also nie endgültig. So kann ein Unternehmen anfänglich ein sehr geringes Interesse an Ihrer Kita haben. Sind aber erst einmal die Vorteile einer Kooperation erkannt, steigt das Interesse und Sie werden dieses Unternehmen in Ihrer Matrix neu klassifizieren.

Überprüfen Sie Ihre Bewertung von Zeit zu Zeit und passen Sie diese gegebenenfalls an. Kontinuierliche Beobachtung der einzelnen Gruppen lässt Sie rechtzeitig auf Veränderungen reagieren, Potenziale erkennen und Widerstände entschärfen.

Interesse ist die Variable, die Sie durch Ihre Arbeit beeinflussen können.

Allein das Interesse an Ihrer Arbeit führt aber noch nicht zu deren aktiven Unterstützung. Genau das wollen Sie aber mit Ihrem Fundraising erreichen.

Was in der Betrachtung als weiterer Mosaikstein noch fehlt, ist der Impuls, um aktiv zu werden. Und dieser Impuls liegt im Motiv.

Warum stellen Menschen Ihnen Geld, Zeit, Sachmittel, Fachwissen oder ihren guten Namen zur Verfügung?

Eine direkte Gegenleistung erhalten sie hierfür nicht. Die Motivation zur Unterstützung hat also andere Gründe. Dabei sind die individuellen Motive von Menschen, sich für andere zu engagieren, so unterschiedlich wie die Menschen selbst und meist kommen mehrere Gründe zusammen.

Einige Gründe, warum Menschen Ihre Kita unterstützen, sind beispielsweise

- religiöse, politische oder weltanschauliche Gründe
  Beispiel: Ihre Kita lebt einen waldorfpädagogischen Ansatz. Die darin liegende Philosophie deckt sich mit der Weltanschauung Ihres Unterstützers.
- persönliche Betroffenheit
  Beispiel: Ihre Kita setzt den Gedanken der Inklusion konsequent um. Menschen, die selbst oder deren Kinder ein Handicap haben, identifizieren sich hiermit und unterstützen daher Ihre Arbeit.
- etwas Gutes tun
  Beispiel: Menschen, die selbst keine Kinder haben, aber einen aktiven Beitrag zur Gestaltung unserer Zukunft leisten möchten.
- Dankbarkeit
  Beispiel: Eltern ehemaliger Kita-Kinder unterstützen Sie auch dann noch, wenn die Kinder Ihre Kita bereits verlassen haben. Sie sind dankbar für die von Ihnen geleistete Arbeit und Ihr Engagement.
- Imagepflege und Steigerung des Bekanntheitsgrades
  Beispiel: Häufig liegt es im Interesse von Unternehmen, ihr Image durch gemeinsame Aktionen mit Kindern oder die Unterstützung kindgerechter Betreuungsmöglichkeiten zu verbessern.
- sich gebraucht fühlen
  Beispiel: Eine alleinstehende ältere Dame engagiert sich regelmäßig ehrenamtlich als Vorlesepatin in Ihrer Kita. Sie erfahren hierdurch Entlastung, planen die Dame in Ihre Arbeit ein, binden sie ins Team ein und die betreuten Kinder freuen sich auf sie.

Diese Auflistung ist bei weitem nicht vollständig. Weitere mögliche Motive sind der Wunsch nach Anerkennung, der Erwerb oder die sinnvolle Nutzung von Kompetenzen, der Wunsch nach Zugehörigkeit oder materielle Anreize wie beispielsweise Steuerersparnis durch abzugsfähige Spenden.

Bereits an diesen Beispielen erkennen Sie, dass das Unternehmen, das durch sein Engagement für Ihre Kita seinen Bekanntheitsgrad steigern will, ganz anders angesprochen werden sollte, als die ältere Dame, die sich als Vorlesepatin engagieren möchte.

Wenn Sie Ihre Beziehungen im Detail analysieren, steht also immer die Frage nach möglichen Motiven der jeweiligen Gruppe im Vordergrund.

Vergegenwärtigen wir uns noch einmal die graphische Darstellung unserer beispielhaften Beziehungsstruktur.

Der Quadrant IV ist gekennzeichnet durch niedriges Interesse und geringen Einfluss. Diesem Quadranten haben wir die Gruppe der Unternehmen zugeordnet, da wir deren Interesse und Einfluss auf die Arbeit der Kita als gering bewertet haben. Folglich beschränken wir uns darauf, diese Gruppe zu beobachten, verfolgen aber keine kontinuierliche Kommunikationsstrategie.

Nehmen wir an, Sie haben sich im Rahmen Ihrer Fundraising-Strategie zum Ziel gesetzt, die Gruppe der Unternehmen für Ihre Kita zu mobilisieren. Dies hat zwangsläufig eine Veränderung Ihrer Kommunikationsstrategie zur Folge.

In einem ersten Schritt überlegen Sie, welche Motive ein Unternehmen zur aktiven Unterstützung bewegen können. Sie gehen davon aus, dass Imagepflege und Steigerung des Bekanntheitsgrades Nutzenargumente sind, mit denen Sie Unternehmen für Ihre Arbeit gewinnen können.

Im zweiten Schritt überlegen Sie daher, was Sie konkret tun können oder zu bieten haben, um diese Motive zu befriedigen. Stellen Eltern und Kinder eine für das Unternehmen interessante Zielgruppe dar? Verfügen Sie über gute Kontakte zur lokalen Presse, so dass Sie gewährleisten können, dass über das Engagement des Unternehmens berichtet wird? Gibt es Berührungspunkte zwischen Ihrer Kita-Philosophie und der Unternehmensphilosophie?

Nach diesen Kriterien filtern Sie die in Frage kommenden Unternehmen und sprechen diese sodann gezielt unter Hinweis auf etwaige Gemeinsamkeiten oder den messbaren Nutzen eines Engagements für Ihre Kita an.

Aus der Analyse der potentiellen Unternehmensinteressen und -motive entsteht so eine zielgerichtete Kommunikation.

In gleicher Weise verfahren Sie mit jeder weiteren Stakeholder-Gruppe.

Machen Sie sich dabei bewusst, dass Gruppen durchaus heterogen sein können. So hat vielleicht der örtliche Fußballverein keinerlei Interesse an einer Kooperation, der Verein der örtlichen Freiwilligen Feuerwehr jedoch schon. Denn Letzterer hat möglicherweise Nachwuchsprobleme und freut sich daher über eine Zusammenarbeit mit Ihrer Kita, weil er die Chance sieht, neue Mitglieder zu gewinnen.

6.2 Spendermanagement

»Friendmaking comes before Fundraising«

Ziel Ihrer Fundraising-Strategie ist die Gewinnung aktiver Unterstützer. Dabei spielen – wie gesehen – individuelle Interessen und Motive eine große Rolle.

Vor der Bitte um konkrete Unterstützung steht jedoch der Aufbau freundschaftlicher Beziehungen (»Friendmaking comes before Fundraising«).

Denn Unterstützung Ihrer Kita heißt für Ihre Förderer, dass diese sich von persönlichem Eigentum, sei es Geld, Zeit, Gegenstände oder Fachwissen, trennen, um in Ziele anderer, nämlich die Ihrer Kita, zu investieren und diese zu unterstützen.

Einen unmittelbaren Nutzen haben Ihre Förderer von dieser Investition nicht.

Eine weitere Aufgabe des Beziehungsmanagements liegt daher darin, Ihren Unterstützern das Gefühl zu geben, die richtige Entscheidung getroffen zu haben. Sie sollen überzeugt sein, dass ihre Zuwendung, sei es in Form von Geld, Zeit, Sachmitteln oder Fachwissen, bei Ihnen in genau den richtigen Händen ist. Denn Sie verwenden diese Mittel so, dass die Interessen des Unterstützers erfüllt und dessen Motive befriedigt werden. Aus Unterstützern sollen Freunde werden.

Damit stärken Sie nicht nur die Unterstützerbindung, sondern erhöhen auch die Motivation Ihrer Förderer selbst aktiv zu werden, an Lösungen mitzuarbeiten und als Botschafter Ihrer Sache zu wirken.

Doch was kennzeichnet Freundschaften? Wie macht man sich Freunde?

Freundschaften basieren auf Vertrauen. Vertrauen wiederum müssen Sie sich erarbeiten und es braucht Zeit, damit Vertrauen wachsen kann.

Vertrauen basiert unter anderem auf

- Zuverlässigkeit:
  Sie halten getroffene Vereinbarungen und Zusagen ein und sind daher für Ihre Unterstützer ein verlässlicher Partner.
- Offenheit/Ehrlichkeit:
  Sie sehen in Ihren Unterstützern Partner auf Augenhöhe. Es ist deshalb für Sie selbstverständlich, mit ihnen offen und ehrlich umzugehen, auch über Schwierigkeiten oder Mißerfolge zu berichten und die jeweiligen Projektbudgets sowie Verwendung der Mittel transparent zu kommunizieren. Dazu gehört auch die Information über die zweckgemäße Spendenverwendung oder die Offenlegung des Jahresberichts.
- Authentizität/Glaubwürdigkeit:
  Ihr Leitbild steht nicht nur auf dem Papier, sondern wird von Ihrem gesamten Team gelebt und in der täglichen Arbeit umgesetzt.
- Kompetenz/Fachwissen:
  Zeigen Sie Ihre Kompetenz und Ihr Fachwissen. Stellen Sie besondere pädagogische Zusatzqualifikationen heraus, informieren Sie über Weiterbildungen, an denen Sie und Ihr Team teilgenommen haben, engagieren Sie sich in Netzwerken, die sich mit bildungspolitischen Themen befassen. Auch das Hinarbeiten auf ein Qualitätssiegel oder die Teilnahme an einem Wettbewerb bietet gute Chancen, die Qualität Ihrer Arbeit zu präsentieren.
- Zeit/Kontinuität:
  Sie sprechen Ihre Unterstützer nicht nur dann an, wenn Sie konkrete Unterstützung benötigen, sondern informieren kontinuierlich über Ihre Arbeit.
- Geben und nehmen:
  Sie betrachten Unterstützung nicht als Einbahnstrasse. Vielmehr erkennen und würdigen Sie die Interessen und Bedürfnisse Ihres Ge-

genübers und achten darauf, dass diese berücksichtigt und befriedigt werden.

• Perspektivwechsel:
Sie versetzen sich in die Position Ihrer jeweiligen Unterstützer, um deren Interessen und Bedürfnisse noch besser zu verstehen. Darin sehen Sie die Grundvoraussetzung für eine Partnerschaft auf Augenhöhe.

• aktives Zuhören:
Selbstverständlich sprechen Sie über Ihre Arbeit und deren Zielsetzungen, Projekte und Vorhaben. Ebenso selbstverständlich hören Sie Ihren Gesprächspartnern aber auch aktiv zu, einerseits um deren Situation noch besser zu verstehen, andererseits aber auch, um rechtzeitig Unzufriedenheit oder Skepsis zu erkennen.

• gemeinsames Erleben/verbindende Erinnerungen:
Die Basis der Beziehung zu Ihren Unterstützern liegt in gemeinsamen Werten und Idealen. Aber auch gemeinsame Erlebnisse und Erfahrungen verbinden. Informieren Sie Ihre Unterstützer regelmäßig, feiern Sie gemeinsam erreichte Zwischenziele, laden Sie Ihre Unterstützer regelmäßig zu Veranstaltungen ein und involvieren diese aktiv in Ihre Projekte. Hieraus entsteht ein »Wir-Gefühl« und eine enge Verbundenheit zu Ihrer Kita.

• Wertschätzung und Dank:
Jede Form der Unterstützung – und sei sie noch so klein – verdient Ihre Wertschätzung und sollte anerkannt werden.
Machen Sie eine Kultur der Anerkennung und des Danks zu einem Baustein Ihrer Kita-Philosophie. Erwähnen Sie die Leistungen Ihrer Unterstützer im Newsletter oder auf Veranstaltungen und bedanken Sie sich auf jeden Fall für jede Unterstützung persönlich.
Das wichtigste Wort im Fundraising ist »Danke«!

 Rechts-Tipp:

Aber seien Sie bitte nicht zu überschwänglich mit Ihrem Dankeschön, damit eine Spende eine Spende bleibt und nicht zum Sponsoring mutiert.

Eine Spende im Sinne des Steuerrechts liegt nur vor, wenn der Spender keine Gegenleistung erhält. Bedankt sich der Empfänger einer Spende, so kann dies unter bestimmten Umständen als Gegenleistung anzusehen sein.

Allerdings weiß auch das Finanzamt: Einem Spender muss man danken. Dieser Dank ist keine Gegenleistung, die aus einer Spende einen Sponsoring-Vertrag macht.

Aber: Es muss sich um ein »einfaches Dankeschön« handeln und darf nicht damit verbunden sein, dass Sie Werbung für das Unternehmen machen oder an dessen Präsentation mitwirken.

Wie hat man sich das vorzustellen?

Wird lediglich auf die Unterstützung hingewiesen, dabei der Name des Spenders etwa in einer Lautsprecherdurchsage, auf Plakaten oder auf der Homepage genannt (auch mit Logo des Spenders), findet jedoch keine besondere Hervorhebung statt, so ist dies ein bloßes Dankeschön, das bei einer Spende erlaubt ist (Beispiele: »Den Sand für den Sandkasten hat uns die Firma Müller zur Verfügung gestellt. Vielen Dank dafür!«»Wir danken unseren Unterstützern: Firma Schulz & Söhne – Spende von Mobiliar; Rechtsanwalt Dr. Calamity – Spende von 500 Euro; . . .«).

Geht der Dank jedoch darüber hinaus, wird etwa Produktwerbung damit verbunden oder im Internet ein Link zum Spender gesetzt, dann geben Sie dem Unternehmen Raum zur Selbstdarstellung, weshalb eine Gegenleistung und damit keine Spende, sondern Sponsoring vorliegt.

Einnahmen aus Sponsoring sind beim Verein meist dem wirtschaftlichen Geschäftsbetrieb zuzuordnen. Weitere Informationen zum Sponsoring finden Sie in Kapitel 11.

- Datenschutz und respektvoller Umgang mit Informationen:
  Ihre Unterstützer haben das Recht auf den Schutz ihrer personenbezogenen Daten. Selbstverständlich gehören diese nur in die Hände derjenigen, die sie unbedingt benötigen. Das heißt auch, dass Mitarbeiter Ihrer Kita oder Mitglieder Ihres Fördervereins nur Kenntnis von den Daten erhalten, die sie für ihre Arbeit oder im Rahmen ihrer Zuständigkeit/Funktion brauchen.
  Vor dem Zugriff Dritter sind Daten unbedingt zu schützen.
  Welche Daten wofür erfasst und verwendet werden, sollten Sie Ihren

Unterstützern klar und verständlich mitteilen.

Bitten Sie die Unterstützer um ihr Einverständnis mit der Verwendung ihrer Daten, auch wenn Sie vielleicht bei rein rechtlicher Betrachtung die Einwilligung nicht brauchen. Dadurch zeigen Sie Ihren Unterstützern, dass Sie deren Privatsphäre respektieren und vermeiden Unstimmigkeiten.

Zum Datenschutz gehört auch die Löschung von Daten. Daten, die Sie nicht mehr benötigen, müssen aus Ihrer Datenbank gelöscht werden.

Gleiches gilt auch für den Umgang mit vertraulichen Informationen, die Sie aus der Beziehung zu Ihren Unterstützern erhalten. Diese sind nicht für Dritte bestimmt und es versteht sich von selbst, dass auch Sie damit vertraulich umgehen (mehr zum Datenschutz in Kapitel 10).

 Rechts-Tipp:

Fragen Sie unbedingt um Erlaubnis, bevor Sie den Namen eines Unterstützers bzw. dessen Spende veröffentlichen, z. B. auf Veranstaltungen oder im Newsletter.

Respektieren Sie, wenn dieser mit einer Veröffentlichung nicht einverstanden ist. Es ist Sache des Spenders, darüber zu entscheiden, ob seine Spende bzw. deren Höhe anderen mitgeteilt wird.

Auf diese Weise vermeiden Sie, dass ein Unterstützer verärgert reagiert, weil er keine Veröffentlichung seiner Spende wünscht.

Beachten Sie stets diese vertrauensbildenden Elemente in Ihrer Kommunikationsstrategie, egal, um welche Gruppen von Stakeholdern es sich handelt. So schaffen Sie eine Vertrauensbasis, die auf validen und transparenten Informationen, einem offenen und glaubwürdigen Auftreten sowie ehrlichem Dank beruht.

Dann lassen sich tragfähige Beziehungen entwickeln und ausbauen.

Und bedenken Sie: Fundraising ist das Prinzip des Fragens, des erneuten Fragens und des Fragens nach mehr! Nach der Spende ist also immer vor der Spende. Das Bemühen um die Beziehung zu Ihren Unterstützern ist deshalb eine kontinuierliche Aufgabe.

Checkliste Beziehungsmanagement	
Das gesamte Team hat verstanden, welche Ziele im Beziehungsmanagement verfolgt werden.	☐
Alle relevanten Stakeholder der Kita wurden identifiziert.	☐
Gemeinsam im Team wurde eine Klassifizierung der Stakeholder durchgeführt.	☐
Die Interessen, Einflussmöglichkeiten und Unterstützermotive wurden klar herausgearbeitet.	☐
Sie haben Argumente zusammengestellt, die zeigen, dass Ihre Kita genau diese Interessen und Bedürfnisse befriedigt.	☐
Für jede Stakeholder-Gruppe haben Sie eine individuelle Kommunikationsstrategie entwickelt.	☐
Sie haben konkret formuliert, welche Erwartungen Sie an die jeweilige Stakeholder-Gruppe haben.	☐
Sie haben geprüft, ob die Stakeholder grundsätzlich in der Lage sind, diese Erwartungen zu erfüllen.	☐
Sie haben eine Kultur der Wertschätzung und des Dankens in Ihrer Kita aufgebaut.	☐

7. Planungs- und Steuerungshilfen – Controlling und Evaluation

Sie verwenden Zeit und Geld, um Ihr Fundraising aufzubauen und zielorientierte Fundraising-Strategien umzusetzen.

Da ist es nur verständlich, dass Sie wissen möchten, ob sich Ihr Einsatz lohnt, welche Maßnahmen sich als besonders erfolgreich erwiesen haben, wie nah Sie der Umsetzung Ihrer Ziele schon gekommen sind oder ob Sie unter Umständen korrigierend eingreifen müssen.

Controlling und Evaluation bieten hierzu wichtige Hilfestellung. Während der Begriff des Controlling sich auf Prozesse, deren Umsetzung und die Erreichung von Zielgrößen bezieht, nimmt Evaluation die Wirksamkeit von Maßnahmen in den Blick.

Wegen der Ähnlichkeit des englischen Begriffs Controlling mit dem deutschen Begriff Kontrolle, werden häufig auch die jeweiligen Bedeutungen gleichgesetzt. Deshalb stößt Controlling gerade in vielen gemeinnützigen Organisationen auf wenig Akzeptanz oder gar Ablehnung.

Tatsächlich leitet sich Controlling aber aus dem englischen »to control« ab und meint übersetzt so viel wie »steuern« oder »lenken«. Zweck ist nicht etwa die individuelle Kontrolle, sondern die zielorientierte Steuerung von Projekten sowie effiziente und effektive Mittelverwendung.

 Praxis-Beispiel:

Die Kita SpielSpass plant eine Kinder-Olympiade zu der Eltern, Familien und auch Unternehmen eingeladen werden. Ziel ist die Einwerbung von Spenden für die geplante Umgestaltung des Außengeländes in einen Erlebnisgarten.

Neben seiner täglichen Arbeit gestaltet und versendet das Team Einladungen, plant den Spielparcours und die Spielregeln, kauft benötigte Materialien ein und sorgt für Essen und Getränke.

Letztlich nehmen die Kita-Kinder und deren Eltern teil. Unternehmensvertreter sind nicht anwesend und die eingeworbenen Spenden decken nur zu einem geringen Teil die entstandenen Kosten.

Mit dem Einsatz von Controlling-Instrumenten hätte das vermieden werden können. Dann hätte das Team für dieses Projekt SMARTE Ziele (siehe hierzu Kapitel 4.2) und daraus abgeleitete Meilensteine definiert.

Das könnte beispielsweise so aussehen:

Nehmen wir an, die Kosten für die Veranstaltung belaufen sich auf 1.000,00 Euro. Da es sich um eine Benefiz-Veranstaltung zu Gunsten der Umgestaltung des Außengeländes handelt, wird ein Startgeld erhoben: Eltern zahlen 10,00 Euro, Unternehmen, die Teams für die Olympiade stellen, zahlen 100,00 Euro.

Ziel:	5 teilnehmende Teams aus Unternehmen	=	5 × € 100,00 Startgeld	= € 500,00
	50 Eltern	=	50 × € 10,00	= € 500,00

Bei dieser Teilnehmerzahl wären die Veranstaltungskosten – ohne Arbeitszeit – gedeckt.

Termin der Kinder-Olympiade: 15. September

Anmeldeschluss für die Teilnehmer: 10. August

Versendung der Einladungen bis zum 05. Juli

Ende Mai startet das Team mit der Formulierung der Einladungen und wählt Unternehmen aus, die möglicherweise Interesse an einer Teilnahme haben. Im Kita-Newsletter wird die Veranstaltung angekündigt, die Einladungen werden verteilt oder per Post versandt, Unternehmen werden zunächst telefonisch informiert. Bis zum 05. Juli sind diese Arbeiten vollständig erledigt.

Um rechtzeitig vor dem Anmeldeschluss am 10. August eine Überblick über die erhaltenen Anmeldungen zu haben, wird ein weiterer Meilenstein für den 25. Juli definiert. Zu diesem Stichtag werden die bislang eingegangenen Anmeldungen überprüft: Es liegen 75 Anmeldungen von Eltern und 2 Anmeldungen von Unternehmen vor.

Damit ergibt sich folgende vorläufige Berechnung:

Ziel:	2 teilnehmende Teams aus Unternehmen	=	2 × € 100,00 Startgeld	= € 200,00
	75 Eltern	=	75 × € 10,00	= € 750,00

Mit dieser Anmeldezahl sind die Kosten nahezu gedeckt. Das Kita-Team möchte aber gerne noch weitere Unternehmen mobilisieren. Die lokale Presse wird informiert und berichtet über die geplante Kinder-Olympiade. Das Team nimmt diesen Bericht zum Anlass, die angesprochenen Unternehmen nochmals persönlich zu kontaktieren. Zwei weitere Unternehmen sagen bis zum 10. August zu.

Hätten sich bis zum Meilenstein am 25. Juli nur 40 Eltern und kein Unternehmen angemeldet, wäre man vom angestrebten Ziel noch weit entfernt gewesen.

Es wäre jedoch genügend Zeit für den Versuch geblieben, Eltern und Unternehmen doch noch zu mobilisieren. Wären diese Anstrengungen ohne Erfolg geblieben, hätte man schlimmstenfalls zum Meilenstein am 10. August die Entscheidung treffen müssen, die Veranstaltung abzusagen. Bei aller Enttäuschung hätte damit immerhin eine Schadensbegrenzung erreicht werden können.

Selbstverständlich geht es bei einer solchen Entscheidung – wie im obigen Beispiel angesprochen – nicht nur um Kosten-Nutzen-Überlegungen. Vielmehr spielen dabei auch Kriterien wie Image und Auswirkungen auf die Öffentlichkeitsarbeit eine Rolle.

Das Beispiel macht aber deutlich, dass Sie mit Hilfe SMART formulierter Ziele, dem Planen von Meilensteinen und dem Festlegen messbarer Ziele ein System aufbauen, das Ihnen erlaubt, rechtzeitig zu reagieren und ein Projekt aktiv zu steuern. Dann kann es erst gar nicht zu der Gefahr negativer Auswirkungen auf Ihr Image kommen!

Darüber hinaus erreichen Sie Ihre Ziele auch deutlich wirkungsvoller. Denn durch das Setzen von Zwischenzielen und deren Überprüfung erkennen Sie frühzeitig, ob Sie unterstützende Maßnahmen ergreifen müssen.

Und genau dies sind die Ziele eines Controlling-Systems.

Controlling ist aber nicht nur eine Planungs- und Steuerungshilfe, sondern bringt Ihnen darüber hinaus noch weiteren Nutzen:

- Transparenz:
  Die meisten Unterstützer wollen – zu Recht – wissen, was mit den von ihnen zur Verfügung gestellten Mitteln geschieht. Es ist Teil des Controlling, Kosten und Erlöse sowie Spenden bestimmten Projekten eindeutig zuzuordnen.
  Das Team der Kita SpielSpass ist deshalb nach der erfolgreichen Kinder-Olympiade in der Lage, genau darzulegen, welche Kosten entstanden sind, welche Mittel durch Startgelder und Spenden eingingen und wofür diese Mittel Verwendung finden werden.
  Das schafft bei den Spendern Vertrauen.

- Qualitätsmerkmal:
  Durch die Möglichkeit der zielgerichteten Steuerung werden Planung und Prozessabläufe verbessert und Wichtiges von Unwichtigem unterschieden.
  Letztlich bleibt so mehr Zeit, sich um die Entwicklung und Verfolgung der pädagogischen Ziele zu kümmern.
  Fundraising-Projekte werden nur dann durchgeführt, wenn sie mit großer Sicherheit den gewünschten finanziellen Erfolg bringen.
  Dies stellt eine sinnvolle Mittelverwendung sicher, und zwar in finanzieller wie auch in personeller Hinsicht. Für Ihr Team und Ihre freiwillig Engagierten ist nämlich nichts frustrierender als Ideen und viel Zeit in Projekte zu stecken, die dann als Misserfolg verbucht werden müssen.

- Entscheidungshilfe:
  Als Kita-Leitung verfügen Sie über eine Vielzahl statistischer Daten, die für sich betrachtet meist wenig aussagekräftig sind.
  Mit Hilfe des Controlling bereiten Sie diese Informationen so auf, dass genau diejenigen zur Verfügung stehen, die Sie als Entscheidungshilfe benötigen.
  So lassen sich beispielsweise verschiedene Fundraising-Maßnahmen im Hinblick auf den erzielten Erfolg vergleichen. Für künftige Fundraising-Aktionen können Sie auf dieser Basis eine sehr viel zielgenauere Entscheidung treffen, welche der geplanten Aktionen den besten Erfolg bei gleichzeitig geringstmöglichem Mitteleinsatz verspricht.
  Derartige Kosten-Nutzen-Abwägungen dienen aber auch als Ent-

scheidungshilfe bei der Umsetzung von Projekten. Denn in der Regel werden die Ihnen zur Verfügung stehenden Mittel nie reichen, um alle wünschenswerten Maßnahmen und Projekte umzusetzen. Sie sind gezwungen, eine Auswahl zu treffen und Prioritäten zu setzen, was Ihnen auf der Grundlage von Controlling-Informationen leichter gelingt.

- Liquiditätssicherung:
  Zwar bilden ideelle Ziele die Existenzberechtigung Ihrer Kita und stellen deren Besonderheit dar. Nichtsdestotrotz sind Sie aber gezwungen, auch ökonomische Ziele im Blick zu halten. Denn zum einen ist die Sicherung Ihrer Liquidität zwingende Voraussetzung für Ihre Arbeit, zum anderen hängt die Umsetzung neuer Ideen und Projekte ganz maßgeblich davon ab, ob Sie die hierfür benötigten Mittel beschaffen können.
  Kurz-, mittel- und langfristige Planungshorizonte lassen Sie finanzielle Lücken rechtzeitig erkennen, Budgetpläne helfen, Kosten im Griff zu halten.

Nicht zuletzt wird mit dem Einsatz von Controlling-Instrumenten ein Kriterium erfüllt, das auch der Gesetzgeber, beispielsweise mit dem Tagesbetreuungsausbaugesetz (Gesetz zum qualitätsorientierten und bedarfsgerechten Ausbau der Tagesbetreuung für Kinder, TAG) verstärkt in den Vordergrund rückt.

Nachfolgend stellen wir Ihnen einige Planungs- und Steuerungsinstrumente vor. Bei der Auswahl haben wir uns auf diejenigen beschränkt, die auch ohne besondere betriebswirtschaftliche Vorkenntnisse und ohne großen zeitlichen Aufwand umgesetzt werden können.

7.1 Fundraising-Pyramide

Immer dann, wenn es um die Betrachtung verschiedener und auch verschieden großer Gruppen oder Sachverhalte geht, können Sie die Fundraising-Pyramide einsetzen.

Weil sie häufig im Kontext mit dem Spenderverhalten genutzt wird, spricht man oft auch von Spenderpyramide.

Bleiben wir als Beispiel bei den Spendern und beginnen mit einer Systematisierung nach der Spendenhöhe. Sie werden Ihre Kontakte einer der nachstehenden Gruppen zuordnen können:

- Interessenten: die breite Basis von Menschen, die irgendwann in unspezifischer Form Kontakt zu Ihrer Kita hatten, bislang aber keine Unterstützung geleistet haben
- Erstspender: eine kleinere Gruppen von Menschen, Unternehmen oder Organisationen, die Ihre Kita in der Vergangenheit einmalig unterstützt haben
- Dauerspender: die Gruppe derjenigen, die Ihre Kita wiederholt und regelmäßig unterstützen
- Großspender: einige wenige Menschen, Unternehmen oder Organisationen, die Ihre Kita einmalig oder regelmäßig mit großen Beträgen unterstützen

Meist wird in der Literatur diese Auflistung noch um Erbschaftsspenden, auf die wir später in Kapitel 9.10 noch detailliert eingehen werden, ergänzt.

Charakteristisch für die Pyramide ist, dass mit zunehmendem Spender-Engagement die Gruppen zahlenmäßig kleiner werden. Die Intensität der individuellen Betreuung eines Spenders nimmt hingegen von der Spitze zur Basis hin ab.

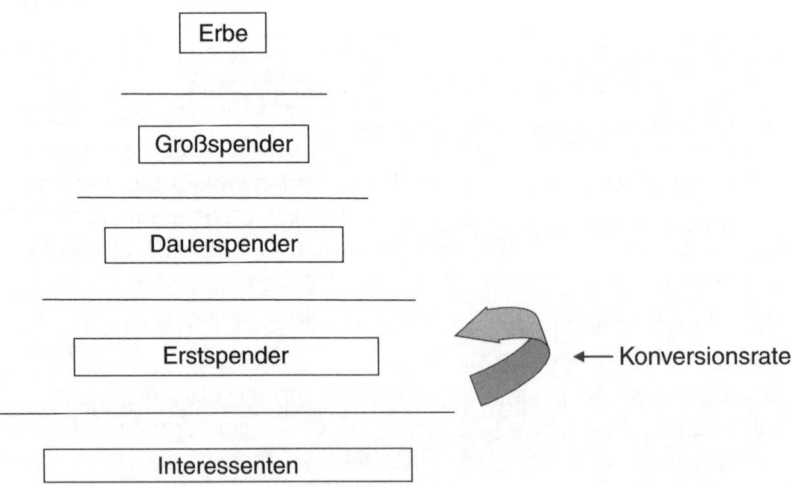

Ziel jeder Fundraising-Kampagne ist, das möglichst viele Adressaten Ihrer Kita eine Spende zukommen lassen oder in anderer Form positiv auf Ihre Bitte um Unterstützung reagieren.

Richtet sich Ihr Mailing beispielsweise an Interessenten und reagieren diese hierauf mit einer Spende, werden aus Interessenten folgerichtig Erstspender.

Dieser Wechsel von einer Ebene der Pyramide auf die nächsthöhere wird als Konversionsrate bezeichnet. Sie kann als prozentualer Anteil gemessen werden und dient als Kennzahl, um den Erfolg einer Fundraising-Maßnahme zu messen.

 Praxis-Beispiel:

Sie haben 100 Spendenbriefe versandt. 10 Empfänger haben hierauf spontan mit einer Spende reagiert und damit zugleich die nächsthöhere Ebene der Pyramide erreicht. Die Konversionsrate liegt somit bei 10%.

Mit Hilfe der Fundraising-Pyramide lassen sich die Beziehungen zu Ihren Spendern gezielt entwickeln:

Durch gezielte, auf die jeweilige Ebene zugeschnittene Fundraising-Maßnahmen werden aus Interessenten Erstspender, die im Laufe der Zeit zu Dauerspendern (Wiederholungsspendern) werden. Ist die Beziehung gefestigt und besteht großes Vertrauen, können aus Dauerspendern Großspender werden, die Ihrer Kita im Idealfall einen Teil ihres Vermögens vermachen.

Praxis-Beispiel:

Sie haben alle Kontakte, die sich in Ihrer Datenbank befinden, nach deren Spenderverhalten gruppiert. Daraus ergibt sich für Ihre Kita folgende Spenderpyramide:

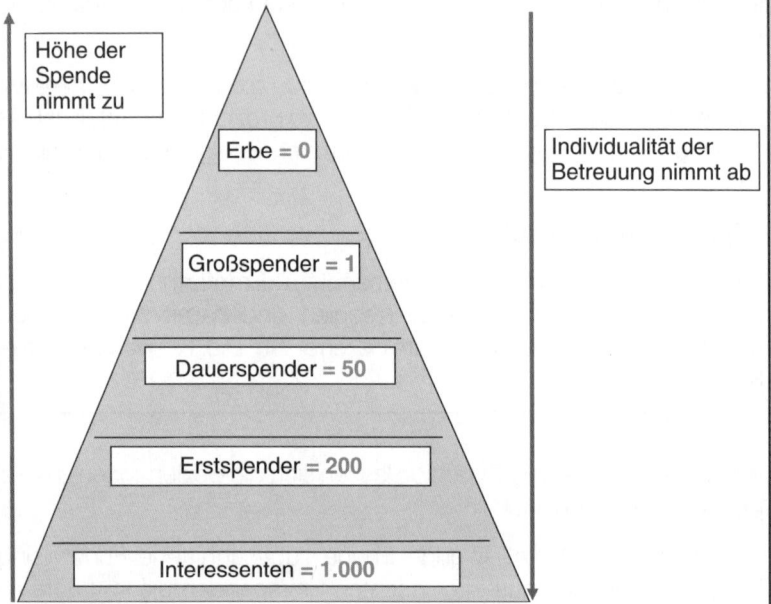

Höhe der Spende nimmt zu

Erbe = 0

Individualität der Betreuung nimmt ab

Großspender = 1

Dauerspender = 50

Erstspender = 200

Interessenten = 1.000

Mit einer Mailing-Aktion möchten Sie gezielt die große Gruppe der Interessenten aktivieren.

Als Ziel geben Sie eine Konversionsrate von 7% vor, d. h. von den angesprochenen 1.000 Interessenten sollen 7% (= 70 Personen) zu einer Erstspende motiviert werden.

Kennzahl für den Erfolg oder Misserfolg Ihrer Fundraising-Kampagne ist also die Konversionsrate von 7%.

Wird sie erreicht oder übertroffen, haben Sie Ihr Ziel erreicht, wird sie unterschritten, ist dies Anlass, die Kampagne kritisch zu überprüfen: Haben Sie die Interessen und Erwartungen Ihrer Zielgruppe angesprochen? Haben Sie die bestmögliche Kommunikationsstrategie gewählt? War das gesteckte Ziel realistisch?

Ihre entsprechende Bewertung fließt in die nächste Kampagne ein.

Nehmen wir an, Sie hätten Ihr Ziel verfehlt und nur eine Konversionsrate von 4% erreicht. Nachdem Sie Ihre Enttäuschung über dieses Ergebnis weggesteckt haben, hören Sie sich um und erfahren, dass eine Konversionsrate von 5% als durchschnittlicher Erfolg bei vergleichbaren Kampagnen angesehen wird.

Daraus ziehen Sie den Schluss, dass Ihr Ziel zu ambitioniert war und nach unten korrigiert werden muss.

Eine genauere Betrachtung des Adressatenkreises ergibt zudem, dass es sich um überwiegend junge Menschen mit intensivem Bezug zu elektronischen Medien handelt.

Statt des Postbriefes werden Sie daher für Ihre nächste Kampagne die Versendung per Mail wählen.

Auf diese Weise fließen Ihre Erfahrungen und die Erkenntnisse aus der Analyse in weitere Aktivitäten ein und führen zu einer ständigen Verbesserung.

 Rechts-Tipp:

Bei der Werbung mittels E-Mail sind unbedingt einige wichtige Punkte zu beachten.

Ausführliche Informationen lesen Sie in Kapitel 10 unter »Datenverwendung für Werbeschreiben« (10.1.2). Dort beschreiben wir ausführlich, welche Daten Sie für Mailing-Aktionen zum Zwecke der Spendenwerbung verwenden dürfen.

An dieser Stelle aber schon so viel: E-Mail-Adressen sowie Telefon- und Fax-Nummern zählen nicht zu den Daten, die für Spendenwerbung verwendet werden dürfen.

Daher ist die Spendenwerbung mit Hilfe dieser Kommunikationsmittel nicht erlaubt, **es sei denn** der Empfänger hat vorher seine ausdrückliche Einwilligung dafür gegeben (siehe Kapitel 10.1.3).

Innerhalb des Vereins kann die Einwilligung auch durch eine entsprechende Satzungsklausel ersetzt werden (»Mitglieder, die dem Verein ihre E-Mail-Adresse bekanntgeben, erklären sich auf diese Weise damit einverstanden, dass der Verein ihnen Schriftverkehr jeglicher

Art – auch Werbung für Spenden an den Verein – per E-Mail übermittelt«).

Diskutiert wird unter Juristen, ob für gemeinnützige Organisationen eventuell andere Möglichkeiten bestehen, Mailing-Aktionen per E-Mail durchzuführen. Zu bedenken ist aber zusätzlich, dass auch das Gesetz gegen unlauteren Wettbewerb (UWG) für die Werbung per E-Mail, Fax, Telefon oder SMS besondere Einschränkungen vorsieht (z. B. Einwilligung erforderlich). Hierzu wird zwar zum Teil die Meinung vertreten, dies sei nicht für Spendenwerbung anwendbar, aber aufgrund dieser Unsicherheiten gilt:

Versenden Sie Ihre Schreiben per Brief oder lassen sich zuvor unbedingt rechtlich beraten. Denken Sie in jedem Fall – also auch bei Werbung per Brief – daran, die Empfänger darüber zu informieren, dass sie gegen die Verwendung ihrer Daten für Zwecke der Werbung bei Ihnen Widerspruch einlegen können.

Ihr Nutzen beim Einsatz der Fundraising-Pyramide:

Dass die Fundraising-Pyramide hilfreich ist, um den Erfolg von Fundraising-Maßnahmen zu messen, haben Sie bereits erfahren.

Darüber hinaus haben Sie gesehen, dass sich auf diese Weise Ihre Unterstützer beispielsweise nach ihrem Spendenverhalten gruppieren lassen.

Es ist aber auch möglich, weitere Merkmale mit Hilfe der Fundraising-Pyramide darzustellen, wie beispielsweise ehrenamtliches Engagement, Alter, Einkommensklassen oder Unternehmensgröße. Dabei kann sowohl Ihr gesamter Datenbestand als auch einzelne klar definierte Gruppen Gegenstand der Analyse sein.

Praxis-Beispiel:

Studien belegen, dass die Gruppe der über 55-Jährigen besonders spendenfreudig ist.

Sie nehmen diese Information zum Anlass, die Gruppe Ihrer Dauerspender nach dem Kriterium Alter zu filtern. Als Ergebnis erhalten Sie die Gruppe derjenigen, die Ihre Kita dauerhaft unterstützen und zugleich älter als 55 Jahre sind.

Sie können nun ganz gezielt eine Fundraising-Kampagne für diese Gruppe konzipieren:

Wenn Sie beispielsweise davon ausgehen, dass Ihre Adressaten aufgrund ihres Erfahrungs- und Wissenshorizonts eher klassische Wege der Spendenwerbung bevorzugen, werden Sie sich für das Instrument des Spendenbriefs entscheiden.

Denkbar ist aber auch, dass Sie diese Zielgruppe, die kurz vor dem Eintritt ins Rentenalter und damit in einer persönlichen Umbruchphase steht, ganz gezielt auf diese Situation ansprechen und auf die vielfältigen Möglichkeiten der Zeitspende zugunsten Ihrer Kita hinweisen.

Die Fundraising-Pyramide unterstützt Sie dabei, für jede Unterstützergruppe individuelle Konzepte zu entwickeln, die die Bindung an und das Engagement für Ihre Arbeit gezielt verstärken.

Großspender haben beispielsweise bereits eine feste und vertrauensvolle Beziehung zu Ihrer Kita aufgebaut. Sie gehen freundschaftlich miteinander um und haben ein »Wir-Gefühl« entwickelt. Auf dieser Basis haben Ihre Großspender ein völlig anders gelagertes Informationsbedürfnis als Menschen, die zum ersten Mal in Berührung mit Ihrer Kita kommen.

Erst- und Einmalspender haben Ihre Kita möglicherweise aus einem Impuls heraus unterstützt (Impulsspende); Dauerspender hingegen engagieren sich für Ihre Kita, weil sie sich mit deren Konzept identifizieren und dieses mittragen (Konzeptspende). Für Sie ist Nachhaltigkeit und Kontinuität ein gewichtiges Argument, das in der Kommunikationsstrategie berücksichtigt werden sollte.

Praxis-Tipp:

Achten Sie darauf, dass die Systematisierung Ihrer Spender nicht zum Selbstzweck wird. Eingruppierung und Systematisierung allein bringen Sie nicht weiter. Überlegen Sie vorher unbedingt, welches Kriterium wichtig ist, um gezielt Fundraising-Aktionen für klar definierte Empfänger zu entwickeln.

Kritisch anzumerken ist, dass die Fundraising-Pyramide stets nur eindimensionale Kriterien abbildet.

Zwar gibt die Konversionsrate Aufschluss darüber, wie viele Menschen aufgrund Ihrer Kampagne nunmehr erstmals die Kita unterstützt haben. Sie lässt aber keinen Rückschluss auf die Höhe der jeweiligen Spende zu.

Haben Ihre 70 neuen Erstspender durchschnittlich 5,00 Euro oder 50,00 Euro gespendet? Setzen sich Ihre Dauerspender ganz wesentlich aus Kleinspendern zusammen, die Sie im Quartal mit 10,00 Euro unterstützen? Oder finden sich in dieser Gruppe überwiegend Unterstützer, die regelmäßig größere Beträge spenden?

Die Fundraising-Pyramide ist also dann sinnvoll einzusetzen, wenn es um die Systematisierung Ihrer Unterstützer oder einzelner Unterstützer-Gruppen geht. Darüber hinaus liefert sie mit der Konversionsrate eine Kennzahl, um den Erfolg einer Fundraising-Kampagne zu messen. Sie bildet jedoch nur ein eindimensionales Kriterium ab und ist daher um weitere Kennzahlen zu ergänzen.

7.2 ABC-Analyse

Bei der ABC-Analyse werden Projekte oder Gruppen auf die Klassen A, B und C aufgeteilt.

Dabei umfasst die Gruppe A diejenigen Personen oder Elemente, die in einem besonderen Zusammenhang von größter Wichtigkeit sind und daher die größte Aufmerksamkeit verlangen.

Der Einteilung können verschiedene Kriterien oder auch eine Kombination von Kriterien zugrunde gelegt werden.

Praxis-Beispiel:

Ihre Kita wird von rund 100 Spendern regelmäßig unterstützt. Im Quartal kommen so durchschnittlich rund 2.000,00 Euro zusammen.

Sie nehmen die Höhe der Spenden genauer unter die Lupe und stellen fest, dass 80 Spender Ihre Kita jeweils mit geringen Beträgen unterstützen und insgesamt pro Quartal eine Spendensumme von durchschnittlich 500,00 Euro aufbringen.

Die 20 übrigen Spender unterstützen Sie kontinuierlich mit höheren Beträgen. Von ihnen erhalten Sie im Schnitt insgesamt pro Quartal 1.500,00 Euro.

Diese 20 Spender sind der Gruppe A zuzuordnen. Sie sind von besonderer Wichtigkeit für Ihre Kita, denn obwohl sie zahlenmäßig die kleinere Gruppe unter den Dauerspendern darstellen, bringen Sie 3mal mehr Spenden auf als die übrigen 80% der Dauerspender.

Folgerichtig gehört diesen 20 Spendern Ihre volle Aufmerksamkeit, denn geht Ihnen einer dieser Spender »verloren«, wird sich das spürbar und schmerzhaft auf die Spendensumme auswirken.

oder

Sie möchten eine Benefiz-Veranstaltung durchführen. Ihnen ist klar, dass Sie die Zusage bestimmter Gäste benötigen, damit die Veranstaltung ein Erfolg wird. Dies können bekannte Persönlichkeiten aus dem lokalen Umfeld sein oder solche, die mit ihrem guten Namen für Ihre Veranstaltung werben. Auch die Verpflichtung einer Band oder von Künstlern, die das Rahmenprogramm gestalten, kann dazu gehören.

Mit der Zusage dieser Gäste steht und fällt Ihre Veranstaltung.

Es zählt daher zu den A-Aufgaben Ihrer Veranstaltungs-Planung, zunächst diese Gruppe für Ihre Veranstaltung zu gewinnen.

Sie wissen aber auch: Wenn Ihnen dies erfolgreich gelingt, ist der größte Teil der »Einladungsarbeit« erledigt und die Öffentlichkeitsarbeit sichergestellt. Denn wenn der zuständige Regierungspräsident und der lokale Landtagsabgeordnete ihr Kommen zugesagt haben, werden weder der Bürgermeister noch der mittelständische Unternehmer lange mit einer Zusage zögern.

Der Nutzen der ABC-Analyse liegt also darin, größere Datenmengen, Aufgabenpakete oder Informationen zu klassifizieren und zu strukturieren.

So können Sie Prioritäten setzen und Ihre begrenzten Ressourcen auf das Wesentliche konzentrieren.

In engem Zusammenhang mit der ABC-Analyse steht die sogenannte Pareto-Verteilung oder 20/80-Regel. Übertragen auf das Fundraising besagt die 20/80-Regel, dass 20% aller Spenden bereits eine Spendensumme von 80% der Gesamtspenden einbringen (siehe auch das vorgenannte Beispiel).

Es ist daher besonders vielversprechend, sich dieser Spendergruppe sehr intensiv zuzuwenden und sie durch geeignete Maßnahmen zu noch höheren oder häufigeren Unterstützungsleistungen zu motivieren. Wenn dies gelingt, wirkt sich dies unmittelbar und deutlich im Spendenvolumen aus.

Die übrigen 80% der Spender verteilen sich idealtypisch zu 30% auf die B- und zu 50% auf die C-Gruppe.

B-Spender haben für die KiTa eine mittlere Bedeutung. Mit ihrem Anteil von 30% an der Gesamtzahl der Spender erzielen sie einen Spendenumsatz von 15%. Allerdings liegt hier ein Potenzial, um aus B-Spendern A-Spender zu machen.

C-Spender sind Spender mit geringer Bedeutung für die Einrichtung. Ihr Anteil am Gesamt-Spendenumsatz liegt in der Regel bei ca. 5%.

Im Fundraising liefert die ABC-Analyse wichtige Anhaltspunkte für die zu verfolgende Strategie. Im Bereich der A-Spender ist es besonders wichtig, an der Spenderbindung zu arbeiten, denn diese Spender sollen unbedingt »bei der Stange« gehalten werden.

Im Bereich der B-, und noch mehr der C-Spender geht es vielmehr darum, die Konversionsraten (s. o. zur Fundraising-Pyramide) zu erhöhen.

Praxis-Beispiel:

Eine Möglichkeit, Spender in ABC-Klassen einzuteilen, wäre die folgende:

Aus dem Verhältnis der Gesamtspenden im vergangenen Jahr zur Zahl der Spender ergibt sich eine durchschnittliche Spendenhöhe in Höhe von 50,00 Euro. Diesen Betrag definieren Sie als Mittelwert und stellen folgende Regeln für die Einteilung in ABC-Klassen auf:
- B-Spender: 50,00 Euro (Durchschnittsspende)   +/– 20%

Daraus folgt, dass B-Spender im Jahres-Durchschnitt einen Betrag zwischen 40,00 Euro und 60,00 Euro an Ihre Kita spenden.

- Demzufolge sind C-Spender diejenigen, die jährlich weniger als 40,00 Euro spenden.
- Wer im Jahresschnitt mehr als 60,00 Euro spendet, zählt zu den A-Spendern.

Aber: Vorsicht ist geboten!

Wählen Sie zur Klassifizierung mehrere Kriterien aus. Nicht nur die Spendenhöhe sollte Berücksichtigung finden, sondern auch, wann zuletzt und wie häufig insgesamt gespendet wurde.

Darüber hinaus sollten sich die Anstrengungen nicht allein auf die A-Spender konzentrieren. Vernachlässigen Sie darüber Ihre B- und C-Spender nicht, sondern entwickeln Sie geeignete Maßnahmen, um diese zu A-Spendern zu entwickeln.

7.3 Kennzahlen und Indikatoren

Mit der Konversionsrate (s. o. zur Fundraising-Pyramide) haben Sie bereits eine Kennzahl kennengelernt.

Kennzahlen geben in komprimierter Form Auskunft über einen zuvor definierten Sachverhalt. Durch wiegen, zählen oder messen lassen sie sich objektiv bestimmen. Dabei ist das Ergebnis reproduzierbar und objektiv von anderen Personen nachzuvollziehen.

Praxis-Beispiel:

Als Kennzahl definieren Sie die Gesamtsumme der jährlichen Geldspenden.

Durch Zusammenzählen können Sie für jedes abgelaufene Jahr die Gesamthöhe der eingegangenen Spenden ermitteln.

Dieses Ergebnis ist anhand von Kontoauszügen und Belegen jederzeit von Ihrem Steuerberater oder von Ihrem Finanzamt durch Nachzählen wiederholbar und nachvollziehbar.

Für sich betrachtet, sind einzelne Kennzahlen wenig aussagekräftig. Erst im Vergleich lassen sich tiefergehende Rückschlüsse ziehen. Hierauf gehen wir im Rahmen der Vergleichsverfahren (Punkt 7.4) noch näher ein.

Im Gegensatz zu Kennzahlen bilden Indikatoren einen Sachverhalt ab, der selbst nicht messbar ist. Sie ziehen aus einer Beobachtung, äußeren Merkmalen oder Verhaltensänderungen Rückschlüsse auf den zu messenden Sachverhalt.

So können Sie beispielsweise aus der Tatsache, dass alle Menschen, die Sie vom Haus aus auf der Strasse beobachten, sommerliche Kleidung tragen, den Rückschluss ziehen, dass es warm sein muss. Indikator für die draußen herrschende Temperatur ist also in diesem Fall die Kleidung.

 Praxis-Beispiel:

Seit 6 Monaten versendet Ihre Kita einen monatlichen Newsletter. Sie berichten über die Kita, aber auch über anstehende Projekte, für die Sie Unterstützung suchen. Damit möchten Sie die Spenderbindung erhöhen und neue Interessenten gewinnen. Gleichzeitig hoffen Sie auch darauf, dass der Newsletter zu einer Erhöhung der Spendeneingänge führt.

Sie betrachten daher die Zahl der monatlichen Newsletter-Abonnenten sowie das monatliche Spendenaufkommen.

	Jan	Feb	März	April	Mai	Juni
Newsletter-Abo	10	15	23	28	35	49
Spenden	55,00 €	65,00 €	80,00 €	85,00 €	100,00 €	130,00 €

Vieles spricht also dafür, dass das Spendenaufkommen sich tatsächlich mit der Zahl der Newsletter-Abonnenten erhöht.

Die Schwierigkeit liegt allerdings darin, ein Merkmal zu finden, das in so engem Zusammenhang mit dem Sachverhalt steht, dass es Rückschlüsse auf eine Veränderung desselben zulässt. Weiterhin müssen Sie andere mögliche Einflussfaktoren weitgehend ausschließen können.

Betrachten wir unser obiges Beispiel noch einmal:

Wenn Sie im Betrachtungszeitraum Januar bis Juni nicht nur regelmäßig einen Newsletter versandt haben, sondern darüber hinaus Spendenbriefe verschickten und in sozialen Netzwerken intensiv über ein unterstützenswertes Projekt Ihrer Kita berichteten, dann ist das gestiegene Spendenaufkommen nicht mehr zwingend auf die Versendung des Newsletters zurückzuführen. Stattdessen liegt eher nahe, dass es die Summe aller Fundraising-Aktivitäten ist, die zu einem höheren Spendenaufkommen geführt hat.

Wichtigstes Kriterium für die Festlegung eines Indikators ist daher, dass es zwischen dem zu messenden Sachverhalt und dem Indikator einen sinnvollen und nachvollziehbaren Zusammenhang gibt. Außerdem sollten verschiedene Beobachter zu dem gleichen Ergebnis kommen, d. h. der gewählte Indikator muss möglichst objektiv und nachprüfbar sein.

Bewertungsgrößen eines Indikators können sein:
- messen und zählen = ergibt genaue Zahlen
- skalieren = abgestufte Beschreibung, z. B. sehr wichtig, wichtig, weniger wichtig, unwichtig
- klassifizieren = z. B. ja/nein, alt/jung, männlich/weiblich
- qualitative Beschreibung = Beschreibung nur in Worten

Möchten Sie Indikatoren für die Arbeit in der Kita festlegen, kommt als weitere Schwierigkeit hinzu, dass Wirkungen pädagogischer Konzepte und Veränderungen bedingt durch die Altersentwicklung des Kindes häufig nur schwer zu trennen sind.

Allein die Schwierigkeit des Findens geeigneter Indikatoren sollte jedoch nicht dazu führen, dass man sich nicht darum bemüht.

Befragungen von Eltern und Interviews von Kindern können wichtige Anhaltspunkte für Ursache/Wirkungszusammenhänge liefern. Auch ist denkbar, sich mit Kitas zusammenzuschließen, die einen vergleichbaren pädagogischen Ansatz verfolgen und unter ähnlichen Rahmenbedingungen arbeiten wie Ihre Kita. Dann können durch den Vergleich von Befragungsergebnissen wichtige Erkenntnisse gewonnen werden.

7.4 Vergleichsverfahren

Vergleichsverfahren ermöglichen eine Aussage darüber, ob die von Ihrer Kita verfolgten Strategien und operativen Maßnahmen den gewünschten Erfolg erzielt haben, wie groß dieser Erfolg war und ob Sie die Zielgruppe erreicht haben.

Zugleich ermöglichen Vergleichsverfahren den Nachweis der wirtschaftlichen Mittelverwendung und liefern Informationen, zur Verbesserung von Prozessen.

Vergleichsverfahren können sowohl im strategischen wie im operativen Bereich im Wege von Abweichungsanalysen angewandt werden. Sie können als Soll-/Ist-Vergleiche, Vorher-/Nachher- oder Mit-/Ohne-Vergleiche durchgeführt werden, wobei in jedem Fall die Festlegung von Vergleichsmaßstäben zwingende Voraussetzung ist. Dabei ist darauf zu achten, dass die Sachverhalte in zeitlicher wie sachlicher Hinsicht tatsächlich vergleichbar sind.

Im Rahmen von Abweichungsanalysen werden den Ist-Daten Plangrößen gegenübergestellt. Ergeben sich zwischen beiden Werten Abweichungen, ist zu prüfen, ob diese von Relevanz sind, worin etwaige Gründe für die Abweichung liegen und welche Maßnahmen ergriffen werden können, um die Plandaten zu erreichen.

Vergleichsverfahren können in nahezu allen Organisationsbereichen eingesetzt werden und sich sowohl auf Kennzahlen, als auch auf Indikatoren beziehen. Sie sind vergangenheitsorientiert und erhalten ihren Zukunftsbezug erst durch die Abweichungsanalyse. Um die Funktion als Frühwarnsystem erfüllen und Korrekturmaßnahmen rechtzeitig einleiten zu können, sollte insbesondere ein Soll-/Ist-Vergleich nicht erst am Ende der Planungsperiode oder am Ende eines Projekts, sondern in regelmäßigen Zwischenschritten erfolgen.

 Praxis-Beispiel:

Sie haben begonnen, für Ihre Kita eine Fundraising-Strategie zu entwickeln. Um SMARTE Ziele (siehe Kapitel 4.2) bezüglich des angestrebten jährlichen Spendenaufkommens zu formulieren, betrachten Sie das Spendenaufkommen der letzten drei Jahre. Um auch den Einfluss besonderer Spendenanlässe wie beispielsweise Weihnachten zu berücksichtigen, berücksichtigen Sie die Spendenhöhe jeweils zur Mitte des Jahres sowie am Jahresende.

Es ergibt sich folgende Tabelle:

Jahr	Spenden Jan. bis Juni	Spenden Juli bis Dez.	Gesamt
1	500,00 €	700,00 €	1.200,00 €
2	700,00 €	1.100,00 €	1.800,00 €
3	400,00 €	800,00 €	1.200,00 €

Im Durchschnitt haben Sie in den vergangenen 3 Jahren im ersten Halbjahr weniger Spenden erzielt als im 2. Halbjahr. Im 2. Jahr war das Spendenvolumen insgesamt, vor allem aber auch in der 2. Jahreshälfte deutlich höher.

Basierend auf diesen Daten legen Sie Ihr Spendenziel für das kommende Jahr fest:

Für das 1. Halbjahr streben Sie ein Spendenaufkommen von 600,00 Euro, für das 2. Halbjahr in Höhe von 900,00 Euro an. Damit bewegen Sie sich leicht über den Durchschnittswerten der letzten 3 Jahre. Sie haben nun Ihre Plan- oder Soll-Daten festgelegt.

Mit dem Soll-/Ist-Vergleich beginnen Sie im Januar. Um im 1. Halbjahr ein Spendenvolumen von 600,00 Euro zu erreichen, sollten jeden Monat mindestens Spendenbeträge in Höhe von 100,00 Euro eingehen. Kommt ein höherer Betrag zustande, haben Sie Ihren Plan übererfüllt und könnten eventuell Ihre Ziele für die folgenden Monate nach oben korrigieren; fließen weniger Spenden, sollten Sie über Fundraising-Aktivitäten nachdenken, um Ihren Plan erfüllen zu können.

Denn Ihr Plan ist nicht Mittel zum Zweck, sondern Grundlage Ihrer Projektplanung. Damit Sie diesen umsetzen können, Sie sind die darauf angewiesen, dass die geplanten Spenden auch eingehen.

Der Soll-/Ist-Vergleich für das 1. Halbjahr könnte so aussehen:

	Jan	Feb	März	April	Mai	Juni
Plan	100,00 €	100,00 €	100,00 €	100,00 €	100,00 €	100,00 €
Ist	90,00 €	120,00 €	100,00 €	70,00 €	70,00 €	
Abwei-chung	./. 10,00 €	+ 20,00 €	+/- 0	./. 30,00 €	./. 30,00 €	

Während Sie in den ersten drei Monaten – dank des guten Spendenaufkommens im Februar – noch gut im Plan lagen, wird spätestens im Mai klar, dass Sie handeln müssen, wenn Sie den geplanten Betrag von 600,00 Euro noch einwerben wollen. Starten Sie einen Spendenaufruf und aktivieren Sie Ihre Unterstützer!

oder

Als neues Fundraising-Instrument geben Sie in jedem Quartal einen Kita-Newsletter heraus, mit dem Sie über die Ereignisse in der Kita berichten. Neben Berichten über den Kita-Alltag, personelle Veränderungen oder geplante Veranstaltungen, erzählen Sie auch über die Fortschritte Ihrer jeweiligen Projekte und stellen ganz gezielt einzelne Vorhaben in den Mittelpunkt, für die Sie um Unterstützung bitten.

Inzwischen ist die dritte Newsletter-Ausgabe erschienen und im Team macht sich ein wenig Murren breit, weil die redaktionelle Arbeit aufwändiger ist als gedacht und eine zusätzliche zeitliche Belastung mit sich bringt.

Deshalb entschließen Sie sich zu einem Vorher-/Nachher-Vergleich.

Sie überlegen, welche Ziele Sie mit der Herausgabe des Newsletters formuliert haben:

- Ihre Webseite, auf der ausführlichere Informationen zu den im jeweiligen Newsletter angesprochenen Themen zu finden sind, soll häufiger besucht werden.
- Mit dem Newsletter wollen Sie Ihre vielfältigen Aktivitäten aufzeigen und Eltern zum Mitmachen im Förderverein aktivieren. Die Zahl der Fördervereins-Mitglieder soll also steigen.
- Und natürlich soll das Spendenvolumen steigen.

Kriterien Ihres Vorher-/Nachher-Vergleichs sind also
- Zahl der Mitglieder im Förderverein
- Spendenvolumen
- Klicks auf Ihrer Webseite.

Zu diesen Kriterien stellen Sie die Durchschnittswerte der letzten drei Jahre vor Herausgabe des Newsletters zusammen.

Ihr erster Newsletter ist im März, die folgenden Ausgaben sind im Mai und August erschienen. Es ergibt sich folgendes aktuelles Bild:

	Feb	März	April	Mai	Juni	Juli	Aug	Sep
Klicks	50	150	80	130	85	75	140	110
Spenden	€ 60,00	€ 90,00	€ 60,00	€ 95,00	€ 70,00	€ 60,00	€ 105,00	€ 80,00
Mitglieder	30	38	39	46	45	45	53	58
Vorher								
Klicks	45	60	39	50	40	30	80	60
Spenden	€ 60,00	€ 60,00	€ 30,00	€ 30,00	€ 65,00	€ 20,00	€ 75,00	€ 50,00
Mitglieder	28	30	31	30	30	35	35	34

Das Ergebnis des Vorher-/Nachher-Vergleichs wird eine tolle Motivation für Ihr Redaktions-Team sein:

Die Zahl der Webseiten-Besucher hat sich nahezu verdoppelt, das Spendenaufkommen ist um über 30% gestiegen und die Zahl der Mitglieder Ihres Fördervereins hat sich ebenfalls nahezu verdoppelt.

Der Newsletter ist also ein voller Erfolg.

Bemerkenswert ist vor allem, dass gerade in den Monaten, in denen der Newsletter erscheint, das Spendenvolumen sowie die Beitritts-zahlen von Neu-Mitgliedern besonders hoch sind, sich diese posi-tive Entwicklung inzwischen aber deutlich auch in den Monaten ohne Newsletter fortsetzt.

Jetzt können Sie auch Ihr nächstes Projekt angehen, nämlich die Einrichtung eines Spendenshops auf Ihrer Webseite. Denn die ist in-zwischen so gut besucht, dass sich der Aufwand auf jeden Fall loh-nen wird.

7.5 Befragung

Sie möchten wissen, wie wohl sich Ihre Kinder in der Kita fühlen, ob sie sich mehr Aktivitäten draußen wünschen oder zusätzliche Lesestunden. Vielleicht möchten Sie aber auch mehr über Ihre Spender wissen? Wie sind diese auf Sie aufmerksam geworden? Was ist aus Sicht Ihrer För-derer das Besondere an Ihrer Kita?

Um Antworten auf solche und andere Fragen zu erhalten, können Sie einen Fragebogen erstellen. Die Beantwortung durch die Befragten kann entweder schriftlich oder im Interview erfolgen. Das Interview wie-derum kann telefonisch oder im persönlichen Gespräch durchgeführt werden.

Eine Fragebogen-Aktion können Sie auch als Fundraising-Instrument nutzen: Nicht nur, dass Sie damit zeigen, dass Ihnen die Meinung Ihrer Unterstützer am Herzen liegt. Sie können auch gezielt danach fragen, ob die Befragten sich vielleicht als Zeitspender zur Verfügung stellen wol-len.

Bei der Zusammenstellung der Fragen sind einige Punkte zu beachten:
- Überlegen Sie vor Zusammenstellung der Fragen im Team, was Sie konkret mit der Befragung in Erfahrung bringen wollen.
- Erklären Sie den Befragten, warum Sie die Befragung durchführen und welche Ziele Sie damit verfolgen. Das erhöht die Akzeptanz.

- Formulieren Sie kurze Fragen, die sich auf einen ganz konkreten Sachverhalt beziehen.
- Wählen Sie Fragen, die mit
  - ○ »Ja« oder »Nein«
  - ○ einer vorgegebenen Notenskala (z. B. Schulnotensystem)
  - ○ einer vorgegebenen Einschätzung (z. B. »trifft voll zu« bis »trifft gar nicht zu« oder »sehr zufrieden« bis »überhaupt nicht zufrieden«) beantwortet werden können.
- Offene Fragen erschweren die Auswertung. Lässt sich die Frage nicht anders formulieren, versuchen Sie dennoch, eine Auswahl an Antwortmöglichkeiten vorzugeben.
  Wollen Sie beispielsweise wissen, in welchen Bereichen Eltern sich zusätzliche Kita-Angebote wünschen, sollten Sie zur Beantwortung Themen vorgeben, die angekreuzt werden können, zum Beispiel »Musik machen«, »Vorlesestunden«, »Berufe kennenlernen« etc.
- Gruppieren Sie die Themen, zu denen Sie Fragen stellen. Das erhöht die Übersichtlichkeit und in der Auswertung erhalten Sie zugleich Teilergebnisse für die jeweiligen Bereiche.
- Achten Sie auf eine neutrale Formulierung Ihrer Fragen. Legen Sie den Befragten die Antwort nicht bereits in den Mund!
- Führen Sie die Befragung im Rahmen persönlicher Interviews durch, dann halten Sie sich möglichst strikt an die Fragen. Vermeiden Sie Erläuterungen oder Interpretationen, um die Befragten nicht zu beeinflussen.
- Stellen Sie Fragen zu Bereichen, die von den Befragten auch beantwortet werden können. In der Regel können Unterstützer beispielsweise die Kostenstruktur Ihrer Kita mangels entsprechender Informationen nicht bewerten.
- Begrenzen Sie den Umfang des Fragebogens auf maximal 2 Seiten.

Eine Befragung ist immer eine Momentaufnahme.

Sie ist kein Selbstzweck, sondern soll Ihnen Anhaltspunkte liefern, in welchen Bereichen die Verbesserungspotenziale Ihrer Kita liegen. Aus den Ergebnissen der Befragung sind daher entsprechende Maßnahmen zur gezielten Verbesserung abzuleiten.

Führen Sie daher die gleiche Befragung in regelmäßigen Abständen erneut durch. Dann lässt sich im Zeitvergleich, also dem Vergleich der Beurteilungen heute zu dem Ergebnis beispielsweise vor einem Jahr, erkennen, wo Verbesserungen oder Verschlechterungen eingetreten sind.

An etwaigen Veränderungen in der Bewertung können Sie auch erkennen, ob die von Ihnen eingeleiteten Maßnahmen erfolgreich waren.

 Praxis-Tipp:

Bedanken Sie sich bei den Teilnehmern Ihrer Befragung für deren Zeit und ehrliche Meinung.

Informieren Sie über das Ergebnis der Befragung und auch darüber, welche Aktivitäten Sie nun einleiten werden, um sich an dem einen oder anderen Punkt weiter zu verbessern.

8. Institutional Readiness – Das Fundament erfolgreichen Fundraising

»Wer hohe Türme bauen will, muss lange beim Fundament verweilen.«
(Anton Bruckner)

In den vorhergehenden Kapiteln haben Sie sich die Grundlagen eines erfolgreichen Fundraising erarbeitet:

Klar definierte Ziele und ein prägnantes Leitbild dienen Ihrer Kita als »Navigationsgerät« und bieten Ihren Unterstützern die Möglichkeit der Identifikation. Ihre Stärken und Schwächen haben Sie analysiert, mit den rechtlichen, wirtschaftlichen und gesellschaftlichen Rahmenbedingungen abgeglichen und hierauf basierend Handlungsstrategien entwickelt.

Sie kennen Ihr Beziehungsnetz und wissen um die Interessen und Motive Ihrer unterschiedlichen Unterstützergruppen.

Und nicht zuletzt haben Sie ein System von Kennzahlen und Indikatoren definiert, das Ihnen zum einen als Frühwarnsystem rechtzeitig Hinweise auf Veränderungen liefert und zum anderen den Erfolg Ihrer Maßnahmen sichtbar macht.

Jetzt geht es um die Organisation und darum, Ihre Kita »fit fürs Fundraising« zu machen, das heißt, Strukturen zu schaffen oder so zu verändern, dass beispielsweise

- der Informationsfluss sichergestellt ist
- alle Informationen sinnvoll zusammengeführt werden
- Zuständigkeiten und Verantwortungsbereiche klar definiert sind
- das gesamte Team für die Aufgaben des Fundraising sensibilisiert, bereit und in der Lage ist, diese zu übernehmen
- die Buchhaltung fähig ist, die benötigten Informationen zur Verfügung zu stellen
- der Bedarf an Unterstützung konkret benannt werden kann
- Image sowie Bekanntheitsgrad Ihrer Kita durch zielorientierte Öffentlichkeitsarbeit gefördert werden.

Diese Bereitschaft und Fähigkeit der Organisation, Fundraising- und Spender-orientiert zu arbeiten, wird als »institutional readiness« bezeichnet.

Im Rahmen einer IST-Analyse, also einer Bestandsaufnahme der gegenwärtigen Situation, werden alle Abläufe und Strukturen Ihrer Kita kritisch unter die Lupe genommen. Dabei steht immer die Frage im Mittelpunkt, ob dieser Ablauf oder die Struktur optimal geeignet ist, die Interessen und Bedürfnisse Ihrer Zielgruppe sowie Ihrer Unterstützer zu befriedigen:

Mit der Formulierung Ihrer Ziele haben Sie schon einen Blick in die Zukunft geworfen und skizziert, wo Sie in drei oder fünf Jahren stehen wollen. Ihr Leitbild beschreibt, wie Sie diese Ziele erreichen wollen. Die IST-Analyse definiert nun den Ausgangspunkt von dem aus Sie »Ihre Reise« beginnen.

Aus dem Abgleich der aktuellen (IST-Zustand) mit der erwünschten Situation (Soll-Zustand) werden die konkreten Handlungsfelder sichtbar.

Institutional readiness verbindet strategische Überlegungen mit den Organisationsstrukturen Ihrer Einrichtung und schafft die konkreten Voraussetzungen für eine erfolgreiche Umsetzung Ihrer Fundraising-Strategie.

8.1 Angebote und Leistungen

Selbstverständlich müssen Ihre Kita und deren Angebot vorrangig interessant sein für Kinder und deren Eltern. Das von Ihnen angebotene Leistungsspektrum ist aber nicht nur für sie ein Grund, sich für Ihre Kita zu entscheiden. Auch Ihre Förderer finden darin die Argumente, um gerade Sie zu unterstützen. Vision und Mission spiegeln sich also in Ihren Angeboten, füllen diese mit Inhalt und konkretisieren die bislang eher vagen Ziele.

In Ihrer pädagogischen Ausrichtung, Methodik und Didaktik liegen Ihre Kernkompetenzen. Diese haben Sie bereits in Ihrem Leitbild formuliert, in dem Sie beispielsweise die Förderung ökologischen Bewusstseins, ressourcenschonenden Verhalten oder das Konzept der Inklusion als zentralen pädagogischen Ansatz in den Mittelpunkt gestellt haben.

Das allein genügt jedoch nicht, denn damit ist nur der strategische Rahmen abgesteckt. Konkrete Angebote und Leistungen, die sich schlüssig aus Ihrem pädagogischen Konzept ableiten, müssen nun diesen Rahmen füllen.

Überprüfen Sie daher noch einmal sehr kritisch Ihr Leistungsspektrum:

- Kommen die von Ihnen formulierten Ziele und Ihr Leitbild in Ihrem Angebot zum Ausdruck?
- Kommen Ihre Stärken zum Tragen?
- Erfüllen Sie mit Ihrem Angebot die Erwartungen und Anforderungen von Kindern, Eltern und Unterstützern?
- Berücksichtigen Sie die spezifischen Bedürfnisse in Ihrem lokalen Umfeld?
- Sollten Sie Zusatzangebote schaffen, um sich deutlicher von anderen Einrichtungen abzuheben?
- Verfügen Sie über Kompetenzen, die Sie zwar anbieten, aber bislang noch nicht deutlich im Leistungsangebot herausgestellt haben?
- Beobachten Sie gesellschaftliche, rechtliche und wirtschaftliche Entwicklungen, um sich frühzeitig auf veränderte Anforderungen einzustellen?
- ...

Wichtige Leitfragen bei der Formulierung Ihres Angebots sind beispielsweise:

- Was bieten wir?
  Einige Beispiele:
  - *flexible Ganztagesbetreuung mit durchgehenden Öffnungszeiten von 06.00 bis 22.00 Uhr*
  - *Betreuung ausschließlich durch qualifiziertes Fachpersonal*
  - *gezielte Sprachförderung ...*
- Was macht uns einzigartig?
  Einige Beispiele:
  - *ein künstlerisch-musisches Zusatzangebot*
  - *Förderung des Generationendialogs durch Kooperation mit einem Seniorenheim*
  - *Teilnahme am Programm »Gesunde Kita« ...*

Die Beantwortung dieser Fragen führt zu einer klar erkennbaren »Marke«, für die Ihre Kita unverwechselbar steht. Damit lässt sich das von Ihnen formulierte Leitbild auffächern und konkretisieren.

Praxis-Beispiel:

»Wir bieten eine flexible Ganztagsbetreuung von 07.00 Uhr bis 18.30 Uhr an. Besonderen Wert legen wir auf gesunde Ernährung, Bewegungsförderung und die Stärkung sozialer Kompetenzen. Unsere Kita steht Kindern mit und ohne Behinderung offen. In jahrgangsübergreifenden Gruppen spielen, toben und lernen sie gemeinsam und wachsen so ganz selbstverständlich zusammen auf. Der Dialog zwischen Alt und Jung wird durch unsere Zusammenarbeit mit einem Seniorenheim immer wieder neu erlebt. Vorlesepatenschaften, gemeinsame Ausflüge und Aktivitäten sind selbstverständlicher Bestandteil unseres Kita-Alltags. Unser Kita-Esszimmer ist kindgerecht und lädt zum Essen ohne Hektik ein. In Kooperation mit einer Ernährungsberaterin organisieren wir regelmäßig Projekte rund um gesundes Essen und bieten darüber hinaus Tages-Workshops zum Thema ›Gesunde Ernährung‹ für Eltern und Kinder an. Bewegung ist ein zentrales Element der kindlichen Welt; hierfür bietet unsere Kita viel Raum und nimmt außerdem am Programm ›Mehr Bewegung in den Kindergarten‹ teil.«

Es ist sinnvoll, das Angebot in Leistungen zu differenzieren,

- die zwingend erbracht werden müssen, weil Ihre Interessengruppen sie voraussetzen und erwarten. Diese Leistungen werden als Muss-Leistungen bezeichnet.
  Beispiel: Grundbetreuungszeiten
- die von den Anspruchsgruppen nicht zwingend erwartet, aber von Ihren Wettbewerbern angeboten werden. Hierdurch entsteht eine Erwartungshaltung, die von Ihnen befriedigt werden sollte. Es wird daher von Soll-Leistungen gesprochen.
  Beispiel: flexible Betreuungszeiten über die Kernzeiten hinaus
- die niemand erwartet oder anbietet, die aber zum positiven Image und zur Abgrenzung Ihrer Kita gegenüber anderen Einrichtungen dienen können. Es handelt sich um Kann-Leistungen.
  Beispiel: Babysitter-Service

Eine solche Differenzierung bietet die Möglichkeit einer partiellen Kosten- und Leistungszuordnung und damit auch einer »Preis«-Ermittlung.

So besteht die Möglichkeit, zusätzliche Einnahmequellen zu eröffnen, denn Soll- und Kann-Leistungen können unter Umständen zusätzlich berechnet und auch interessierten Dritten angeboten werden.

Darüber hinaus werden durch die Differenzierung – insbesondere im Hinblick auf die Nutzung begrenzter Ressourcen wie beispielsweise Arbeitszeit oder Raumangebot – Prioritäten gesetzt und eine Konzentration auf das Wesentliche ermöglicht.

Eine solche Leistungsdifferenzierung bietet – geschickt eingesetzt – auch die Möglichkeit neue Unterstützer, insbesondere Unternehmen, zu gewinnen.

 Praxis-Beispiel:

Die Kita Traumland möchte künftig Betreuungsplätze für Kinder unter 3 Jahren anbieten. Hierfür ist die Erweiterung der vorhandenen Räumlichkeiten notwendig.

Die Kita-Leitung ist mit einem Unternehmen im Gespräch, das grundsätzlich Interesse signalisiert hat, dieses Projekt mit einem namhaften Betrag zu unterstützen. Jedoch zögert der Geschäftsführer noch mit seiner Entscheidung.

Als Kann-Leistung, die zusätzlich honoriert werden muss, bietet die Kita-Traumland einen Babysitter-Service sowie spontan buchbare zusätzliche Betreuungszeiten an.

Dieser Service steht grundsätzlich allen Eltern offen, jedoch zahlen die Eltern der Traumland-Kinder einen geringeren Stundensatz als Eltern, deren Kinder nicht ständig im ›Traumland‹ betreut werden.

Um einen letzten Anstoß zu geben, unterbreitet die Kita-Leitung der Unternehmensführung das Angebot, dass auch deren Mitarbeiter bei Bedarf den Babysitter-Service sowie das Angebot spontan buchbarer Betreuungszeiten nutzen können, und zwar zu den gleichen Konditionen wie die Eltern der Traumland-Kinder. Dieser Zusatznutzen überzeugt.

Die Kita Traumland erhält die gewünschte Unterstützung für ihr Erweiterungsprojekt und erschließt sich zugleich einen neuen Kundenkreis, der weitere, zusätzliche Einnahmen bringt.

8.2 Team

Wenn Du ein Schiff bauen willst, dann trommle nicht Männer zusammen um Holz zu beschaffen, Aufgaben zu vergeben und die Arbeit einzuteilen, sondern lehre die Männer die Sehnsucht nach dem weiten, endlosen Meer.« (Antoine de Saint-Exupéry)

Fundraising ist Herzenssache. Neben die pädagogischen Ziele rückt der Spender mit seinen Interessen und Bedürfnissen.

Ihren Unterstützern gebührt nicht nur ehrlicher Dank, sondern sie verdienen darüber hinaus Wertschätzung und Anerkennung und haben ein Recht auf kontinuierliche Information.

Dieses Bewusstsein muss in den Köpfen und Herzen aller Ihrer Team-Mitglieder – unabhängig, ob hauptberuflich oder ehrenamtlich tätig – verankert sein. Dann wird Spenderorientierung aktiv gelebt, ist authentisch und glaubwürdig. Die Begeisterung Ihres Teams überträgt sich auf Ihre Unterstützer und jedes Team-Mitglied wird zum Fundraiser für Ihre Kita.

Zwingende Voraussetzung ist selbstverständlich, dass jeder einzelne im Team gerne in Ihrer Kita arbeitet und nicht bereits innerlich gekündigt hat. Dazu gehört auch, dass alle Team-Mitglieder sich mit Leitbild und Zielen der Kita identifizieren und von deren Leistungsangebot und dessen Qualität überzeugt sind.

Dies als gegeben vorausgesetzt, sollten Sie Ihr Team von Beginn an in den Aufbau Ihrer Fundraising-Strategie einbeziehen.

* Machen Sie deutlich, warum aus Ihrer Sicht Aufbau und Umsetzung einer Fundraising-Strategie unverzichtbar sind. Verdeutlichen Sie den damit einhergehenden Nutzen und weisen Sie auf die Chancen persönlicher Entwicklung und Weiterqualifizierung hin.
  Steht Ihre Kita finanziell dauerhaft auf sicheren Füßen, sichert dies nicht zuletzt die Arbeitsplätze Ihres Teams. Verfügt die Kita darüber hinaus über zusätzliche Budgets um neue Projekte zu realisieren, trägt das zu einem abwechslungsreichen und reizvollen Arbeitsalltag für jeden Einzelnen bei.
* Sagen Sie offen und ehrlich, dass mit dem Aufbau des Fundraising auf alle Team-Mitglieder neue Aufgaben zukommen, die zusätzlich Zeit und Energie benötigen. Auch wird es zu Veränderungen kom-

men, die Umgewöhnung bedeuten und vielleicht auch den Abschied von liebgewonnenen Gewohnheiten.

- Gehen Sie auf Vorbehalte und Skepsis intensiv ein.
  Leisten Sie keine Überzeugungsarbeit, sondern lassen Sie eine Vision Ihrer Kita entstehen.
  Zeichnen Sie ein plastisches und lebhaftes Bild von dem, was entstehen kann, wenn alle gemeinsam am »Projekt Fundraising« arbeiten. Wecken Sie die Sehnsucht, diese Vision Wirklichkeit werden zu lassen.

- Veränderungen, ob von Prozessen oder Verhaltensweisen, brauchen Zeit.
  Geben Sie sich und Ihrem Team diese Zeit. Selbst wenn Ihre Mitstreiter enthusiastisch und voller Tatendrang auf Ihren Vorschlag, eine Fundraising-Strategie zu entwickeln, reagieren, sollten Sie nicht alles auf einmal ändern wollen. Misserfolge, Frustration und Konflikte wären sonst vorprogrammiert.
  Gehen Sie stattdessen behutsam und in kleinen Schritten vor. Das führt zu langsamen, aber dauerhaften Veränderungen.

- Suchen Sie gezielt Zeitspender, die Sie und Ihr Team mit Erfahrung, Zeit und Fachwissen unterstützen möchten.

- Setzen Sie sich überschaubare und gut erreichbare Zwischenziele. Achten Sie darauf, dass Sie auch diese SMART formulieren. Viele kleine Erfolge machen Spaß und motivieren, den eingeschlagenen Weg weiterzugehen.

- Feiern Sie Ihre Erfolge! Achten Sie darauf, dass das Engagement Ihres Teams gebührend anerkannt und geschätzt wird. Eine Kultur des Dankens und der Anerkennung sollte nicht nur gegenüber Unterstützern, sondern auch für die interne Zusammenarbeit selbstverständlich sein.

- Binden Sie Ihr Team in alle Fundraising-Aufgaben ein. Sammeln Sie gemeinsam Ideen, diskutieren und entscheiden Sie im Team, welche Projekte umgesetzt und welche Fundraising-Instrumente hierfür eingesetzt werden sollen.
  Beschränken Sie sich dabei nicht auf reine Information oder die Einräumung von Mitspracherechten. Vergeben Sie eindeutige Zuständigkeiten und Aufgabenbereiche, so dass jeder Einzelne sich direkt verantwortlich fühlt.
  Arbeiten Sie mit Zielvereinbarungen. Das erhöht die Verbindlichkeit, gerade dann, wenn Sie Zeitspender in Ihre Arbeit einbeziehen. Aber

auch die Bindung an Ihre gemeinsamen Ziele wird gestärkt. Denn jeder Einzelne hat das Gefühl, mit seiner Arbeit einen Mosaikstein zum Gelingen des Ganzen beizutragen.

- Bilden Sie Handlungsfelder und hierauf basierend Arbeitsgruppen. Lassen Sie Ihren Team-Mitgliedern die Wahl, wer sich – je nach individuellen Kompetenzen, Fähigkeiten oder Interessen – in welchem Bereich zusätzlich engagieren möchte.

  Hierzu gehören sowohl Aufgaben, die unmittelbar dem Fundraising zuzuordnen sind, aber auch Personalentwicklungsmaßnahmen, die notwendig sind, um das Leistungsangebot der Kita weiter zu verbessern und deren Profil zu schärfen.

- Entwickeln Sie gemeinsam einen Verhaltenskodex. Schreiben Sie fest, was den Umgang mit den Ihnen anvertrauten Kindern, aber auch den Umgang im Team, mit Eltern und Unterstützern prägen soll.

8.3 Finanzen

Der Bereich Finanzen ist ein ganz zentrales – leider häufig vernachlässigtes – Instrument beim Aufbau einer erfolgreichen Fundraising-Strategie.

Hier wird in »harten Zahlen« all das abgebildet, was Sie zuvor im Rahmen der Entwicklung Ihrer Fundraising-Strategie in Worten als erstrebenswert formuliert und definiert haben.

Kennzahlen und Indikatoren machen darüber hinaus den Erfolg von Fundraising-Kampagnen und umgesetzten Projekten messbar.

- Wie teuer war Ihre Fundraising-Kampagne und welche Summe wurde im Vergleich dazu eingenommen?
- Wie hat sich die Zahl Ihrer Mitglieder im vergangenen Jahr entwickelt?
- Wurde das mit der Umsetzung eines Projekts angestrebte Ergebnis erreicht?
- Warum müssen zusätzlich zu den Gebühren weitere Einnahmen eingeworben werden?

Diese und viele weitere Fragen Ihrer Unterstützer können Sie nur mit Hilfe einer sinnvoll strukturierten Finanzplanung und einem funktionierenden Rechnungswesen beantworten.

Und dass Sie diese Fragen beantworten wollen, haben Sie in Ihrer Wertekultur verankert.

Wenn Ihnen ein Dritter Mittel zur Verfügung stellt, damit Sie Ihre Ziele verwirklichen können, hat dieser das Recht auf Offenheit und Transparenz.

Finanzplanung und Rechnungswesen sind also eines Ihrer wichtigsten Instrumente in der Vertrauensbildung und damit der Spendergewinnung, -pflege und -bindung.

Während die Finanzplanung einen Blick in die Zukunft wirft und Antwort auf die Frage gibt, mit welchen Einnahmen und Ausgaben im Betrachtungszeitraum zu rechnen ist, beantwortet das Rechnungswesen die Frage nach der Mittelverwendung und stellt die notwendigen Informationen für Controlling und Evaluation bereit.

Finanzplanung

Im Rahmen Ihrer Fundraising-Strategie erfüllt die Finanzplanung im wesentlichen folgende Aufgaben:
* Liquiditätsplanung
* Investitionsplanung
* Bedarfsplanung
* Budgetplanung.

Liquiditäts- und Investitionsplanung gehören zu den übergeordneten Aufgaben des Finanzmanagements Ihrer Kita. Zudem ist es weder Ziel noch Aufgabe des Fundraising, kurzfristig auftretende finanzielle Engpässe zu beheben oder zur Deckung laufender Betriebs- oder Personalkosten beizutragen.

Deshalb betrachten wir nachstehend die für den Aufbau Ihres Fundraising relevanten Bereiche der Bedarfsermittlung sowie der Budgetplanung.

a) Bedarfsplanung

Erfolgreiches Fundraising setzt voraus, dass Sie Ihren Bedarf konkret benennen und beziffern. Die benötigten Mittel werden nicht nur überschlägig geschätzt, sondern detailliert und nachvollziehbar kalkuliert.

Diese Aufgabe erfüllen die Bedarfsermittlung und -planung. Gegenstand kann dabei sowohl der Gesamtbedarf Ihrer Kita sein, als auch der Bedarf für ein spezifisches Projekt. Letzterer Aspekt steht unter Fundraising-Gesichtspunkten im Mittelpunkt.

Ihr Nutzen

* Bedarfsermittlung und Bedarfsplanung erhöhen die Übersichtlichkeit und machen sichtbar, ob und welche Unterstützungsformen genutzt werden können.
Durch die detaillierte Auflistung Ihres konkreten Bedarfs lässt sich sehr viel leichter erkennen, ob und in welchem Umfang statt Geld Sachspenden oder personelle und fachliche Unterstützung eingeworben werden könnten. Das erweitert Ihre Möglichkeiten, zusätzliche Unterstützer zu gewinnen.
* Die Bedarfsplanung liefert wichtige Entscheidungshilfen für die Auswahl geeigneter Fundraising-Instrumente. Denn einige Fundraising-Instrumente sind eher geeignet, um dauerhaft kleinere finanzielle Beträge einzuwerben, andere eignen sich eher, um beispielsweise gezielt Unternehmen anzusprechen.
* Ihre Projektplanung wird durch eine detaillierte Bedarfsermittlung übersichtlich und transparent. Das signalisiert zugleich Kompetenz. Potentielle Spender können sich »schwarz auf weiß« davon überzeugen, dass Sie genau wissen, wovon Sie reden. So stärken Sie das Vertrauen in Ihr Team und die Arbeit Ihrer Kita.
* Die Bedarfsermittlung führt zu realistischen Fundraising-Zielen. Mit der Darlegung eines konkreten und nachvollziehbaren Bedarfs wird eine Herausforderung lösbar und ein Ziel erreichbar. Auch aus der Sicht Ihres Unterstützers ist das ein gewichtiges Argument, denn Sie wissen ja: Spender möchten zu Lösungen beitragen!

Wie es funktioniert

In die Bedarfsermittlung fließen alle Kosten ein, die durch die Umsetzung eines Projekts entstehen werden.

Neben Planungs-, Investitions-, Material- und Personalkosten zählt hierzu auch der Aufwand der Ihnen durch von Ihnen selbst erbrachte Leistungen entsteht, und zwar auch dann, wenn Sie oder Ihr Team diese Leistungen unentgeltlich erbringen.

Denn Zweck der Bedarfsermittlung ist ja, die tatsächlichen Kosten eines Projekts zu ermitteln, also die Kosten, die entstehen, wenn alle notwendigen Leistungen von Dritten erbracht und entsprechend bezahlt werden müssten.

 Praxis-Beispiel:

85% der in der Kita Kunterbunt betreuten Kinder kommen aus Familien mit Migrationshintergrund. Sie repräsentieren mehr als 10 verschiedene Nationalitäten.

Kernthema im Leitbild der Kita ist die Förderung von Offenheit und Toleranz, wobei auch die Eltern aktiv in die Kita-Arbeit eingebunden werden sollen.

Emin, die Kita-Leiterin, möchte in diesem Jahr einen Tag der offenen Tür veranstalten. Unter dem Motto »Kunterbunte Welt« stellt sich nicht nur die Kita vor, sondern die Gelegenheit soll gleichzeitig genutzt werden, andere Länder, Kulturen und Essgewohnheiten kennenzulernen. Beim gemeinsamen Essen und Trinken sollen Kinder, Eltern, Förderer und Partner ins Gespräch kommen und sich ein wenig besser kennenlernen.

Bevor Emin sich der konkreten Bedarfsplanung zuwendet, verschafft sie sich zunächst einen Überblick über die zu erwartende Gästezahl:

Anzahl Kita-Kinder	80
Begleitpersonen pro Kind = 2 → 2 × 80	160
Presse, Kommune, Träger	20
Kooperationspartner	10
Förderer	40
Kita-Team	15
Erwartete Gäste-Zahl gesamt	**325**

Da die Räumlichkeiten der Kita für eine so große Gästezahl zu klein sind, soll die Veranstaltung in einem Zelt stattfinden, das auf dem Kita-Außengelände aufgebaut wird.

Emins Bedarfsplan könnte – vereinfacht – so aussehen:

Position	Gesamt
Zelt für 300 Personen incl. Auf- und Abbau	€ 2.500,00
27 Biertischgarnituren à € 7,50 (Leihgebühren)	€ 202,50
Hüpfburg Miete	€ 100,00
Getränke	€ 600,00
Kosten Geschirr- und Gläserverleih (Leihgebühren)	€ 600,00
Musikanlage (Leihgebühren)	€ 500,00
Deko	€ 200,00
Catering (€ 15,00 pro Person)	€ 4.875,00
Gesamt	**€ 9.577,50**

Der in Geld bewertete Bedarf für den »Kunterbunte-Welt«-Tag (und damit die Gesamtkosten) belaufen sich also auf 9.577,50 Euro.

Im nächsten Schritt überlegt das Team der Kita Kunterbunt, welche Positionen eventuell durch Eigenleistung oder Sachspenden erbracht werden können.

Das Team führt Gespräche mit dem Zeltverleih, den Kooperationspartnern und Eltern.

Der Zeltverleih erklärt sich bereit, bei Anmietung des Zelts auf die Berechnung der Hüpfburg und der Biertischgarnituren zu verzichten. Aus den Gesprächen mit Vertretern kooperierender Vereine und den Eltern entsteht die Idee, dass diese gemeinsam das musikalische Rahmenprogramm gestalten. Das Ausleihen einer Musikanlage wird damit überflüssig. Außerdem erklären sich viele Eltern bereit, selbst landestypische Spezialitäten mitzubringen. Dadurch können die Kosten für das Catering erheblich reduziert werden.

Der Bedarfsplan sieht jetzt wie folgt aus:

Position	Gesamt	Spende/Eigen-leistung	Verblei-ben
Zelt für 300 Personen incl. Auf- und Abbau	€ 2.500,00	0	€ 2.500,00
27 Biertischgarnituren à € 7,50 (Leih-gebühren)	€ 202,50	€ 202,50	€ 0,00
Hüpfburg (Leihgebühren)	€ 100,00	€ 100,00	€ 0,00
Getränke	€ 600,00	0	€ 600,00
Kosten Geschirr- und Gläserverleih	€ 600,00	0	€ 600,00
Musikanlage (Leihgebühren)	€ 500,00	€ 500,00	€ 0,00
Deko	€ 200,00	0	€ 200,00
Catering (€ 15,00 pro Person)	€ 4.875,00	€ 1.500,00	€ 3.375,00
Gesamt	€ 9.577,50	€ 2.302,50	€ 7.275,00

Der Gesamtbedarf für dieses Projekt beläuft sich also auf 9.577,50 Euro.

Die tatsächlichen Kosten liegen jedoch bei 7.275,00 Euro, da im Wert von 2.302,50 Euro Eigenleistungen oder Spenden erbracht werden.

Wichtig:

Achten Sie bei der Bedarfsplanung immer darauf, dass Sie wirklich alle Kosten erfassen. Dazu gehören sowohl die Positionen, von denen Sie bereits wissen, dass sie durch Sach- oder Zeitspenden aufgebracht werden können, aber auch die Kosten, die durch Ihre Arbeitszeit entstehen.

§ **Rechts-Tipp:**

Wenn der Zeltverleih die Hüpfburg und die Biertischgarnituren kostenlos zur Verfügung stellt, handelt es sich **nicht** um eine Sachspende. Der Unternehmer kann eine Rechnung stellen und dann gegen Spendenbescheinigung auf die Bezahlung zugunsten des ideellen Zwecks der Kita Kunterbunt verzichten (Geldspende).

Soweit Eltern Essen zur Verfügung stellen, liegt eine Sachspende vor, für die allerdings keine Zuwendungsbestätigung ausgestellt werden kann, weil sie für den wirtschaftlichen Geschäftsbetrieb gegeben wurde (Näheres siehe Kapitel 3 »Insiderwissen Spende«).

b) Budgetplan

Ein Budget im klassischen Sinn ist die Aufstellung vorgesehener Ausgaben und Einnahmen für einen bestimmten Planungszeitraum oder für ein klar umrissenes Projekt. Dabei wird eine Obergrenze gesetzt, die nicht überschritten werden darf.

Sinnvolle Budgets lassen sich lediglich für klar abgegrenzte, geschlossene Einheiten erstellen, da nur dann die verursachungsgerechte Zuordnung von Erlösen und Kosten möglich ist. Außerdem kann nur dann auch Budgetverantwortung verlangt werden.

Entstehen Erlöse oder Kosten, für die kein Geld fließt, also bei Arbeits- oder Zeitspenden, müssen diese gesondert erfasst werden. Anderenfalls würde ein verzerrtes und unrealistisches Bild entstehen.

Während die Bedarfsermittlung also alle Positionen auflistet, die benötigt werden, um ein Projekt umzusetzen, stellt der Budgetplan eine klar definierte Mittelhöhe für einen bestimmten Bereich zur Verfügung. Es bleibt den Budgetverantwortlichen weitgehend überlassen, wie sie diese Mittel im Rahmen ihrer Aufgaben einsetzen.

Für den Aufbau Ihrer Fundraising-Strategie sollten sie Budgets für folgende Bereiche erstellen:
- Öffentlichkeitsarbeit
- Fundraising-Aktionen
- projektbezogene Budgets

Die Höhe eines Budgets wird in der Regel verhandelt und hängt einerseits von den geplanten Aktivitäten, andererseits von den insgesamt zur Verfügung stehenden Mitteln ab.

 Praxis-Beispiel:

Schauen wir uns noch einmal Emins Projekt-Tag »Kunterbunte Welt« an.

Der Bedarf wurde mit 9.577,50 Euro beziffert. Emin erhält für Ihr Projekt finanzielle Mittel aus zwei Töpfen, nämlich zum einen aus dem Budget für Öffentlichkeitsarbeit, zum anderen aus dem Budget für Fundraising-Aktionen. Denn einerseits ist der »Kunterbunte-Welt-Tag« eine öffentlichkeitswirksame Veranstaltung, die Image und Bekanntheitsgrad der Kita steigert, andererseits will man an diesem Tag natürlich auch zusätzliche Spenden einwerben.

Aus jedem Topf erhält Emin 1.000,00 Euro. Damit beläuft sich ihr Budget auf 2.000,00 Euro.

Deutlich sichtbar klafft zwischen Budget und Bedarf eine sehr große Lücke. Damit Emin ihr Projekt umsetzen kann, ist sie gezwungen, ihren Bedarfsplan noch einmal kritisch zu prüfen. Findet sie bei einem anderen Anbieter günstigere Zeltverleih-Konditionen? Benötigt sie tatsächlich ein so großes Zelt? Könnte der Projekt-Tag eventuell auch an einem anderen Ort, der günstig anzumieten ist, stattfinden?

Budgets zwingen also dazu, den Bedarf im Rahmen der vorgegebenen Mittel kritisch zu überprüfen, Projekte zu überdenken und zu überarbeiten, und zwar so lange, bis sich Bedarf und Budget decken.

Ein anderes Beispiel:

Im Rahmen Ihrer Jahresplanung erstellt Marie, die Leiterin der Kita Zwergenland, auch die Budgetpläne. Sie bespricht mit Anna, die das Fundraising-Team leitet, die für das kommende Jahr geplanten Fundraising-Aktivitäten.

Anna und ihr Team möchten verstärkt Online-Fundraisinginstrumente nutzen. Außerdem haben sie sich zum Ziel gesetzt, inaktive

Spender zu reaktivieren, und zwar insbesondere über eine Spendenbriefaktion.

Nach zähen Verhandlungen einigen Anna und Marie sich auf ein Fundraising-Budget von 1.500,00 Euro. Gleichzeitig vereinbaren die beiden auch Fundraising-Ziele:

* Das bisherige jährliche Spendenvolumen soll um 5% gesteigert werden.
* Der Anteil der online gespendeten Beträge soll 10% des gesamten Spendenvolumens ausmachen.
* 30% der im letzten Jahr inaktiven Spender sollen reaktiviert werden.

Im Rahmen dieser Vorgaben ist Anna frei in der Wahl der Fundraising-Aktivitäten. Sie hat Budgetverantwortung und muss diese Mittel so einsetzen, dass die vereinbarten Ziele erreicht werden.

Rechnungswesen

Das Rechnungswesen Ihrer Kita dient der systematischen Erfassung und Überwachung aller Zahlungsströme. Darüber hinaus liefert es alle notwendigen Daten und Informationen, die zur Planung und Steuerung Ihrer Kita sowie Ihrer Fundraising-Aktivitäten notwendig sind.

Im vorhergehenden Abschnitt haben Sie die Budgetplanung kennengelernt.

In unserem Beispiel erhielt Anna ein Fundraising-Budget mit dem sie für die Dauer eines Jahres haushalten muss.

Um überprüfen zu können, ob Anna dieses Budget einhält, ist es notwendig, die durch Fundraising-Aktionen verursachten Ausgaben diesem Budget direkt zuzuordnen.

Umgekehrt müssen aber auch die Einnahmen, die durch Annas Fundraising-Maßnahmen erzielt werden, diesen Aktionen zugeordnet werden können. Denn anders lässt sich nicht prüfen, ob Anna die mit ihr vereinbarten Ziele auch erreicht hat.

Im Zusammenhang mit der Formulierung SMARTER Ziele haben Sie die Bedeutung von Kennzahlen und Indikatoren kennengelernt. Mit ihrer

Hilfe wird der Erfolg bzw. der Grad des Erfolgs, beispielsweise einer Fundraising-Aktion, messbar.

Nehmen wir an, Sie haben einen Spendenbrief an inaktive Spender versandt. Als Ziel haben Sie formuliert, dass mindestens 10% der Adressaten positiv reagieren und erneut spenden.

Ihr Rechnungswesen sollte also in der Lage sein, festzustellen, ob die in einem bestimmten Zeitraum eingegangen Spenden aufgrund dieser Fundraising-Aktion erfolgten. Eine Möglichkeit wäre beispielsweise, für bestimmte Fundraising-Aktionen Unterkonten anzulegen und die entsprechende Kontonummer auf vorbereiteten Überweisungsträgern oder im Anschreiben anzugeben. Dann sind die Zahlungseingänge auf diesem Unterkonto direkt Ihrer Fundraising-Aktion zuzuordnen.

Im Gegensatz zum externen Rechnungswesen, das Informationen für außenstehende Dritte (beispielsweise Finanzamt) aufbereitet und daher an handels- und steuerrechtliche Vorgaben gebunden ist, gilt dies für das interne Rechnungswesen nicht.

Es ist stärker zukunftsorientiert und dient – wie der Name schon erkennen lässt – internen Berechnungen, Planungen und Überlegungen.

Hieraus ergibt sich ein wichtiger Nutzen: Kalkulatorische Kosten können in die Planung einbezogen werden.

Kalkulatorische Kosten sind quasi fiktiv: Sie fallen de facto nicht an, müssten aber üblicherweise aufgebracht werden.

 Praxis-Beispiel:

Ihre Kita bietet für Eltern und interessierte Dritte ein Seminar zum Thema »Gesunde Ernährung« an.

Ihnen entstehen für die Durchführung des Seminars keine Kosten: Die für Ihre Kita als Honorarkraft tätige Diplom-Oecotrophologin hat sich bereit erklärt, den Kurs unentgeltlich durchzuführen. Da der Kurs an einem Samstag stattfindet, können Sie ganz unproblematisch die Kita-Räume als Veranstaltungsort nutzen.

Dennoch möchten Sie gerne einen Seminarbeitrag erheben.

Zur Berechnung des Seminarbeitrags gehen Sie von einem kalkulatorischen Referentenhonorar sowie einer kalkulatorischen Miete aus, d. h. Sie setzen die Beträge an, die Sie zahlen müssten, wenn Ihre Referentin ein Honorar erhielte und Sie die Räumlichkeiten anmieten müssten.

Insbesondere im Stiftungs- und EU-Fundraising ist die Einrechnung kalkulatorischer Kosten von großer Bedeutung.

Denn zum Teil werden solche kalkulatorischen Kosten als der vom Antragsteller – also Ihnen – aufzubringende Eigenanteil bewertet. Sie müssen diesen Anteil dann nicht mehr in Geld aufbringen. Zum anderen erhalten Sie bei Einrechnung dieser Kosten den realistischen Projektbedarf. Das ist deshalb wichtig, weil sich die prozentuale Fördersumme in der Regel an den gesamten Projektkosten orientiert.

Schauen Sie sich doch noch einmal Emins Bedarfsplanung für den »Kunterbunte-Welt«-Tag an:

Hier sind wir ähnlich verfahren: Zunächst wurde der vollständige Projektbedarf ermittelt. Die tatsächlichen Kosten wurden dann abzüglich Sachspenden und Eigenleistung berechnet.

Auch hier würden Sie gegenüber potentiellen Förderern damit argumentieren, dass ein Teil des tatsächlichen Projektbedarfs bereits aufgebracht wurde.

Weiterhin liefert das Rechnungswesen Daten für Ihre Statistik und bietet damit auch die Grundlage für Vergleichsbetrachtungen:
- Wie viele Spender haben im letzten Jahr welche Gesamt-Spendensumme aufgebracht?
- Ist die Entwicklung im aktuellen Jahr besser oder schlechter?
- Hat die Erhöhung Ihres Fundraising-Budgets auch zu spürbar höheren Spendeneinnahmen geführt?
- Welche Kosten hat der diesjährige »Tag der offenen Tür« verursacht? Welche Spendeneinnahmen konnten demgegenüber erzielt werden?
- ...

Im Zusammenhang mit der angestrebten ›institutional readiness‹ ist es wichtig, dass Ihr Rechnungswesen

- Einnahmen und Ausgaben möglichst projekt- und budgetbezogen zuordnen kann
- kalkulatorische Kosten berücksichtigt
- die zur Ermittlung von Kennzahlen notwendigen Daten zur Verfügung stellt.

Je mehr es Ihrem Rechnungswesen gelingt, Aufwand und Erlöse verursachungsgerecht zuzuordnen, desto effizienter und effektiver können Sie mit den Ihnen zur Verfügung gestellten Mitteln wirtschaften.

Gegenüber Ihren Unterstützern dokumentieren Sie eine transparente, zweckgerichtete und wirtschaftliche Mittelverwendung und setzen damit ein weiteres Signal: Sie zeigen, dass Sie mit den Ihnen anvertrauten Mitteln verantwortungsbewusst umgehen und beweisen auf diese Weise Kompetenz und Professionalität.

Kurz: Sie erfüllen ein weiteres Qualitätsmerkmal und nutzen ein zusätzliches Instrument, um auf Seiten Ihrer Förderer Vertrauen zu schaffen.

8.4 Öffentlichkeitsarbeit

Mit Ihrer Öffentlichkeitsarbeit gestalten Sie aktiv das Profil Ihrer Kita. Dabei stehen die Lebenswelt Ihrer Einrichtung und deren Aktivitäten im Mittelpunkt. Ihre Öffentlichkeitsarbeit sorgt dafür, dass Ihre Arbeit als attraktiv und unterstützenswert wahrgenommen wird.

Darüber hinaus bringt Ihre erfolgreiche Öffentlichkeitsarbeit auch Ihren Unterstützern einen Nutzen, vor allem dann, wenn es sich um Unternehmen handelt. Auch sie können ihr Engagement auf diese Weise öffentlichkeitswirksam darstellen und von dem dadurch gestärkten positiven Image profitieren.

Ziele Ihrer Öffentlichkeitsarbeit sind daher:
- das Profil Ihrer Kita attraktiv in die Öffentlichkeit zu tragen und Ihren Bekanntheitsgrad zu steigern.
- Aufmerksamkeit für Ihre Ziele und Projekte zu wecken.
- den Erfolg Ihrer Fundraising-Maßnahmen zu erhöhen, also dauerhaft neue Förderer zu gewinnen und zu binden sowie höhere Spendeneinnahmen zu erzielen.

- das Engagement Ihrer Unterstützer publik zu machen (sofern diese das wünschen!).

Der Begriff »Öffentlichkeitsarbeit« umfasst nicht nur Berichte, die in der Presse über Ihre Kita erscheinen, sondern alle Print- und Online-Medien, die der Außendarstellung Ihrer Arbeit dienen. Zu einer wirksamen Öffentlichkeitsarbeit gehören also beispielsweise ...

Ihre Homepage:

Für eine gelungene Öffentlichkeitsarbeit ist ein guter Internetauftritt heutzutage Pflicht. Achtung: Halten Sie eine Homepage stets überschaubar und leicht nachvollziehbar. Sorgen Sie für ein unaufdringliches Layout. Verwenden Sie eine einfache und nachvollziehbare Sprache, die auch von Außenstehenden verstanden werden kann (kein Fach-Chinesisch!). Beschränken Sie sich auf maximal sieben Unterpunkte.

Ihre Image-Broschüre:

Sie ist das »objektive Porträt« Ihrer Kita. Eine kleine Zeitschrift mit ansprechendem Foto- und Textmaterial zu Ihrer Einrichtung. Pflichtelemente: Ihr Leitbild, »Zahlen, Daten & Fakten«, »Was Ihre Einrichtung von anderen abgrenzt«. Beachten Sie bitte unbedingt: Es geht bei der Image-Broschüre nicht um Werbung! Informieren Sie sachlich, aber menschlich und achten Sie auch hier auf eine übersichtliche und verständliche Darstellung.

Ihre Pressemappe:

Eine Zusammenstellung von Infomaterialien, die Medienvertretern die Chance gibt, sich schnell einen guten ersten Eindruck von Ihrer Einrichtung zu machen. Pflichtelemente: Image-Broschüre, die letzten drei Pressemitteilungen, der Pressespiegel zu Ihrer Einrichtung, Statements von Meinungsbildnern zu Ihrer Einrichtung und eine auf CD gebrannte Auswahl guten Bildmaterials inklusive Logo.

Machen Sie es Ihren Ansprechpartnern in den Redaktionen leichter. Wenn Sie über ein gelungenes Projekt oder das erfolgreiche Engagement eines Unterstützers berichten wollen, sollten Sie eine ansprechende Pressemitteilung vorbereiten. Was dazu gehört:
- Versehen Sie Ihre Pressemitteilung klar und deutlich mit den Worten »Pressemitteilung« oder »Presse-Info«.

- Formulieren Sie eine Überschrift, die neugierig macht und Interesse am Weiterlesen weckt.
- Sorgen Sie für eine allgemein verständliche Einleitung (Lead-Satz), die auch Medienvertreter verstehen, die keine Ahnung von Kitas haben.
- Benennen Sie einen konkreten Ansprechpartner inklusive aller Kontaktdaten, an den sich die Redaktion bei Rückfragen wenden kann.
- Verwenden Sie kurze Sätze (maximal 20 Wörter pro Satz).
- Formulieren Sie mit aktiven Verben. Passive Verben machen einen Text langweilig!
- Achten Sie unbedingt darauf, dass Namen, Titel, Berufsbezeichnung oder Alter der Personen, die Sie nennen, richtig sind.
- Beschränken Sie Ihre Pressemitteilung auf maximal 2 DIN-A4-Seiten.
- Vermeiden Sie Abkürzungen.
- Verzichten Sie auf Nebensätze.
- Lassen Sie Ihre Pressemitteilung wenn möglich vor Versendung von einer oder mehreren Person/en Korrektur lesen.

Bilder sagen mehr als tausend Worte. Dieser Satz gilt natürlich ganz besonders für Ihre Öffentlichkeitsarbeit. Halten Sie deshalb stets ansprechendes und aktuelles Bildmaterial zu Ihrer Kita bereit. Das ist nicht nur für Ihre Homepage, Broschüre oder Pressemitteilung wichtig, sondern auch für Ihre Förderer. Denn diese können sich im wahrsten Sinne des Wortes »selbst ein Bild machen«. Das schafft Vertrauen.

Nutzen Sie diese vier Vs der Öffentlichkeitsarbeit:
- **Verständigung:** Es handelt sich um die Fähigkeit zur offenen Kommunikation. Bauen Sie Kontakte zu den relevanten Medien auf. Sorgen Sie für Kontakte zu Meinungsbildnern aus Politik und Verwaltung. Achten Sie darauf, dass in Ihrer Einrichtung immer ein konkreter Ansprechpartner für Personen aus diesem Umfeld bereit steht. Im Klartext: Installieren Sie einen »Leiter Öffentlichkeitsarbeit«.
- **Verstehen:** Kernziel ist die allgemein verständliche Aufbereitung von Informationen. Es geht darum, Tatsachen, Umstände und Zusammenhänge objektiv darzustellen, ohne die Wirklichkeit zu schönen. Damit gewährleisten Sie innerhalb und außerhalb der Einrichtung Einsicht in den Alltag Ihrer Kita und Verständnis für die Herausforderungen, denen Sie sich stellen.
- **Verständnis:** Wenn Sie Punkt 1 und Punkt 2 befolgt und umgesetzt haben, vollzieht sich das dritte für die effektive Öffentlichkeitsarbeit relevante V automatisch: Verständnis ist vorhanden. Medien und För-

derer verstehen, was Ihre Einrichtung bewegt, und Sie verstehen, was die Öffentlichkeit bedeutsam findet.

- **Vertrauen:** Die letzte Stufe: Auf der Grundlage von Verständigung, Verstehen und Verständnis wird ein Vertrauensverhältnis zwischen Ihrer Einrichtung und der Öffentlichkeit und den Medien hergestellt. Jetzt ist eine Basis für die Zusammenarbeit bei der Informationsverteilung gelegt. Die Kita als Einrichtung verarbeitet und produziert gesellschaftlich relevante Informationen und Inhalte.

Schaffen Sie in Ihrem Team ein Bewusstsein für die Notwendigkeit der Öffentlichkeitsarbeit. Verdeutlichen Sie, dass sich dabei nicht um plumpe Werbung, sondern um die aktive Gestaltung Ihres Profils und eine tragende Säule Ihres Fundraising handelt.

Bilden Sie – wenn möglich – ein Team, dass sich ausschließlich mit dem Thema Öffentlichkeitsarbeit beschäftigt, die Kontakte zu Medien pflegt und dafür sorgt, dass die Inhalte der Homepage sowie die Print-Medien immer auf dem aktuellen Stand sind.

Wenn Sie eine Veranstaltung planen, zu der auch die Öffentlichkeit eingeladen ist, beispielsweise den Tag der offenen Tür oder eine Benefizveranstaltung, informieren Sie hierüber – mit einer Pressemappe – die Presse schon vorher und laden Sie Pressevertreter zur Veranstaltung ein.

 Praxis-Beispiel:

Eine Kita im Rheinland hat kürzlich bewiesen, wie gelungen Fundraising und Öffentlichkeitsarbeit Hand in Hand gehen.

Sie hat gemeinsam mit der lokalen Wirtschaft gearbeitet. Unternehmen aus der unmittelbaren Umgebung waren aufgerufen, den Kindern zu zeigen, was alles in ihrer Nachbarschaft in der Wirtschaft bewegt wird. Kinder lernten Betriebe – vom Stahlbauer, der in alle Welt liefert, bis zum Bio-Bauern, der seine Tiere auf den benachbarten Wiesen hält – kennen. Spannende Ausflüge wurden unternommen.

Aus dem sechs Monate dauernden Projekt erstellten die Kinder die Zeitschrift »Unser Viertel«. Darin berichteten sie von ihren Erfahrungen und Erlebnissen. Geld wurde eingenommen durch Anzeigenschaltung der Firmen. Die Kinder präsentierten diese Zeitschrift der Presse, die ausgiebig über das Projekt und die Unternehmen berichtete. Die Förderer waren zufrieden.

Und dann organisierte die Kita noch einen Diskussionsabend mit Politikern/-innen, Unternehmen und Kindern zum Thema »Entwicklungsmöglichkeiten in unserem Stadtviertel«. Auch über diesen Abend wurde ausgiebig in Zeitung und Radio berichtet.

Die Folge: Weitere Unternehmen richteten sich mit Kooperationswünschen an die Kita. Ein hoher vierstelliger Betrag (durch Anzeigenschaltung, Eintrittsgelder für Veranstaltungen) floss in die Kasse der Einrichtung. Und den Kindern wurde ein pädagogisch anspruchsvolles Programm in ihrem unmittelbaren Lebensumfeld geboten.

8.5 Denken in Projekten

Kennzeichnend für ein Projekt ist immer die zeitliche Begrenzung, d. h. Anfangs- und Endpunkt sind klar definiert. Ein Projekt hat also stets eine eindeutig festgelegte Dauer. Darüber hinaus können für ein Projekt messbare Ziele (SMART) definiert werden.

Erinnern Sie sich an unser Zielsystem aus Kapitel 4? Das sah so aus:

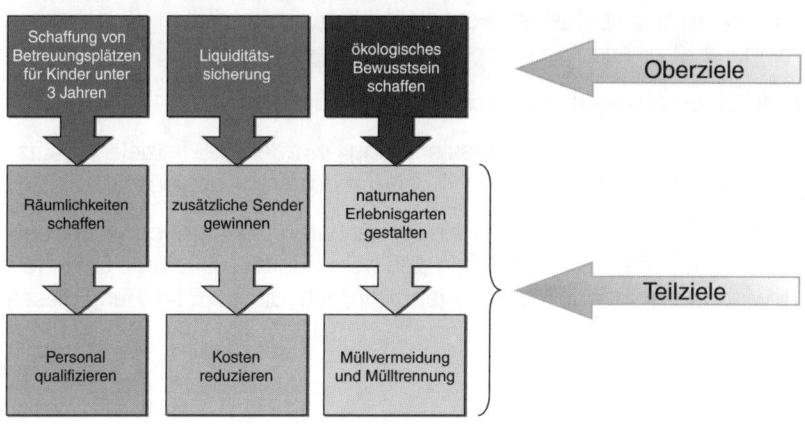

Nehmen wir als Beispiel das Oberziel »ökologisches Bewusstsein schaffen«: Es handelt sich um ein Ziel, aber nicht um ein Projekt, denn es gibt keinen klaren Endpunkt.

So lange Ihre Kita dieses Ziel verfolgt, werden Sie mit jedem Jahrgang, der in Ihrer Kita betreut wird, an diesem Ziel arbeiten und sich stets aufs Neue überlegen, wie Sie dieses Ziel umsetzen können.

Die Überlegung »Wie kann ich mein Ziel umsetzen« führt zum Denken in Projekten.

Damit ist gemeint, dass Sie Ihre Gesamtaufgabe in viele kleine Teile zerlegen. Ähnlich wie bei einem Puzzle trägt jedes dieser Teile dazu bei, dem gesetzten Ziel ein Stück näherzukommen und die Gesamtaufgabe zu erfüllen. Ihre Aufgabe konkretisiert sich und wird überschaubar.

Überschaubarkeit ist auch einer der Vorteile, die das Denken in Projekten mit sich bringt.

Stellen Sie sich vor, Sie planen, Ihren runden Geburtstag ganz groß mit Familie und Freunden zu feiern. Bestimmt erstellen Sie eine Gästeliste, damit Sie auf gar keinen Fall jemanden vergessen. Vermutlich werden Sie sich auch notieren, wann welche Arbeiten erledigt sein müssen. Das kommt dem Denken in Projekten schon sehr nahe: In Ihrer Planung bilden Sie verschiedene Gruppen, beispielsweise »Gäste«, »Essen und Getränke«, »Einkaufsplan«, »Kochen und Backen«. Diesen Gruppen (oder Projekten) ordnen Sie die jeweiligen Aufgaben zu. Das hilft Ihnen, die Übersicht zu behalten, nichts Wichtiges zu vergessen und alles termingerecht zu erledigen.

Betrachten wir noch einmal das obige Zielsystem:

Aus dem Oberziel »Liquiditätssicherung« wurden die Teilziele »zusätzliche Spender gewinnen« und »Kosten reduzieren« abgeleitet.

Diese Teilziele werden nun in einem nächsten Schritt noch weiter aufgefächert. Beispielsweise lassen sich dem Punkt »zusätzliche Spendergewinnung« folgende Maßnahmen zuordnen, die zur Erreichung dieses Ziels beitragen könnten:

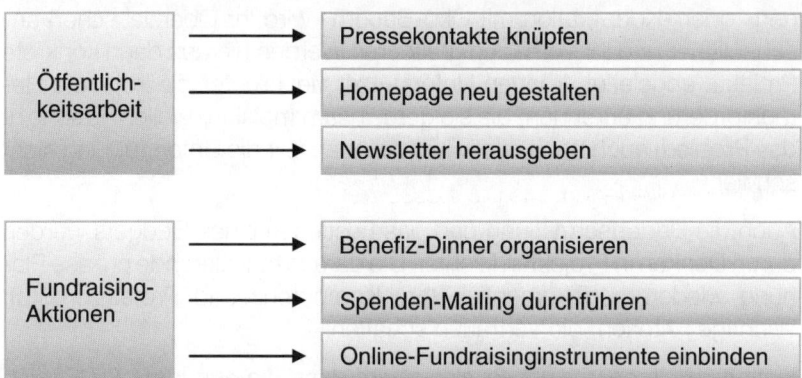

Sie haben aus Ihrem Teilziel »zusätzliche Spendergewinnung« weitere Unterziele entwickelt, nämlich »Entwicklung der Öffentlichkeitsarbeit« und »Umsetzung von Fundraising-Aktionen«.

Sie überlegen, was Sie tun sollten, um Ihre Öffentlichkeitsarbeit zu stärken. Es bilden sich drei Projekte heraus, nämlich »Pressekontakte knüpfen«, »Homepage neu gestalten« und »Newsletter herausgeben«. Aus diesen Projekten lassen sich nun entweder detaillierte Aufgaben entwickeln oder – wenn das Aufgabenpaket noch zu groß sein sollte – weitere Teilprojekte.

Im Ergebnis erreichen Sie nicht nur größere Übersichtlichkeit, sondern es fällt Ihnen auch wesentlich leichter einzelne Schritte zu planen und einen Zeithorizont für die Erreichung Ihrer jeweiligen Ziele zu definieren. Gleichzeitig wissen Sie, dass jedes Ihrer Projekte einen Beitrag zur Erreichung Ihrer Teil- und Oberziele leistet, denn die Projekte sind ja aus der Ableitung hieraus entstanden.

Darüber hinaus wird die Aufgabe, die Sie sich und Ihren Unterstützern gestellt haben, leichter lösbar. Während Ihre Oberziele noch recht vage sind und viel Raum lassen für individuelle Interpretationen, werden die Ziele immer konkreter, je weiter sie auf die nächste Ebene herunter gebrochen werden.

Die Förderung des ökologischen Bewusstseins von Kindern ist ganz sicher ein Ziel. Je nach Perspektive und persönlichen Präferenzen kann es aber auf ganz unterschiedlichen Wegen erreicht werden. Mit dem Herunterbrechen dieses Oberziels auf Teilziele wie »Erlebnisgarten anlegen« oder »Kooperation mit Öko-Bauern« wird Ihr Oberziel schon anschaulicher und Ihr Vorhaben greifbarer. Werden hieraus dann konkrete Projekte abgeleitet, können Unterstützer viel leichter die konkrete Herausforderung erkennen, die sie gemeinsam meistern wollen. Erscheint das Problem auch noch relativ leicht lösbar, fällt die Unterstützung nicht schwer.

Auch die Bedarfsermittlung und das Festlegen eines Budgets werden durch Denken in Projekten leichter. Die daraus resultierende präzise Planung wiederum dokumentiert Ihre Kompetenz und Professionalität: Wichtige Kriterien, die Vertrauen schaffen!

Institutional readiness heißt also auch, dass Sie aus Ihren Oberzielen Projekte abgeleitet haben. Für die Umsetzung dieser Projekte haben Sie Prioritäten vergeben und einen Zeitplan erstellt. Für jedes Projekt wurden SMARTE Ziele definiert.

 Praxis-Tipp:

Wenn Sie planen, sich an Wettbewerben (siehe Kapitel 9.12) zu beteiligen oder Stiftungsanträge (9.11) zu stellen, ist das Denken in Projekten unbedingte Voraussetzung. Denn in der Regel handelt es sich dabei um sogenannte Projektförderung, das heißt, klar definierte Projekte sind zwingende Teilnahme- bzw. Antragsvoraussetzung.

8.6 Organisation

Jede Organisation – und damit selbstverständlich auch Ihre Kita – besteht aus einer Aufbau- sowie einer Ablauforganisation.

Während die Aufbauorganisation die hierarchische Struktur Ihrer Kita beschreibt, beschäftigt sich die Ablauforganisation mit einzelnen Arbeitsprozessen.

Mit der Aufbauorganisation wird also der Rahmen geschaffen, aus dem sich Führungsfunktionen, Verantwortlichkeiten und Weisungsbefugnisse ergeben. Aus der Aufgabenanalyse und -synthese ergeben sich Stellen und Abteilungen.

Ziele der Aufbauorganisation sind:

- eindeutige Klärung von Aufgaben, Kompetenzen, Verantwortung und Befugnissen
- Schaffung organisatorischer Einheiten (= Stellen, Gruppen oder Abteilungen), so dass
  - möglichst geringe Abstimmungs- und Reibungsverluste entstehen;
  - kurze Informationswege innerhalb und zwischen den Organisationsebenen bestehen;
  - der Verwaltungsaufwand möglichst gering gehalten wird.

Bei der Ablauforganisation geht es hingegen um einzelne Prozesse, also um die Kette notwendiger Arbeitsschritte um eine bestimmte Aufgabe zu erfüllen.

Bezogen auf Ihre Kita sind die Kernaufgaben, nämlich die pädagogische Betreuung und liebevolle Zuwendung, selbstverständlich keiner Regelung im Rahmen einer Ablauforganisation zugänglich. Dies ist auch nicht gewünscht. Allenfalls kann ein grober Ablauf des Tages vorgegeben werden.

Hingegen können die im Zusammenhang mit der Verwaltung Ihrer Kita, dem Beziehungs- und Spendermanagement oder der Buchhaltung anfallenden administrativen Aufgaben sehr wohl einer kritischen Überprüfung unterzogen werden. Sind diese Prozesse und Abläufe effizient und effektiv? Müssen Sie neu gestaltet oder verändert werden? Erfüllen Sie die Ausrichtung einer spenderorientierten Organisation?

 Praxis-Beispiel:

Sie haben eine größere Spende erhalten und der Spender hat um Zusendung einer Zuwendungsbestätigung gebeten.

Ihr interner Ablauf ist so gestaltet, dass Zuwendungsbestätigungen üblicherweise erst am Ende des Jahres versandt werden. Hiervon weiß Ihr Spender jedoch nichts und die Mitarbeiterinnen, die seine Bitte jeweils entgegennahmen, hatten versäumt, ihn hierauf hinzuweisen. Verständlicherweise ist Ihr Unterstützer beim dritten telefonischen Nachfassen, wo denn die versprochene Zuwendungsbestätigung bleibt, einigermaßen verärgert.

Diesen Unmut auf Seiten Ihrer Unterstützer sollten Sie unbedingt vermeiden. Das gelingt, indem Sie die entsprechenden Prozesse kritisch prüfen und unter Umständen neu organisieren oder den Ablauf modifizieren.

Im vorliegenden Beispiel könnte man entweder zu dem Ergebnis kommen, dass es künftig sinnvoller ist, Zuwendungsbestätigungen unmittelbar nach Erhalt der Spende zuzusenden.

Alternativ könnten Sie folgenden Prozess definieren:

Ein Mitglied Ihres Teams ist grundsätzlich für die Spenderbetreuung zuständig. Wann immer ein Spender sich mit einem Anliegen an die Kita wendet, ist der Verantwortliche hierüber, sofern er nicht direkt erreichbar ist, mit einer Gesprächsnotiz zu informieren. Name und Telefonnummer des Anrufers sowie dessen Anliegen sind zu notieren. Dem Anrufer wird ein baldmöglicher Rückruf zugesagt. Dasjenige Team-Mitglied, das für die Spenderbetreuung zuständig ist, räumt solchen Anfragen Priorität ein und wird den Spender unverzüglich zurückrufen, um das Anliegen zu klären.

Damit ein solcher Prozess auch in der Praxis funktioniert und Anfragen nicht in der täglichen Arbeit »untergehen«, ist es wichtig, Hilfsstrukturen zu schaffen.

Entwickeln Sie beispielsweise ein Formular »Gesprächsnotiz«, das bereits vorgegebene Felder wie Name und Telefonnummer enthält. Dann gerät es nicht in Vergessenheit, notwendige Kontaktdaten zu erfragen. Auch eine Auswahl immer wiederkehrender Anliegen, wie beispielsweise »Bitte um Rückruf«, »Bitte um Gesprächstermin«, »Zusendung von Informationen« etc., können bereits vorgegeben werden und müssen dann nur noch angekreuzt werden.

Legen Sie in jedem Raum ausreichend Kopien des Formulars bereit, damit Ihre Team-Mitglieder diese gleich zur Hand haben und nicht lange suchen müssen.

Stellen Sie sicher, dass die Information ihren Empfänger erreicht. Sorgen Sie für einen zentralen Platz im Büro, beispielsweise einen »Post-Korb« für jedes Team-Mitglied. Dort können die jeweiligen Gesprächsnotizen dem zuständigen Mitarbeiter direkt zugeordnet werden. Es gehört zu den täglichen Aufgaben aller Team-Mitglieder, den eigenen Post-Korb regelmäßig – und mindestens 1 × täglich – auf Eingänge zu überprüfen.

Im Zusammenhang mit der Frage, ob im Bereich der Organisation »institutional readiness« gegeben und Ihre Kita »fit fürs Fundraising« ist, sind beispielsweise folgende Fragen zu beantworten:

- Wurde eine klare Entscheidung für die Entwicklung einer Fundraising-Strategie getroffen?
- Sind Aufgaben des Fundraising gleichrangig und solide neben den pädagogischen Aufgaben in der Organisationsstruktur Ihrer Kita verankert?
- Ist die hierarchische Struktur eindeutig festgelegt?
  - Besteht Klarheit im Hinblick auf Verantwortlichkeiten, Aufgabenzuordnung und Weisungsbefugnis?
  Es ist sinnvoll, diese hierarchische Struktur in einem Organigramm graphisch darzustellen und an gut sichtbarer Stelle (oder auch mehreren Stellen) aufzuhängen. Das erleichtert neuen Team-Mitgliedern die Orientierung und schafft gegenüber Außenstehenden, zum Beispiel den Eltern, Transparenz.

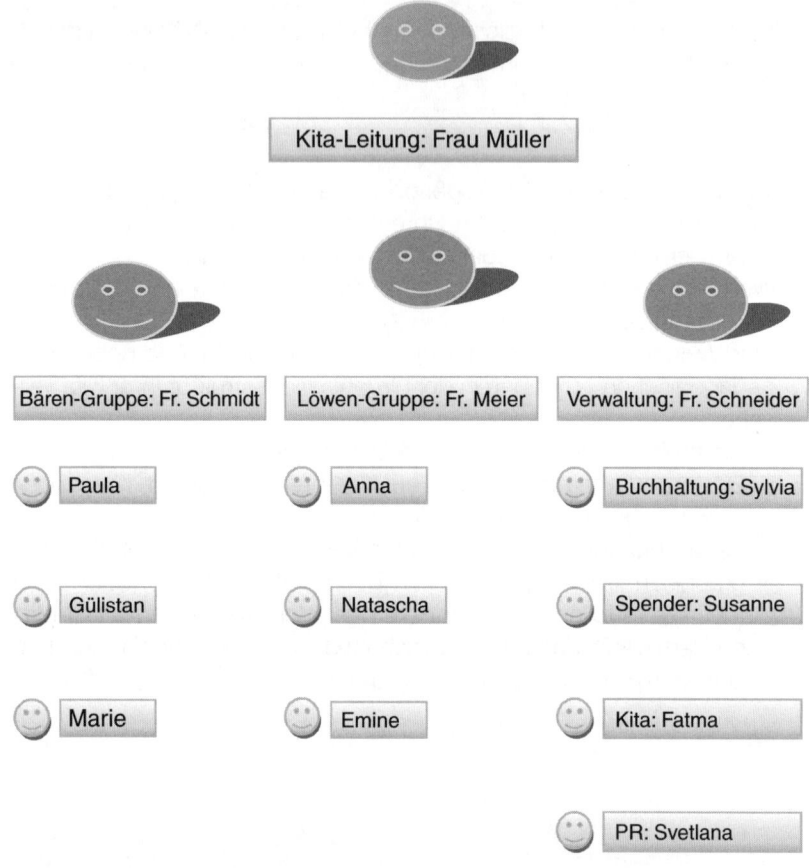

Überprüfen Sie, ob die notwendigen Vorarbeiten erledigt sind.

Checkliste »institutional readiness«	
Ziele und Leitbild	
Sie haben ein prägnantes Leitbild entwickelt, das auch Ihre Wertekultur sowie einen Verhaltenskodex beinhaltet.	☐
Sie haben Ziele formuliert.	☐
Aus den Oberzielen haben Sie SMARTE Teilziele abgeleitet.	☐
SWOT-Analyse	

Checkliste »institutional readiness«

Sie haben die SWOT-Analyse durchgeführt.	☐
Es wurde ein Stärken-Schwächen-Profil erstellt.	☐
Kernkompetenzen werden als Alleinstellungsmerkmale besonders hervorgehoben.	☐
Aus den Ergebnissen der SWOT-Analyse wurden konkrete Handlungsstrategien abgeleitet und formuliert.	☐
Stakeholder-Analyse	
Ihr Beziehungsnetz haben Sie analysiert. Die Interessengruppen wurden unter den Gesichtspunkten von Interesse und Einfluss klassifiziert.	☐
Sie haben zielgruppenorientierte Handlungsstrategien formuliert.	☐
Controlling und Evaluation	
Kennzahlen und Indikatoren, die in einem Ursache-Wirkungszusammenhang zu Ihren Zielen stehen, wurden definiert.	☐
Aus den vorhandenen statistischen Daten und Informationen aus der Vergangenheit haben Sie entsprechende Vergleichszahlen vorbereitet.	☐
Finanzen	
Sie haben einen mittelfristigen Geschäftsplan erstellt.	☐
Ein Fundraising-Budget wurde festgelegt.	☐
Zahlungsdaten der Spender werden erfasst (Bankverbindung, Spendenhöhe etc.)	☐
Für jedes Projekt werden eine Bedarfsplanung sowie ein Budgetplan erstellt.	☐
Ihre projektbezogene Finanzplanung berücksichtigt auch kalkulatorische Kosten.	☐
Eingehende Spenden können eindeutig den verschiedenen Projekten zugeordnet werden.	☐
Ausgehend von den SMART definierten (Projekt-)Zielen wurden Kennzahlen und Indikatoren festgelegt.	☐

Checkliste »institutional readiness«	
Sie haben sichergestellt, dass Ihr Finanzmanagement die notwendigen Daten zur Berechnung von Kennzahlen/Indikatoren auch »liefern« kann.	☐
Vorhandene (statistische) Daten haben Sie so aufbereitet, dass auf dieser Basis künftig Vergleichsrechnungen möglich sind.	☐
Öffentlichkeitsarbeit	
Ausgehend von Leitbild und Zielen, haben Sie eine »Marke« für Ihre Kita geschaffen, die klar und wiedererkennbar nach innen und außen kommuniziert wird.	☐
Diese »Marke« wird als Corporate Identity einheitlich in der Außendarstellung eingesetzt.	☐
Flyer, Broschüren und Homepage sind auf dem aktuellen Stand.	☐
Kontakte zu Ansprechpartnern in den Lokalredaktionen wurden geknüpft.	☐
Eine Pressemappe wurde erstellt.	☐
Sie haben eine Kommunikationsstrategie entwickelt.	☐
Interne Informationswege zwischen Projektverantwortlichen und Verantwortlichen für die Öffentlichkeitsarbeit wurden festgelegt.	☐
Für die verwendeten Fotos liegen die Urheberrechte vor. Die Erlaubnis zur Veröffentlichung wurde – falls notwendig – eingeholt.	☐
Planung	
Ausgehend von den Handlungsstrategien wurden konkrete Projekte und Aufgaben formuliert.	☐
Zuständigkeiten und Verantwortungsbereiche sind jeweils klar definiert.	☐
Mithilfe der ABC-Analyse haben Sie für Projekte und Aufgaben Prioritäten vergeben.	☐
Sie haben eine Aufgabenplanung für unterschiedliche Zeithorizonte (kurz-, mittel- und langfristig) erstellt.	☐
Die vorhandenen Ressourcen (räumlich, materiell, personell und finanziell) wurden geprüft.	☐

Checkliste »institutional readiness«

Sofern Ressourcen fehlen, wurde hierzu jeweils ein Bedarfsplan erstellt.	☐
Aufgaben des Fundraising sind in Ihrer Organisationsstruktur solide verankert. Dies gilt insbesondere für Gemeinschaftsaufgaben wie beispielsweise Öffentlichkeitsarbeit und spenderorientierte administrative Prozesse.	☐

Projektplanung

Das jeweilige Projekt ist konkret beschrieben und über SMARTE Ziele definiert.	☐
Ein Budget wurde erstellt, ebenso ein Bedarfsplan.	☐
Zuständigkeiten sind eindeutig bestimmt.	☐
Meilensteine wurden als Zwischenziele definiert.	☐
Der Informationsfluss zwischen Projekt-Team und den übrigen Organisationsbereichen (beispielsweise Öffentlichkeitsarbeit, Buchhaltung) ist beschrieben und sichergestellt.	☐
Maßnahmen der Evaluation sind fester Bestandteil der Projektplanung.	☐

Spendermanagement

Kontaktdaten werden regelmäßig gepflegt und aktualisiert.	☐
Ihre Wertekultur sowie Offenheit, Ehrlichkeit und Transparenz prägen die Beziehung zu Ihren Unterstützern.	☐
Ziele und Leitbild sind so formuliert, dass sie von potentiellen Unterstützern nachvollzogen und als unterstützenswert angesehen werden.	☐
Interessen und Motive der Spender wurden analysiert und werden im Fundraising-Konzept berücksichtigt.	☐
Die Beziehung zu Unterstützern wird regelmäßig und systematisch gepflegt. Spender werden kontinuierlich informiert, über Projektfortschritte und Erfolge wird regelmäßig berichtet.	☐
Geplante Projekte werden auch daraufhin überprüft, ob sie den Erwartungen der Unterstützer entsprechen. Dementsprechend werden zielgruppenorientierte Kommunikationsstrategien entwickelt.	☐
Die eigenen Erwartungen der Kita an potentielle Unterstützer sind realistisch.	☐

Checkliste »institutional readiness«

Der ehrliche Dank an die Spender erfolgt unmittelbar nach Erhalt der Spende und ist so persönlich wie möglich.	☐

Administrative Prozesse

Ihre im Leitbild beschriebene Wertekultur spiegelt sich in Ihrer täglichen Arbeit.	☐
Abläufe sind auf ihre Effizienz und Effektivität, vor allem aber auch auf Spenderorientierung überprüft. beispielsweise:	
o *Können Kostenvorteile durch optimiertes Bestellmanagement erzielt werden?*	☐
o *Lassen sich bestimmte Aufgaben schneller und besser durch Nutzung eines Software-Programms erledigen?*	☐
o *Sind Qualifizierungsmaßnahmen notwendig, um wichtige Kompetenzen zu trainieren? Können dadurch eventuell bisher an Dritte vergebene Aufgaben vom Kita-Team übernommen werden?*	☐
o *Gibt es klare Regelungen zum Umgang mit Beschwerden?*	☐
o *Können Bearbeitungszeiten, beispielsweise von Anfragen, optimiert werden?*	☐
o *Sind Kommunikations- und Informationswege sicher, und zwar sowohl im Hinblick auf Datensicherheit wie auch die schnelle Weitergabe von Informationen.*	☐
Es finden regelmäßige Team-Treffen statt.	☐
Datenschutz, Urheber- und Persönlichkeitsrechte:	
o *Alle Team-Mitglieder sind für diese Problematik sensibilisiert.*	☐
o *Ein Datenschutzbeauftragter wurde benannt und entsprechend geschult.*	☐
o *Datenschutz wird als Qualitätsmerkmal betrachtet und ist Bestandteil der Wertekultur.*	☐
Datenbank:	
o *Daten werden an einer Stelle elektronisch erfasst.*	☐
o *Alle relevanten Adressen sind erfasst und auf ihre Aktualität hin überprüft.*	☐

172

Checkliste »institutional readiness«	
○ Sofern mit dem Datenschutz vereinbar, werden auch Informationen erfasst, die der Spenderorientierung und -pflege dienen.	☐
○ Die Datenbank wird kontinuierlich gepflegt.	☐
○ Im Hinblick auf den Datenschutz werden nicht mehr benötigte Daten gelöscht.	☐

Damit haben Sie nun den Grundstein für den Aufbau einer erfolgreichen Fundraising-Strategie gelegt. In Kombination mit Ihren Zielen und den formulierten Handlungsstrategien ergibt sich ein klares Bild, wie Sie Ihre Kita in eine erfolgreiche Zukunft steuern.

Fassen Sie das Ganze noch einmal graphisch zusammen, damit das ganze Team sich das Bild Ihrer Kita sowie die entsprechenden Handlungsfelder einprägen kann.

Für die Kita SpielSpass könnte das stark vereinfacht so aussehen:

Selbstverständnis:

- Wir gestalten aktiv Zukunft!

- Unsere Kernkompetenzen:
- Ökologisches Bewusstsein schaffen
- ressourcenschonendes Handeln

- Partner auf Augenhöhe: für die uns
- anvertrauten Kinder, deren Eltern
- und unsere Unterstützer fördern
- PPar

Unsere Ziele:	Schaffung von Betreuungsplätzen für unter 3-Jährige	Liquiditäts-sicherung	ökologisches Bewusstsein und ressourcen-schonendes Handeln
Handlungsfelder			
Team	Fortbildungs-maßnahmen	für Kosten sensibilisieren	schulen
	Neueinstellung	Fundraising-Be-wusstsein schaffen	
Organisation	Umbaumaßnahmen	Controlling	Recyclingprodukte nutzen
	Spiel-/Lernmaterial für Kinder unter 3 J.		naturnaher Erlebnis-garten
Finanzen	Bedarfsermittlung	Liquiditäts- und Budgetplanung	Fundraising-Aktionen
	Fundraising-Aktionen		
Öffentlich-keitsarbeit	Vorberichte Presse	Soziale Netzwerke stärker nutzen	Projekt-Berichterstattung
	Überarbeitung Print- und Online-Medien		

9. Instrumente des Fundraising

In den vorangegangenen Kapiteln haben Sie sich die Bausteine erfolgreichen Fundraising erarbeitet:

Leitbild und Ziele Ihrer Kita sind SMART formuliert, Sie kennen Ihr Beziehungsnetz und wissen, dass potentielle Unterstützer ganz verschiedene Motive haben, sich für Ihre Projekte zu engagieren. Mithilfe der SWOT-Analyse haben Sie Handlungsstrategien entwickelt und die Organisation Ihrer Kita ist – ebenso wie Ihr Team – bereit, Fundraising erfolgreich umzusetzen.

Jetzt geht es um die konkreten Möglichkeiten, Unterstützer zu gewinnen und zum Mitmachen zu begeistern. Vor- und Nachteile sowie Praxis-Beispiele werden ebenso dargestellt wie etwaige rechtliche Stolpersteine, die es zu beachten gilt. Aus der Vielzahl von Fundraising-Instrumenten haben wir diejenigen ausgewählt, die auch mit kleinem Budget gut zu realisieren sind.

In der Regel werden Sie sich nicht auf den Einsatz eines einzelnen Fundraising-Instruments beschränken, sondern vielmehr eine Kombination verschiedener Instrumente wählen. Dann spricht man von einem Fundraising-Mix. Auf diese Weise können Sie unterschiedliche Zielgruppen erreichen und besonders effizient und effektiv Mittel einwerben.

Welches Fundraising-Instrument Sie für ein bestimmtes Projekt auswählen, ist stets von verschiedenen Faktoren abhängig. Bei der Auswahl helfen Ihnen folgende Leitfragen:

- Welche Zielgruppe(n) wollen wir ansprechen?
  Eltern haben andere Erwartungen an Ihre Kita haben als beispielsweise Unternehmen. Ältere Menschen sind eher mit klassischen Fundraising-Methoden wie beispielsweise dem Spendenbrief zu erreichen, während jüngere Unterstützer Möglichkeiten des Online-Fundraising bevorzugen.
  Um einen größtmöglichen Erfolg zu erzielen, sollte das von Ihnen gewählte Fundraising-Instrument diese unterschiedlichen Präferenzen berücksichtigen. Fundraising-Pyramide oder ABC-Analyse sind nützliche Hilfsinstrumente, um die Zielgruppe zu klassifizieren und zielgruppenorientiert anzusprechen.

- Wie und auf welchem Weg erreichen wir unsere Zielgruppe am besten?

  Menschen nutzen heute die ganze Bandbreite bestehender Informations- und Kommunikationssysteme: Während die einen sich über die Tageszeitung informieren, ziehen gerade jüngere Menschen das Internet und soziale Netzwerke vor. Ihr Ansprechpartner im Unternehmen ist hingegen möglicherweise am ehesten telefonisch zu erreichen.

- Was sind unsere konkreten Kampagnenziele?

  Legen Sie genau fest, welche Ziele Sie erreichen wollen und formulieren Sie diese SMART. Möchten Sie den Bekanntheitsgrad der Kita steigern, um auf diese Weise die Basis der Interessenten zu verbreitern? Benötigen Sie finanzielle Mittel? Wenn ja, in welcher konkreten Höhe? Für welchen Zweck sollen diese eingesetzt werden? Können Geldmittel durch Sach- und Fachleistungen oder Zeit und Arbeitskraft ersetzt werden?

- Wann soll unser Projekt starten?

  Die Umsetzung mancher Projekte ist an definierte Termine gebunden. Andere Projekte wiederum starten erst dann, wenn die benötigten Mittel beschafft sind. In Anlehnung hieran müssen auch die geeigneten Fundraising-Instrumente ausgewählt werden. Denn einige bringen sofort »Geld in die Kasse«, andere sorgen für einen stetigen, aber geringeren Mittelzufluss.

- Welches Budget, welche sachlichen, fachlichen und personellen Ressourcen stehen uns für die Kampagne zur Verfügung?

  Zwar können viele der nachfolgend vorgestellten Fundraising-Instrumente mit kleinem finanziellem Budget umgesetzt werden; Sie investieren aber auf jeden Fall Zeit und persönlichen Einsatz. Wie hoch diese Investition sein wird, hängt auch von den gewählten Fundraising-Instrumenten ab. So benötigen Sie zum Beispiel für eine Haustürsammlung mehrere engagierte Helfer, die vorbereitet und geschult werden müssen. Demgegenüber können einige Online-Fundraising-Instrumente, wie beispielsweise »click-to-donate«-Einträge, mit geringem Aufwand aufgebaut werden und bedürfen dann lediglich der regelmäßigen Pflege und Bewerbung.

Last but not least bestimmen natürlich auch Kosten-Nutzen-Überlegungen Ihre Entscheidung für oder gegen bestimmte Fundraising-Instrumente.

Kalkulieren Sie anhand des von Ihnen definierten Ziels mit welchen zusätzlichen Einnahmen Sie rechnen oder welche zeitliche Entlastung Sie sich von neu gewonnenen Zeitspendern erhoffen. Stellen Sie diesem »Gewinn« Ihren Aufwand gegenüber. Das sind nicht nur die tatsächlichen Kosten, also beispielsweise Porto, Papier oder Druckkosten, sondern ist auch die Zeit, die Sie und Ihr Team in Planung und Umsetzung einer Aktion investieren.

Nur wenn Aufwand und Nutzen aus Ihrer Sicht in einem vernünftigen Verhältnis zueinander stehen, sollten Sie die Kampagne umsetzen.

 Praxis-Tipp:

Auch wenn es sich auf den ersten Blick merkwürdig anhört: Geschäftsdrucksachen oder Geschäftsbriefe eignen sich hervorragend als Fundraising-Instrument.

Ergänzen Sie Ihre jeweiligen Schreiben einfach mit einem P. S. in dem Sie mit einem Satz auf ein bestimmtes Spendenprojekt oder eine besondere Spendenmöglichkeit hinweisen. So machen Sie beispielsweise auf die von Ihnen angebotene »click-to-donate«-Möglichkeit, Benefizveranstaltungen, Ihr Projekt auf einem Spendenportal oder Ihre Präsenz in sozialen Netzwerken aufmerksam.

Auf einfachste Weise und ohne besonderen Aufwand sorgen Sie so für mehr Beachtung Ihrer Fundraising-Aktivitäten.

Selbstverständlich können Sie genauso mit Ihrer Mail-Post verfahren und auch hier der Signatur ein P. S. anfügen.

Überfrachten Sie Ihr P. S. aber nicht. Besser sind häufigere Änderungen, damit der Zusatz von den Empfängern immer wieder neu gelesen wird.

9.1 Multiplikatoren, Kooperationen und Partnerschaften

Um neue Unterstützer zu gewinnen und die Basis für Ihre Fundraising-Aktionen zu verbreitern, bedarf es der stetigen Erweiterung des eigenen Netzwerks.

Nicht nur Eltern und Großeltern der Kita-Kinder sollen von Ihnen wissen und Sie unterstützen, sondern auch Dritte, die Ihnen auf vielfältige Weise Unterstützung bieten können.

Große Bedeutung als Multiplikatoren haben Schlüsselpersonen.

Dies kann der Bürgermeister oder Landrat, ein angesehener Unternehmer oder einen bekannte Einzelperson sein, die sich für Ihre Kita einsetzt und sie unterstützt. Diese Menschen sind sozusagen als Botschafter für Ihre Kita im Einsatz. Sie spenden in der Regel kein Geld, keine Sachmittel und keine Zeit, aber sie geben ihren guten Namen und ihre Reputation. Dies führt zwangsläufig zu einem Imagegewinn und der Steigerung des Bekanntsheitsgrades der Kita. Für Sie wird – unter Hinweis auf diese Schlüsselpersonen – die Erschließung neuer Netzwerke leichter.

Wie finden Sie mögliche Multiplikatoren?

Lesen Sie aufmerksam die lokale Tagespresse, sprechen Sie mit Menschen und versuchen Sie herauszufinden, wer als Botschafter für Ihre Kita interessant sein könnte.

Haben Sie geeignete Personen identifiziert, kontaktieren Sie diese und bitten Sie um ein persönliches Gespräch. Bereiten Sie sich hierauf gut vor, denn meist möchten auch andere Organisationen diese Menschen als Botschafter gewinnen. Warum sollte diese Person Sie unterstützen? Wo gibt es Berührungspunkte, gemeinsame Themen und Ziele? Welche konkreten Erwartungen haben Sie an Ihren Botschafter? Welchen Nutzen können Sie im Gegenzug anbieten?

Eine gute Adresse, um Multiplikatoren und Botschafter zu finden, sind die sogenannten Service-Clubs, wie beispielsweise Rotary, Lions, Round Table oder Zonta International. Service-Clubs sind exklusive Zusammenschlüsse von Menschen in leitenden Positionen und selbstständigen Unternehmern. Sie initiieren in der Regel nicht selbst Projekte, sondern unterstützen die Arbeit anderer gemeinnütziger Organisationen, beispielsweise durch finanzielle Mittel oder durch die Aktivierung ihres Netzwerks.

Im Internet können Sie leicht herausfinden, welche Service-Clubs in Ihrer Region tätig sind. Beachten Sie unbedingt die lokalen Zuordnungen. Auf den jeweiligen Internetseiten ist in der Regel der aktuelle Präsident bzw. die Präsidentin des lokalen Clubs angegeben. Wenden Sie sich an diesen mit der Bitte um ein Gespräch oder um die Möglichkeit, bei einem der nächsten monatlichen Treffen Ihr Projekt vorstellen zu dürfen. Beschränken Sie sich bei der Präsentation auf ein ganz konkretes Projekt und bitten Sie hierfür um Unterstützung. Stellen Sie dar, wo Identifikationspunkte zwischen Ihrer Arbeit und den Anliegen des Service-Clubs sind.

Übrigens: Auch die Wirtschaftsjunioren der Industrie- und Handelskammern engagieren sich für ehrenamtliche Zwecke. Darüber hinaus gibt es in vielen Regionen Marketing-Clubs oder andere Wirtschaftsvereinigungen, die ebenfalls über hervorragende Netzwerke verfügen und von Ihnen angesprochen werden sollten.

Eine weitere Möglichkeit, Multiplikatoren zu finden und zu binden, ist die Etablierung eines Freundeskreises oder eines Kita-Beirates. Durch Zusatzangebote oder durch beschränkte Zutrittsmöglichkeiten wird die Mitgliedschaft attraktiv. Sorgen Sie dafür, dass die Mitglieder Möglichkeiten haben, sich kennenzulernen. Dann bietet ein solches Netzwerk allen Seiten einen Gewinn.

Nehmen Sie Einladungen zu offiziellen Veranstaltungen wahr und nutzen Sie diese als Kontaktbörse. Knüpfen Sie Kontakte, tauschen Sie Visitenkarten aus und kündigen Sie an, sich in den nächsten Tagen noch einmal telefonisch mit Ihrem Gesprächspartner in Verbindung zu setzen.

Halten Sie guten Kontakt zu den Redaktionen der lokalen Presse. Stellen Sie eine Informationsmappe zusammen und suchen Sie das persönliche Gespräch mit den zuständigen Redakteuren. Laden Sie regelmäßig zu Veranstaltungen ein, übersenden Sie den Jahresbericht oder den regelmäßigen Newsletter.

Auf diese Weise erhöhen Sie die Bereitschaft, über Ihre Kita und deren Projekte zu berichten. Das steigert Ihren Bekanntheitsgrad und weckt das Interesse und die Bereitschaft, ebenfalls zu Ihrem Freundeskreis zu gehören.

Erstellen Sie einen Medienspiegel: Sammeln Sie Presseberichte, die über Ihre Arbeit oder Ihre Veranstaltungen berichten. Damit zeigen Sie, dass über ein Engagement mit Ihnen ausgiebig in der Presse berichtet wird. Für potentielle Unterstützer, insbesondere für Unternehmen, liegt hierin die Chance auf einen zusätzlichen Imagegewinn.

Mit der Zeit entsteht so eine breite Basis an Kontakten. Pflegen Sie diese Kontakte regelmäßig, um eine langfristige Bindung aufzubauen.

 Praxis-Tipp:

Arbeiten Sie aktiv am Aufbau von Kooperationen und Netzwerken. So können Sie Synergien nutzen, ihren Interessen gemeinsam mehr Gewicht verleihen oder projektbezogen zusammenarbeiten, um so Vorhaben umzusetzen, die ein Partner alleine nicht realisieren könnte. Bündeln Sie Ihre Ressourcen und unterschiedlichen Kompetenzen, um beispielsweise gemeinsam ein Theaterstück oder Musical aufzuführen, schaffen Sie teurere, aber vergleichsweise selten genutzte Geräte wie Beamer oder Farbkopierer gemeinsam an oder ....

Die Kita einer niedersächsischen Großstadt möchte künftig einen Schwerpunkt ihrer Arbeit auf das Thema gesunde Ernährung setzen. Es gelingt ihr, zwei Bio-Bauernhöfe und ein Restaurant als Kooperationspartner in das Projekt einzubinden. Während der zunächst einjährigen Projektlaufzeit lernen die Kinder durch regelmäßige Besuche die landwirtschaftliche Arbeit kennen. Sie erfahren etwas über Saat und Ernte und den Zusammenhang zwischen Boden, Klima und Wetter. Diese Erfahrungen setzen sie in ihrem neu angelegten Kita-Garten praktisch um, wobei sie Unterstützung und Anleitung von den beiden Landwirten erfahren. Die Köche des Restaurants besuchen mit den Kindern den Wochenmarkt, zeigen ihnen, woran man gute Lebensmittel erkennt und worauf man bei der Auswahl achten sollte. An gemeinsamen Kochtagen lernen die Kinder gesunde Küche kennen.

oder

Die Kita in einer niederrheinischen Stadt – als eingetragener Verein organisiert – möchte einen Datenschutzbeauftragten bestellen. Zwar ist sie hierzu rechtlich nicht verpflichtet; die Kita-Leitung sieht im verantwortungsvollen Umgang mit den ihr anvertrauten Daten jedoch ein Qualitätsmerkmal, das sie gerne nach außen dokumentieren möchte. Mehrere Kitas in der näheren Umgebung teilen diese Meinung und so schließen sich die Einrichtungen zusammen und beauftragen gemeinsam einen Datenschutzbeauftragten.

Rechts-Tipp:

Wann muss ein Datenschutzbeauftragter bestellt werden?

Gemäß § 4f BDSG ist dies zwingend notwendig, wenn ein Verein in der Regel mindestens 10 Personen ständig mit der automatisierten Verarbeitung personenbezogener Daten beschäftigt. Näheres in Kapitel 10.1.9.

oder

Eine saarländische Kita kooperiert mit dem lokalen Seniorenheim. Je nach persönlichem Interesse können die älteren Menschen Vorlesepatenschaften oder kleinere Aufgaben in der Verwaltung der Kita übernehmen. Gemeinsame Ausflüge und ein Bewegungsprogramm für Jung und Alt sind ebenfalls Bestandteil der Kooperation. Das Seniorenheim erweitert damit sein Leistungsangebot und verbucht einen Imagegewinn. Denn die älteren Menschen erfahren durch ihr Engagement in der Kita Wertschätzung und fühlen sich gebraucht.

Umgekehrt führt die Unterstützung durch die Senioren zu einer Entlastung für das Kita-Team. Zudem erwerben die Kinder soziale Kompetenzen im Umgang zwischen Alt und Jung. So profitieren beide Seiten von der Zusammenarbeit.

Es empfiehlt sich, Personen, die an Ihrer Kita aus verschiedenen Gründen interessiert sind (z. B. Multiplikatoren, Kooperationspartner, Helfer), mit ihren Kommunikationsdaten in einer Datenbank aufzulisten. Dann können Sie diesen Personenkreis stets über Neuigkeiten in ihrer Kita auf dem Laufenden halten (z. B. mittels Newsletter) oder auch bei Bedarf schnell mit möglichen Helfern in Kontakt treten.

 Praxis-Tipp:

Damit Sie die jeweilige Gruppe so zielorientiert wie möglich ansprechen können, sollten Sie sogenannte Filterkriterien vergeben, also beispielsweise »Erstspender«, »Dauerspender«, »Unternehmen«, »Multiplikator« oder »Zeitspender«. Selbstverständlich können einer Person oder einem Unternehmen auch mehrere solcher Filterkriterien zugeordnet werden (zum Beispiel »Erstspender« und »Unternehmen«). Auch oder zusätzlich lassen sich Klassifizierungskriterien, wie die ABC-Klassifizierung (siehe Kapitel 7.2) nutzen.

Das macht es Ihnen leichter, genau die Zielgruppe anzusprechen, die Sie erreichen wollen. Allerdings setzt dies voraus, dass Sie bei der Pflege der Datenbank auch die jeweils zugeordneten Kriterien überprüfen.

Rechts-Tipp:

Bitte sammeln Sie personenbezogene Daten nicht »heimlich«, sondern fragen Sie sie direkt bei den betroffenen Personen ab, zum Beispiel in einem Fragebogen.

Erstellen Sie Helferprofile (mit beruflichen Fähigkeiten und sonstigen Interessen) immer gemeinsam mit den Betroffenen.

Machen Sie deutlich,
* wer die Daten haben will (zum Beispiel der Förderverein),
* um welche Daten genau es sich handelt (z. B. Name, Anschrift, Telefonnummer, E-Mail-Adresse)
* und zu welchen Zwecken die Daten gespeichert und verwendet werden sollen, was Sie also konkret mit den Daten machen wollen (z. B. Versendung eines elektronischen Newsletters, Einladungen, Ansprache wg. Unterstützung und Spenden, Helferprofil).

Dies kann auf einem Fragebogen in einfachen, verständlichen Worten geschehen.

Bitte bedenken Sie: Wer nicht in wenigen Sätzen verständlich machen kann, was er mit einer Datensammlung bezweckt, sollte besser auf die Erhebung der Daten verzichten.

Der Fragebogen enthält ein Unterschriftenfeld und darüber den Hinweis:

»Mit meiner Unterschrift bestätige ich, dass ich in die Erhebung, Speicherung und Verwendung meiner Daten zu den oben angegebenen Zwecken einwillige.«

In rechtlicher Hinsicht ist dieser Aufwand nicht immer erforderlich.

Teilt beispielsweise ein Kooperationspartner oder Helfer seine Handy-Nummer oder E-Mail-Adresse dem Vereinsvorsitzenden mit, so können jene davon ausgehen, dass die Daten gespeichert und dazu verwendet werden, bei Bedarf mit ihnen Kontakt aufzunehmen. Weitere Informationen oder ein förmliches Einverständnis sind nicht erforderlich.

Aber im Sinne von »Friendmaking comes before Fundraising« ist es gerechtfertigt, den Respekt vor den persönlichen Daten der Unterstützer auch dadurch zu dokumentieren, dass man diese eingehend über die Datenverwendung informiert und um ihre Einwilligung bittet.

Hinzu kommt, dass Sie auf diese Weise auch in rechtlich problematischen Fällen auf der sicheren Seite ist.

So sind etwa mit der Versendung eines elektronischen Newsletters weitergehende Informationspflichten verbunden (Näheres Kapitel 10.2.5) und Spenden- sowie Mitgliederwerbung sollten Sie nur mit Einwilligung des Empfängers per E-Mail versenden (siehe 10.1.2).

Wenn Sie jemand um sein Einverständnis mit dem Erhalt von Werbeschreiben bitten, ist natürlich eine gewisse Kreativität in der Formulierung gefragt, damit dies nicht »plump« wirkt. Ein Beispiel finden Sie etwas später in Kapitel 9.3.1.

9.2 Das persönliche Gespräch

Das persönliche Gespräch ist die direkteste und individuellste Form des Fundraising.

Mit den Eltern Ihrer Kita-Kinder sind Sie ständig im Gespräch. Diese sind sehr gut über Ihre Arbeit, Ihre Zielsetzungen sowie künftige Projekte informiert und eng in den Alltag der Kita eingebunden. Gemeinsame Werte und die Identifikation mit Ihrer Philosophie sind die verlässliche Basis Ihrer Kommunikation.

In diesen Gesprächen dürfen Sie voraussetzen, dass die Eckpfeiler Ihrer Arbeit bekannt sind und aus eigenem Erleben als unterstützenswert angesehen werden.

Gleiches gilt auch für Kontakte zu Erst- und Dauerspendern.

Sie sind aber nun auf der Suche nach neuen Unterstützern: Vielleicht möchten Sie damit beginnen, Multiplikatoren für Ihre Kita zu gewinnen oder ein großes Unternehmen dazu bewegen, Sie finanziell zu unterstützen.

Am Anfang steht die Recherche: Sammeln Sie Informationen über die Organisationen oder Unternehmen, mit denen Sie ins Gespräch kommen wollen. Welche Philosophie legen diese ihrer Arbeit zugrunde? Engagieren sie sich bereits in gemeinnützigen Projekten? Wenn ja, in welchen?

Wer ist der richtige Ansprechpartner für Sie?

Bei Service-Clubs oder anderen Vereinen sollten Sie sich an den Präsidenten oder den Vorstand, bei Unternehmen an den Inhaber oder die Geschäftsleitung wenden. Hat das Unternehmen eine eigene Abteilung für Marketing, Kommunikations- und Öffentlichkeitsarbeit, finden Sie in der Regel dort Ihren Ansprechpartner.

Quellen für Ihre Recherche sind vorrangig die lokale Presse und das Internet. Und natürlich sollten Sie sich in Ihrem Netzwerk umhören. Möglicherweise hat jemand einen persönlichen Kontakt zu der Person, die Sie ansprechen möchten, und kann Ihnen mit einer Empfehlung »die Tür öffnen«.

Auch soziale Netzwerke wie beispielsweise Facebook oder das Business-Netzwerk XING eignen sich gut, um erste Kontakte zu knüpfen. Denn wesentlicher Zweck solcher Plattformen ist, sich zu vernetzen. Einen Kontaktwunsch müssen Sie dort nicht besonders begründen oder erklären.

Hat Ihr gewünschter Gesprächspartner den Kontakt bestätigt, können Sie unter Hinweis auf diese Vernetzung telefonisch Kontakt aufnehmen. Das macht den Erstkontakt einfacher.

Streben Sie einen persönlichen Gesprächstermin an. Sollte dies aus verschiedenen Gründen nicht klappen, dann vereinbaren Sie auch für ein ausführlicheres Telefonat einen Termin. Erklären Sie in kurzen Sätzen, wofür Ihre Kita steht und worin Sie aus Sicht des Unternehmens oder der Organisation interessante Anknüpfungspunkte sehen.

Jetzt kommt Ihnen die Arbeit zugute, die Sie sich bei der Erstellung des Leitbildes gemacht haben. Sie sind in der Lage, Ihre Kita präzise und unverwechselbar in wenigen Sätzen zu präsentieren und auf dieser Basis eine Verbindung zu Ihrem Gegenüber herzustellen.

So könnte die Vorbereitung eines solchen Gesprächs aussehen:

 Praxis-Beispiel:

Die Kita SpielSpass will mit ihrem pädagogischen Konzept ökologisches Bewusstsein stärken und ressourcenschonendes Handeln fördern. Ein Meilenstein auf diesem Weg ist die Umgestaltung des Außengeländes in einen Erlebnisgarten. Für dieses ambitionierte Projekt sucht Paula, die Kita-Leiterin, neue Förderer und Unterstützer.

Paula recherchiert in der Region nach geeigneten Partnern und stößt dabei auf das Unternehmen »Sonnen-Energie«, das zu den bundesweit führenden Anbietern von Solartechnik und Photovoltaik zählt. Auf der Homepage des Unternehmens erfährt Paula unter anderem, dass »Sonnen-Energie« von dem Wunsch bewegt wird, Lebensqualität und technische Innovation mit einem Höchstmaß an Verantwortung für eine intakte Umwelt zu verbinden. Darüber hinaus wolle man bewusst und bekannt machen, dass diese Form der erneuerbaren Energie auch eine Investition in die Lebensqualität unserer Kinder sei.

Ganz klar: Die Kita SpielSpass und dieses Unternehmen haben sehr viele Berührungspunkte. Auf unterschiedliche Weise setzen sie sich für unsere Umwelt ein: Während die Kita mit ihrer Arbeit das Bewusstsein der Kinder für ökologische Zusammenhänge schärft, bietet das Unternehmen technische Lösungen, die einen Beitrag leisten, damit unsere Kinder auch künftig in einer intakten Umwelt leben können.

Mit ihrem jeweiligen Angebot ergänzen sie sich also hervorragend.

Bei ihrer weiteren Recherche nach dem richtigen Ansprechpartner im Unternehmen wird Paula erneut im Internet fündig: Geschäftsführer Müller ist – ebenso wie sie – Mitglied eines webbasierten sozialen Netzwerks. Hier erfährt Paula auch, dass Herr Müller sich in einem lokalen Service-Club sowie bei den Wirtschaftsjunioren engagiert. Spontan nimmt sie auf diesem Weg Kontakt zu Herrn Müller auf: In wenigen Sätzen erklärt sie die Philosophie der Kita SpielSpass und stellt die Gemeinsamkeiten und Berührungspunkte, die sich aus ihrer Sicht ergeben, heraus. Sie bittet um Kontaktbestätigung und kündigt an, dass sie sich in den nächsten Tagen kurz telefonisch melden werden.

Schon kurze Zeit später erhält sie eine Kontaktbestätigung und die Nachricht »Ich freue mich auf Ihren Anruf, bin allerdings erst ab übernächster Woche wieder zu erreichen«.

Paula freut sich sehr! Der erste Schritt ist getan und die Tür ein Stück geöffnet. In ihrem elektronischen Terminkalender legt sie eine entsprechende Notiz an, um sich an den geplanten Anruf in 14 Tagen erinnern zu lassen.

Paula erinnert sich an den Satz »Friendmaking comes before Fundraising« und nutzt daher die Zeit, um sich über ein konkretes gemeinsames Projekt Gedanken zu machen.

Durch den bereits geknüpften Kontakt fällt der Einstieg in das Telefonat leicht. Das Interesse bei Herrn Müller ist geweckt und als Paula vorschlägt, einen gemeinsamen Thementag »Sonne« zu organisieren, ist er von dieser Idee begeistert. Die beiden vereinbaren ein persönliches Treffen, um die Einzelheiten zu erörtern.

Paula stellt eine Präsentationsmappe zusammen und fügt den aktuellen Flyer, den letzten Jahresbericht, einen Newsletter und Presseberichte über die Kita bei. Auch den Planungsentwurf für den Erlebnisgarten legt sie dazu. Gleichzeitig bereitet sie ein grobes Konzept für den geplanten Thementag vor, das als Diskussionsgrundlage dienen soll.

Damit präsentiert Paula sich selbst und die Kita als fachlich kompetente und professionelle Partnerin.

Das schafft ebenso Vertrauen wie die Tatsache, dass Paula die Erwartungen, die sie mit dem Thementag verknüpft, offen darlegt. Damit soll der Startschuss für die geplanten Fundraising-Aktivitäten zur Finanzierung des Erlebnisgartens fallen. Mit einem starken Partner aus der Wirtschaft hofft sie auf eine öffentlichkeitswirksame Aktion, die beiden Partnern zugutekommt.

Paula und die Firma »Sonnen-Energie« kommen »ins Geschäft«. Sie vereinbaren die gemeinsame Organisation und Gestaltung des Thementags Sonne. Die gemeinsame Projektplanung klappt prima und die Veranstaltung, über die umfangreich in der lokalen Presse berichtet wird, ist ein voller Erfolg.

Herr Müller erklärt sich spontan bereit, den eingenommenen Spendenbetrag zu verdoppeln und lädt Paula ein, beim nächsten Treffen seines Service-Clubs die Arbeit der Kita SpielSpass vorzustellen.

Paula und die Kita haben einen aktiven Unterstützer gefunden, der ihre Arbeit nicht nur mit finanziellen Mitteln unterstützt, sondern darüber hinaus als Multiplikator viele Türen öffnet.

Fazit:

- Die gute Gesprächsvorbereitung ist das A und O. Stellen Sie gewissenhaft die Punkte zusammen, die ein verbindendes Element zwischen Ihrer Kita und Ihrem Wunschpartner sind.
- Halten Sie fest, welchen Nutzen Ihr potentieller Partner durch eine Unterstützung Ihrer Kita hat.
- Kommunizieren Sie ebenso offen, welche Vorteile Sie sich von der Zusammenarbeit versprechen. Nur, wenn Ihr Gegenüber Ihre Erwartungen kennt, kann er entscheiden, ob er diese erfüllen kann oder will.
- Überlegen Sie, wie sich eine partnerschaftliche Beziehung aufbauen lässt. Auch Paula hat nicht gleich nach finanzieller Unterstützung gefragt, sondern einen Weg gefunden, um sich in der gemeinsamen Arbeit zunächst besser kennenzulernen und Vertrauen aufzubauen.
- Erfüllen Sie Ihre Versprechen! Wenn Sie Ihrem Partner einen Imagegewinn versprechen, müssen Sie auch für eine gute Presse- und Öffentlichkeitsarbeit sorgen.

- Den Dank nicht vergessen! Stellen Sie in allen Berichten heraus, dass ein Projekt ohne die tatkräftige Unterstützung Ihres Partners nicht möglich gewesen wäre.
- Persönliche Gespräche sind zeitaufwändig und bedürfen der intensiven Vorbereitung; dann sind sie aber ein sehr erfolgversprechendes Fundraising-Instrument. Versuchen Sie vor allem dann einen persönlichen Kontakt herzustellen und zu pflegen, wenn es sich bei Ihrem Gegenüber um eine wichtige Schlüsselfigur und Multiplikator handelt.

9.3 Spendensammlung

In Kapitel 3 haben Sie bereits die verschiedenen Unterstützungsformen – Geld-, Sach- und Zeitspenden – kennengelernt.

Bei der klassischen Spendensammlung geht es in der Regel um die Einwerbung finanzieller Mittel. Hierfür gibt es verschiedene Wege:

9.3.1 Haustür- und Straßensammlungen

Haustür- und Straßensammlungen haben eine lange Tradition.

Ob diese Sammlungen behördlich genehmigt werden müssen, erfahren Sie beim zuständigen Ordnungsamt.

Die Straßensammlung wird an öffentlichen Orten, beispielsweise belebten Plätzen, der Fußgängerzone oder im Eingangsbereich einer Shopping-Mall, durchgeführt. Sie ist relativ anonym, denn die Spender können im Vorbeigehen spenden, ohne sich tatsächlich mit Ihren Zielen oder Ihrem konkreten Projekt auseinandersetzen zu müssen.

Charakteristisch für die Haustürsammlung ist der Besuch der Sammler von Haustür zu Haustür. Im persönlichen Gespräch erfahren die Bewohner ganz konkret etwas über die Anliegen und die Arbeit Ihrer Kita. Eventuell auftretende Fragen können direkt beantwortet werden.

Die persönliche Beziehung, die für die meisten Menschen notwendige Grundlage ist, um zu spenden, entsteht am leichtesten im persönlichen Gespräch. Je kompetenter und persönlicher mögliche Unterstützer über Ihre Arbeit informiert werden, umso höher ist die Bereitschaft, Ihre Ziele und Projekte zu unterstützen.

Was sollten Sie beachten, um eine erfolgreiche Haustürsammlung durchzuführen?

* Legitimieren Sie Ihre Sammler!

  Unbekannten und unangemeldeten Besuchern, die auch noch Geld sammeln, stehen die meisten Menschen skeptisch gegenüber. Das ist nur verständlich.

  Ihre Sammler sollten sich daher gleich zu Beginn unaufgefordert legitimieren. Dies kann der Personalausweis sein, am besten in Kombination mit einem kurzen Schreiben Ihrer Kita, in dem die sammelnden Personen namentlich genannt und der Zweck der Sammlung kurz beschrieben werden.

* Wählen Sie geeignete Sammler aus!

  Es ist nicht jedermanns Sache, bei Fremden an der Haustür zu klingeln und um Geld zu bitten. Teils werden Sie auf »offene Ohren«, teils auf Ablehnung und Ärger stoßen.

  Bereiten Sie Ihr Team hierauf vor. Zur Haustürsammlung gehört nicht nur die Begeisterung für die eigene Sache und die Fähigkeit, mit Menschen leicht und schnell ins Gespräch zu kommen, sondern auch, auf ablehnende Reaktionen höflich und professionell zu reagieren und sich hiervon nicht frustrieren zu lassen. Schroffe Reaktionen gelten nicht den Sammlern persönlich oder Ihrer guten Sache. Meist sind sie eine Schutzreaktion, die – wenn sie nicht unmittelbar aufgelöst werden kann – respektiert werden muss.

* Motivieren Sie Ihre Sammler!

  Fundraising ist keine Bettelei und Ihre Sammler sind keine Bettler. Im Gegenteil: Sie engagieren sich für eine tolle Sache und setzen dafür freiwillig und unbezahlt ihre Zeit ein. Diese Überzeugung und Begeisterung für die Arbeit der Kita ist ansteckend. Wenn die Sammler hiervon erzählen, wird die ehrliche Absicht schnell erkennbar und die Bereitschaft zu unterstützen wächst.

* Bereiten Sie Ihre Sammler vor!

  Laden Sie Ihr Team zu einem »Trainingscamp« ein: Trainieren Sie in Rollenspielen mögliche Gesprächssituationen, suchen Sie gemeinsam nach Wegen, um ablehnenden Reaktionen, Vorbehalten oder Einwänden zu begegnen.

  Diese Vorbereitung macht Spaß, fördert das Team-Gefühl und gibt vor allem Sicherheit, um Ihr Anliegen selbstbewusst und freundlich vorzubringen.

- Bieten Sie Lösungen!
Menschen haben gerne einen Anteil daran, eine Herausforderung erfolgreich zu meistern. Sammeln Sie also nicht generell für den Betrieb Ihrer Kita, sondern heben Sie ein ganz konkretes Projekt hervor. Vermitteln Sie Ihrem Gesprächspartner, dass er einen wichtigen Beitrag zur Realisierung dieses Vorhabens leisten kann.

- Unterstützen Sie Ihre Sammler!
Verteilen Sie einige Tage vor der Haustürsammlung Handzettel oder Flyer. Stellen Sie in Stichworten Ihre Kita und das Projekt, für das Sie sammeln, vor. Dann können Ihre Teams hierauf Bezug nehmen und finden leichter einen Gesprächseinstieg. Und auch Ihre Gesprächspartner sind weniger überrascht und haben sich vielleicht schon ein wenig mit Ihrem Anliegen vertraut machen können.
Auch vorbereitete Überweisungsträger, die bereits Ihre Kontodaten und den Verwendungszweck beinhalten, sind eine gute Unterstützung. Damit bieten Sie auch denjenigen eine Alternative, die sich vielleicht nicht spontan entscheiden wollen oder statt einer Bar-Spende die Überweisung bevorzugen.

- Dokumentieren Sie die Spende!
Geben Sie Ihren Teams Sammellisten mit, um Name und Anschrift des jeweiligen Spenders zu notieren. Auf diesen Listen kann auch vermerkt werden, ob der Spender die Zusendung einer Zuwendungsbestätigung (»Spendenbescheinigung«) wünscht. So geben Sie Ihren Unterstützern die Sicherheit, dass die jeweilige Spende und deren Höhe schwarz auf weiß festgehalten werden und damit auch ihrem Zweck zugutekommen.

§⁓ Rechts-Tipp:

Dennoch ist nicht jeder Spender erfreut, wenn Sie Name, Anschrift und Spendenhöhe notieren und sicher auch in der Vereins-EDV speichern wollen.

Erklären Sie deshalb genau – am besten auf einem Info-Papier – für wen Sie die Sammlung durchführen bzw. wer die Daten abfragt und speichert (z. B. Kita-Förderverein) und wofür genau diese Daten benötigt werden (z. B. Spendennachweis für den Verein und das Finanzamt, Ausstellung der Spendenbescheinigung, interne Spendenstatistik). Sichern Sie im Gespräch Vertraulichkeit zu, weisen ggf. aber auch darauf hin, dass die Erfassung der Daten erforderlich ist, um die Spende ordnungsgemäß verbuchen und abwickeln zu können. Falls jemand nicht bereit ist, seine Daten für weitere Zwecke (etwa interne Spendenstatistik des Vereins) bekannt zu geben, vermerken Sie dies und sichern zu, dass die Daten nur zur Abwicklung und Verbuchung der Spende verwendet und danach gelöscht oder gesperrt werden (siehe Kapitel 10.1.5).

In der Regel werden Sie einige Spenderdaten aber auch deshalb speichern wollen, um künftig die Spender mit einem elektronischen Newsletter über Ihre Arbeit zu informieren und um weitere Unterstützung zu bitten (Spenden- und Mitgliederwerbung). Ohne Einwilligung des Spenders geht das allerdings nicht. Geben Sie Ihren Teams einen separaten Vordruck mit, auf dem unter entsprechendem Briefkopf genau erklärt wird, dass z. B. der Förderverein bestimmte Daten abfragt und speichert, um den Newsletter zu übersenden. Das könnte etwa so aussehen:

»Zu unserem Leitbild gehört, dass wir unsere Förderer darüber informieren, was mit ihrer Spende geschieht, für welches Projekt sie verwendet wird und ob dieses erfolgreich war. Daher bietet der Förderverein Kita SpielSpass e. V. an, Ihnen regelmäßig einen kostenlosen Newsletter mit Informationen über unsere Kita und den Förderverein per E-Mail zuzusenden. So werden Sie auch informiert über unsere künftige Arbeit.

Wenn Sie uns weiter unterstützen wollen, gibt es hierfür sehr viele Möglichkeiten. Es muss nicht immer eine Geldspende sein. Wir freuen uns genauso, wenn Sie uns etwa Ihre Zeit zur Verfügung stellen oder dem Förderverein beitreten. Welche Formen der Unterstützung allgemein oder bei einem einzelnen Projekt in Frage kommen – auch darüber informiert Sie der Newsletter.

Wenn Sie diesen Newsletter erhalten wollen, geben Sie bitte hier Ihren Namen und Ihre E-Mail-Adresse an und bestätigen dies mit Ihrer Unterschrift. Statt Ihres Namens können Sie auch ein Pseudonym einsetzen.

Sie können den Newsletter jederzeit unter förderverein@kita-spiel-spass.de abbestellen.

Der Förderverein Kita Sonnenschein e. V. speichert und verwendet diese Daten zu dem Zweck, Ihnen den Newsletter zuzusenden oder die Zusendung auf Ihren Wunsch hin zu beenden.«

Sehen Sie neben Feldern für Name und E-Mail-Adresse ein drittes Feld für die Unterschrift vor.

Näheres zum Datenschutz und zum Newsletter-Versand finden Sie in Kapitel 10.

- Der Dank ist das Wichtigste!
  Mit einem »Dankeschön« bleiben Sie in guter Erinnerung. Deshalb steht der Dank immer am Ende jedes Gesprächs, und zwar unabhängig davon, ob Sie Ihren Gesprächspartner für eine Spende begeistern konnten oder nicht!
  Es ist eine schöne Idee, den Dank für das Gespräch mit einem kleinen Geschenk zu verbinden. Von Ihren Kita-Kindern gemalte Bilder als Postkartenmotive gedruckt, sind eine gute Gesprächserinnerung und Ihr Gegenüber holt vielleicht die jetzt noch nicht erfolgte Spende zu einem späteren Zeitpunkt nach.

Noch einige Tipps:

- Freundlichkeit und Höflichkeit sind für Ihre Teams selbstverständlich, und zwar auch dann, wenn sie mit unfreundlicher Ablehnung konfrontiert werden.
- Respekt vor der Einstellung des Gesprächspartners gehört ebenfalls zu den Grundregeln. Ihre Teams üben niemals Druck aus.
- Überlegen Sie, wann die beste Zeit für persönliche Besuche ist. Wann werden Sie vermutlich möglichst viele Menschen erreichen? Wann werden Sie stören? Die Mittagszeit ist beispielsweise unpassend. Am späteren Nachmittag oder an einem Samstag werden Sie hingegen vermutlich viele Menschen zu Hause antreffen.
- Nutzen Sie die Gelegenheit des Gesprächs auch, um Ihren Gesprächspartner um Erlaubnis zu bitten, ihm aktuelle Informationen über Ihre Kita, Einladungen zu Veranstaltungen oder einen Newsletter

per Mail zuzusenden. Holen Sie das Einverständnis ein, die Kontaktdaten des Spenders zu diesem Zweck zu speichern.

 Rechts-Tipp:

Bei einem Gespräch an der Haustüre ist es nicht immer einfach, den Datenschutz einzuhalten.

Wenn Sie Daten des Gesprächspartners, zum Beispiel für die Versendung eines Newsletters, in Ihrer EDV speichern wollen, sollten Sie eine gesonderte Liste unter dem Briefkopf des Fördervereins vorbereiten (s. o.).

Machen Sie deutlich, dass es sich bei dieser Vorgehensweise nicht um unnötige Bürokratie, sondern um den Schutz der persönlichen Daten Ihrer Unterstützer handelt.

Sensibilität für den Umgang mit Daten Dritter und deren Schutz ist ein Qualitätsmerkmal Ihrer Kita und trägt dazu bei, Vertrauen zu schaffen.

Informationen zu den wesentlichen Datenschutzbestimmungen finden Sie in Kapitel 10.

Vorteile der Haustürsammlung:

- Sie kommen in direkten Kontakt zu potentiellen Unterstützern. Ihre Kita erhält für Ihr Gegenüber ein Gesicht und Ihr Gesprächspartner kann Fragen, Einwände oder Vorbehalte unmittelbar im Austausch mit Ihnen klären. Der persönliche Kontakt ist ein wichtiges Element der Spenderbindung.
- Im direkten Kontakt lassen sich wesentlich mehr Inhalte transportieren als beispielsweise mit einem Spendenbrief. So steigt die Chance, auch diejenigen zu aktivieren, die zu der Arbeit einer Kindertagesstätte keinen direkten Bezug haben.
- Haustürsammlungen haben eine hohe Erfolgsquote, wenn auch zumeist die Höhe der Bar-Spenden relativ gering ist. Als Nebeneffekt ergibt sich zusätzlich die Möglichkeit, Kontaktdaten für Ihre Datenbank zu gewinnen und damit auch mittel- und langfristig Ihre Spenderbasis zu verbreitern.

Nachteile der Haustürsammlung:

- Haustürsammlungen sind mit negativen Vorurteilen belegt, und zwar auf beiden Seiten: Bei den möglichen Spendern, aber auch bei denjenigen, die die Sammlung durchführen. In der Vorbereitung ist deshalb viel Wert darauf zu legen, den Sammler-Teams Sicherheit zu geben. Denn von ihnen hängt ab, welches Bild Ihrer Kita bei den Gesprächspartnern entsteht und ob es gelingt, Vorbehalte abzubauen und tatsächlich ins Gespräch zu kommen.
- Richtig vorbereitet, sind Haustürsammlungen aufwändig: Sie benötigen Menschen, die sich als Sammler zur Verfügung stellen. Zudem bedarf es der intensiven Vorbereitung, sowohl im Hinblick auf die Inhalte (Wer sind wir? Welches Problem wollen wir lösen?) als auch hinsichtlich der Gesprächsführung.
- Kommt hinzu, dass Sie Ihre Haustürsammlung vorher durch Handzettel oder Postkarten ankündigen und sich mit einem kleinen Geschenk für das Gespräch bedanken wollen, ist diese Form der Spendensammlung auch nicht ganz billig.

 Praxis-Tipp:

Haustürsammlungen können auch in abgewandelter Form eingesetzt werden:

Ziel einer westfälischen Kita war es, Image und Bekanntheitsgrad zu steigern.

Die Kita ist in einem Wohngebiet angesiedelt. Sie verfolgt ein inklusives pädagogisches Konzept und ist in ihrem Einzugsbereich daher nicht nur auf das Wohngebiet beschränkt. Eltern aus dem Stadtgebiet bringen ihre Kinder mit dem PKW, was in letzter Zeit immer wieder zu Beschwerden der Anwohner über an- und abfahrende PKWs geführt hat. Außerdem mehrten sich die Klagen einzelner über zunehmenden »Lärm« der spielenden Kinder, die ihren neu angelegten Erlebnisgarten ausgiebig nutzen.

Deshalb hat sich die Kita-Leitung entschlossen, in Abwandlung einer Haustürsammlung Haustürbesuche zu machen. Die Sammlung von Spenden ist dabei eher nachrangig. Vielmehr soll es darum gehen, im persönlichen Gespräch das Konzept der Kita vorzustellen, für Fragen und Beschwerden ein »offenes Ohr« zu zeigen und gegebenenfalls nachhaltige Lösungen zu finden. Verbunden wird diese Aktion mit dem für einige Wochen später geplanten »Tag der offenen Tür«. Alle Anwohner werden persönlich eingeladen, sich ein Bild von der Kita und ihrer Arbeit zu machen.

Die Aktion ist ein voller Erfolg. Durch die im persönlichen Gespräch erhaltenen Informationen hat sich der Blick der Anwohner auf die Kita gewandelt: Sie wird nicht länger als »störendes Element«, sondern vielmehr als »Zukunftswerkstatt« betrachtet. Viele Anwohner besuchen die Kita am Tag der offenen Tür, um sich selbst ein Bild zu machen. Sie spenden nicht nur Geld, sondern mehrere Besucher möchten sich dauerhaft als Vorlesepaten engagieren.

Dieses Beispiel zeigt auf eindrucksvolle Weise wie zutreffend der Satz »Friendmaking comes before Fundraising« ist.

Das Kita-Team hat zunächst versucht, Skepsis und Vorbehalte abzubauen und durch transparente Information Vertrauen zu schaffen. Die Begeisterung, mit der das Kita-Team seine Arbeit vorgestellt hat, wirkte ansteckend. Ohne explizit danach zu fragen, erhielt die Kita Unterstützung in Form von Geld und Zeit und hat es geschafft, die Basis für eine langfristige Bindung zu legen.

Der Vorteil dieser Vorgehensweise ist auch, dass es dem »Sammler-Team« leichter fällt, von Haustür zu Haustür zu gehen. Denn das Anliegen besteht nicht darin, um etwas zu bitten, sondern im Gegenteil darin, einzuladen und etwas zu geben.

9.3.2 Anlassspenden

Runde Geburtstage, Silberhochzeiten oder Firmenjubiläen sind Anlässe, zu denen viele Menschen zusammenkommen und Geschenke mitbringen. Gerade Letzteres – nämlich die mitgebrachten Geschenke – möchten viele Jubilare gerne vermeiden. Denn ihre Bücher- und Wäscheschränke sind gefüllt, ebenso der Weinkeller. Und die Präsentkörbe mit all ihren Leckereien sind zwar wunderschön anzusehen, aber in ihrer Fülle kaum zu bewältigen.

Das weiß zwar auch die Vielzahl der Gäste, aber es fehlt an Ideen und sie möchten nicht mit leeren Händen kommen.

Da ist es eine tolle Alternative, den Beschenkten zum Botschafter der »guten Sache« zu machen: Bereits in seiner Einladung bittet er seine Gäste, auf Geschenke zu verzichten und stattdessen das für das Geschenk eingeplante Budget Ihrer Kita zur Verfügung zu stellen.

Ihre Vorteile:

- Ein Dritter wird zum Botschafter Ihrer Kita. Diese Referenz schafft Vertrauen und motiviert andere zum Mitmachen.
- Der Beschenkte wird zum Multiplikator: Durch ihn erreichen Sie Menschen, die in keiner Beziehung zu Ihrer Kita stehen und die Sie sonst nicht aktivieren könnten.
- Ohne großen Aufwand erzielen Sie zusätzliche Einnahmen und erweitern Ihren Bekanntheitsgrad.
- Die Angesprochenen müssen nicht selbst geben. Sie werden zum Botschafter, ohne direkt selbst Mittel einzusetzen.

Wie es geht:

- Gehen Sie mit gutem Beispiel voran und machen Sie Ihren eigenen Geburtstag zum Spenden-Event. Sie zeigen damit Ihr persönliches Engagement und finden ganz sicher Nachahmer.
- Weisen Sie die Eltern Ihrer Kita-Kinder gezielt auf die Möglichkeit von Anlassspenden hin und bitten sie, für diese Möglichkeit im Verwandten- und Bekanntenkreis zu werben. Bestimmt gibt es Großeltern oder andere Familienangehörige, die diese alternative Form des Schenkens gerne nutzen werden.
- Einige Eltern sind sicher auch als Unternehmer oder Freiberufler tätig oder arbeiten in leitenden Positionen von Unternehmen. Nutzen Sie auch diese Multiplikatoren, um die Idee der Anlassspende zu verbreiten. Denn eine Spende für Ihre Kita ist eine wunderbare Alternative für Jubiläumsfeiern oder zu den sonst üblichen Weihnachtskarten und -geschenken.
- Sprechen Sie gezielt Unternehmen in Ihrem lokalen Umfeld an.
- Sorgen Sie für Öffentlichkeitswirkung. Berichten Sie über die Großzügigkeit des Spenders. Auch die erfolgreiche Umsetzung eines Projekts, das mithilfe einer Anlassspende umgesetzt werden konnte, ist immer einen Pressebericht wert.
- Benennen Sie ein konkretes Projekt Ihrer Kita, dem das Geld zugutekommen wird. Menschen beteiligen sich lieber an konkreten Lösungen als an vagen Zielen.

- Leisten Sie Unterstützung: Stellen Sie vorbereitete Überweisungsträger und Informationsmaterialien zur Verfügung, die die Einladenden Ihren Gästen mit der Einladung zusenden können.
- Weisen Sie in Ihren Informationsmaterialien auf die Möglichkeit der Anlassspende hin. Präsentieren Sie auf Ihrer Webseite gelungene Beispiele für Anlassspenden, die zum Nachahmen anregen. Nutzen Sie das P. S. Ihrer E-Mail-Signatur, um auf diese Alternative aufmerksam zu machen.

Tipps:

- Viele Schenkende fürchten, dass ihr Geschenk in Form der Spende per Überweisung untergeht, der Beschenkte also gar nichts hiervon erfährt. Dies mindert die Akzeptanz zur Nutzung der Anlassspende. Benennen Sie auf dem vorbereiteten Überweisungsträger daher bereits den Spendenanlass, zum Beispiel »70. Geburtstag Herbert Müller« oder »50-jähriges Jubiläum Firma Auto-Schneider«.
- Anstelle oder in Ergänzung des vorbereiteten Überweisungsträgers können Sie auch den Spendentrichter, die Spendenmaschine oder ein beliebiges anderes Sammelgefäß (s. u. zu 7.2.3) einsetzen. Dies hat den Vorteil, dass der Schenkende nicht mit »leeren Händen« zum Fest kommt. Zudem geben Sie im das Gefühl, ein personalisiertes Geschenk zu überreichen und nicht lediglich eine anonyme Überweisung zu tätigen.

 Praxis-Beispiel:

Paula, die als pädagogische Mitarbeiterin in einer mittelhessischen Kita arbeitet, ist gerade mit ihrem Mann Paul in das neu gebaute Haus eingezogen. Die beiden planen eine große Einweihungsparty, möchten aber auf gar keinen Fall Geschenke. Da fällt Paula ein, dass die Kita die Außenanlage umgestalten und unter anderem einen »Garten der Sinne« anlegen will: Wie fühlen sich Erde, Sand, Kiesel oder Rinde unter den Füßen oder in den Händen an? Wie verändert sich dieses Fühlen bei Nässe oder Trockenheit? Wie riechen Kräuter? Kann man mit geschlossenen Augen die pelzigen Blätter der Sonnenblume von anderen Blättern unterscheiden?

Für Paula ist klar: Die Einweihungsparty steht unter dem Motto »von Sinnen« und soll zur Sammelparty für den »Garten der Sinne« werden.

Sie bespricht die Idee mit Frau Müller, der Kita-Leiterin, und dem Team. Alle sind begeistert und helfen Paula, die Einladungskarten zu basteln, die mit getrocknetem Lavendel beklebt oder mit Sand bestreut werden. Außerdem formuliert und gestaltet das Team gemeinsam einen Handzettel: Fotos zeigen, wie ein Sinnespfad aussehen kann, die wichtigsten Projektinformationen sind in einem kurzen Text zusammengefasst.

In ihrer Einladung weisen Paula und Paul darauf hin, dass sie für sich keine Geschenke wünschen, die Gäste aber die Möglichkeit haben, das Kita-Projekt »Garten der Sinne« finanziell zu unterstützen. Zu diesem Zweck werde ein Spendentrichter aufgestellt und es stehe jedem frei, für dieses Projekt zu spenden.

Der Garten um das neu gebaute Haus ist noch nicht angelegt. Paula und Paul kommen auf die Idee, hier einen Miniatur-Sinnespfad anzulegen. Sie beschaffen Rindenmulch, nehmen übrig gebliebenen Sand und Kies und verteilen alles auf einer kleinen Fläche, die sie mit Topfkräutern einrahmen. Dazu stellen sie einige duftende Stauden und Büsche.

So können Gäste, die möchten, ausprobieren, ob sie Kräuter, Stauden oder Büsche mit geschlossenen Augen nur durch Schmecken, Riechen oder Tasten erkennen oder wie sich der unterschiedliche Bodenbelag anfühlt.

Alle machen begeistert mit und sind verblüfft über die ungewohnten Erfahrungen, die sie mit ihren Sinnen sammeln können. Die Gäste sind sich einig: Ein solcher Sinnespfad ist ein absoluter Gewinn für die Kita-Kinder. Deshalb ist am Ende des Tages der Spendentrichter gut gefüllt. Aber nicht nur das: Alle konnten selbst erleben, wie viele spannende Erfahrungen mit dem Sinnespfad verbunden sind. Das Projekt hat sie berührt und begeistert. Sie haben das Gefühl, ganz konkret zu dessen Gelingen beitragen zu können.

Zwei der Gäste entscheiden sich spontan, ihre kommenden Geburtstage ebenfalls zur Sammelparty zu machen. Und Pauls Chef stockt den bei der Einweihungsparty zusammengekommenen Betrag auf eine runde Summe auf, so dass am Ende stolze € 4.000,00 auf dem Konto der Kita eingehen.

Für Paula und Paul ist der Einzug ins neue Haus ein gelungener Einstand geworden. Ihre Gäste nehmen die Erinnerung an einen unvergesslichen Tag mit und die Kita hat den finanziellen Grundstock für das geplante Projekt gelegt und zugleich viele neue Freunde gefunden.

Tipp:

Legen Sie auf der Feier eine Unterstützerliste aus, in die sich all diejenigen mit Name und E-Mail-Adresse eintragen können, die weitere Informationen über Ihre Kita und den Projektfortschritt erhalten möchten. So können Sie Ihre neu gewonnenen Freunde an die Kita binden und auch um weitere Unterstützung werben.

Dass Sie sich für Paulas und Pauls Unterstützung sowie die ihrer Gäste bedanken, sollte selbstverständlich sein!

 Rechts-Tipp:

Bitte achten Sie auch hier wieder darauf, dass die Einwilligung der Unterstützer eingeholt wird (s. o. 9.3.1 Newsletter).

Mit dieser Vorgehensweise kann man späteren Unmut verhindern.

Ganz im Gegenteil:

Die Unterstützer werden erfreut feststellen, dass Transparenz im Umgang mit Daten für Sie wichtig ist. Das zeigt Ihre Kompetenz und ist in der heutigen Zeit ein Qualitätsmerkmal, mit dem Ihre Kita im Wettbewerb um Spenden und Unterstützung nur Pluspunkte sammeln kann.

9.3.3 Spendendosen, Spendentrichter, Spendenmaschine

Bestimmt kennen Sie alle die in Supermärkten häufig an der Kasse aufgestellten Sammeldosen, in die Sie Ihr Wechselgeld spenden können.

Ähnliches können Sie auch für Ihre Kita realisieren. Sprechen Sie Geschäfte in ihrer Umgebung an und fragen Sie nach, ob diese mit der Aufstellung von Spenden-Sammeldosen einverstanden sind.

Legen Sie Flyer über Ihre Kita dazu, damit die Menschen wissen, wofür sie spenden. Beherzigen Sie dabei den Satz »Bilder sagen mehr als Worte«. Verwenden Sie wenig Text und viele Bilder, um Ihr Vorhaben möglichst anschaulich zu machen. Das prägt sich auch dann ein, wenn Menschen nur wenig Zeit haben und daher Ihren Flyer nur überfliegen. Es ist eine gute Idee, die Spenden-Sammeldosen selbst zu basteln und sich dabei in Form und Gestaltung an das aktuell zu finanzierende Projekt anlehnen.

Der Spendentrichter ist im Grunde eine Weiterentwicklung der Spenden-Sammeldose, ergänzt um ein spielerisches Element.

Sie werfen nicht einfach Münzen hinein und diese verschwinden. Vielmehr sorgt die Trichterform dafür, dass die Münze – ähnlich wie beim Roulette – in eine Umlaufbahn kommt. Die Münze zieht zunächst einige Bahnen, bevor sie dann im Inneren verschwindet. Dieses spielerische Element fasziniert, weckt Interesse und regt zum Mitmachen an.

Ob Sammlungen mit dem Spendentrichter erfolgreich sind, hängt unter anderem von der Wahl des Aufstellungsorts ab. Am besten geeignet sind Ladenzeilen, Cafés oder Restaurants, Kinos, Sport- oder Veranstaltungshallen sowie größere Geschäfte – also Orte mit hohem Publikumsverkehr. Eine auffällige Platzierung, beispielsweise im Kassenbereich, ist ein Muss. Auch sollte der Spendentrichter für eine längere Zeit an einem Ort verbleiben können, denn bedingt durch die Größe ist das Aufstellen mit einem gewissen Aufwand verbunden.

Für Spendenmaschinen gilt das zuvor für den Spendentrichter Gesagte: Ob Münzballett oder Kugelbahn – alle Varianten sind denkbar und möglich. Auch Spendenmaschinen setzen in ihrer Wirkung auf das spielerische Element und wecken so Interesse. Ebenso wie der Spendentrichter sollten sie an Stellen mit hoher Publikumsfrequenz platziert werden.

Vorteile:

• Ob Spendentrichter, Spendendose oder Spendenmaschine – immer handelt es sich um eine unaufdringliche Form der Spendenwerbung.

Vielen Menschen kommt das entgegen: Sie wollen sich engagieren, aber nicht in direkten Kontakt kommen.

- Eine pfiffig gestaltete Spendendose, die Technik von Spendentrichter und Spendenmaschine wecken Interesse und regen den Spieltrieb an. Das passt gut zu Ihrer Kita und ergibt ein schlüssiges Konzept.
- Der Phantasie und Kreativität bei der Gestaltung sind keine Grenzen gesetzt. Vielleicht haben Sie Kontakt zu einem Tüftler, der Ihnen ein ganz individuelles Gerät baut!?

Nachteile:

- Ihre Spender bleiben anonym. Die Möglichkeit, über neue Kontakte Ihre Basis an Interessenten zu erweitern oder eine Spenderbindung zu entwickeln, fehlt.
- Unterschätzen Sie nicht den Zeitaufwand: Spendendose, -trichter und -maschine müssen regelmäßig geleert werden. Hinzu kommt – vor allem bei der Spendenmaschine und dem Spendentrichter – der Transport-, Wartungs- und Aufstellungsaufwand. Das ist nicht nur mit Zeit verbunden, sondern kostet auch Geld.
- Gerade beim Kauf eines Spendentrichters oder einer Spenden- maschine sind die Anschaffungskosten nicht unerheblich, vor allem dann, wenn Sie eine sehr individuelle Gestaltung wünschen.
- »Ganz von allein« funktionieren auch Spendendose, -trichter und -maschine nicht. Es braucht nicht nur einen Platz und ein Design, das auffällt, sondern auch Menschen, die darauf hinweisen und unter Umständen Fragen beantworten können. Entsprechend sollten Sie die Mitarbeiterinnen und Mitarbeiter des Supermarktes, Kinos oder der Bank, in dem Sie die Sammelbehälter aufstellen, über Ihr Projekt informieren und dafür gewinnen, aktiv auf die Spendenmöglichkeit hinzuweisen.

Praxis-Tipps:

- Informieren Sie sich vor dem Kauf eines Spendentrichters oder einer Spendenmaschine über den Preis. Dieser kann stark variie- ren, je nachdem ob Sie eine Standard- oder Individualanfertigung wählen oder zusätzlich individuelle Gestaltungselemente realisie- ren möchten.
- Klären Sie vor der Anschaffung technische Fragen: Wie groß und wie schwer wird Ihr Spendentrichter oder Ihre Spendenmaschine

sein? Verfügen Sie über die Möglichkeiten, das Gerät von A nach B zu transportieren und welcher Aufwand (Fahrzeug, Personen) ist hierfür erforderlich?

• Welche Örtlichkeiten in Ihrem Umfeld kommen für die Aufstellung einer Spendenmaschine oder eines Spendentrichters in Betracht. Am besten klären Sie im Vorfeld, ob die jeweiligen Ladeninhaber, Center-Manager, Kino- oder Hallenbetreiber tatsächlich bereit sind, das Gerät über einen längeren Zeitraum an prominenter Stelle bei sich aufzustellen.

• Planen Sie die Öffentlichkeitsarbeit für die Aufstellung des Spendentrichters oder der Spendenmaschine. Dann haben Sie auch gleich die Argumente, um potentielle »Aufsteller« vom gegenseitigen Nutzen zu überzeugen.

• Überlegen Sie, welche Erwartungen Sie mit der Anschaffung des Spendentrichters oder der Spendenmaschine verbinden: Welche Auslastungsquote soll erreicht werden, d. h. an wie vielen Tagen des Jahres steht der Spendentrichter oder die Spendenmaschine tatsächlich an einem publikumsträchtigen Ort, um Spenden für Ihre Kita zu sammeln? Welche zusätzlichen jährlichen Einnahmen erhoffen Sie sich hiervon?
Bedenken Sie, dass der spielerische Effekt nur eintritt, wenn Münzen eingeworfen werden. Das hat natürlich Auswirkungen auf die Spendenhöhe!

• Sammeln Sie Erfahrungswerte: Gibt es andere Kitas, vergleichbare Einrichtungen oder Vereine, die Spendentrichter oder -maschine einsetzen? Welche Einnahmen erzielen diese?

• Kalkulieren Sie die Gesamtkosten und stellen Sie diese den erwarteten Einnahmen gegenüber. Dann können Sie eine Aussage darüber treffen, wann sich die Anschaffung amortisiert. Achtung: Zu den Gesamtkosten zählen nicht nur die Anschaffungskosten, sondern auch Wartungskosten und etwaige Transportkosten.

§ Rechts-Tipp:

Klären Sie vor der Anschaffung auch, ob eine Versicherung das Risiko der Beschädigung, des Diebstahls oder des »Einbruchs« in den Spendentrichter bzw. die Spendenmaschine trägt und welche Kosten hierfür entstehen.

Sprechen Sie darüber auch mit dem Betreiber der Räumlichkeiten, in denen die Geräte aufgestellt werden sollen.

9.4 Mailing

Oft als ein wenig altertümlich und überholt angesehen, kämpft der »Bettelbrief« mit einem negativen Image.

Dennoch ist und bleibt der Spendenbrief nicht nur das beliebteste, sondern auch eines der erfolgreichsten Fundraising-Instrumente. Dies gilt sowohl für elektronisch versandte Mailings (E-Mail) als auch für klassische Spendenbriefe in Papierform.

Aus diesem Grund gehört der Spendenbrief in jedes Fundraising-Portfolio. Sowohl für die Gestaltung wie auch für Inhalt und Formulierungen sollten Sie sich viel Zeit nehmen.

 Praxis-Tipp:

Es wurde bereits darauf hingewiesen, dass die Versendung als E-Mail aus rechtlichen Gründen problematisch ist (siehe auch Kapitel 10.1.2).

Unabhängig davon stellt sich die Frage, ob eine E-Mail das für einen Spendenbrief geeignete Mittel ist. Mit einer E-Mail können Sie zwar bequem und schnell eine Vielzahl von Empfängern erreichen, jedoch besteht auch immer die Gefahr, dass die Spenden-Mail hinter einer Vielzahl anderer E-Mails verschwindet, zumal die Möglichkeiten der kreativen, auffälligen Gestaltung eher gering sind – im Gegensatz zum Postbrief.

Wägen Sie daher Vor- und Nachteile von E-Mail und »der guten alten« Briefform gegeneinander ab.

Der Inhalt

Sie wissen, dass Menschen aus ganz unterschiedlichen Motiven heraus spenden. Mal geht es um persönliche Betroffenheit, das Gefühl einer Verpflichtung, Dankbarkeit oder Solidarität.

Egal, welches Motiv Sie ansprechen: Ihre Aufgabe besteht immer darin, Menschen zu berühren und zu begeistern.

Erstellen Sie ein Grundgerüst Ihres Spendenbriefs. Dabei können Sie sich an den nachstehenden Leitfragen orientieren:

• Was wollen wir mit unserem Schreiben erreichen?
  Möchten Sie neue Mitglieder gewinnen? Suchen Sie Verstärkung für Ihr ehrenamtliches Team? Benötigen Sie Geld- oder Sachmittel sowie fachliches Know-how, um ein bestimmtes Projekt umzusetzen?
• Welche Zielgruppe möchten wir erreichen?
  Wenden Sie sich an Interessenten aus Ihrer Datenbank oder an Ihre Dauerspender? Beide Gruppen haben ein völlig anderes Informationsbedürfnis und stehen in ganz verschiedenen Beziehungen zu Ihrer Kita. Ein Brief an Dauerspender, die Ihre Kita ja bereits kennen und fördern, hat daher einen anderen Inhalt als ein Schreiben an Interessenten, die erst noch für Ihre Arbeit begeistern werden möchten.

Haben Sie die Ziele Ihres Spendenbriefs festgelegt und Ihre Zielgruppe bestimmt, geht es im nächsten Schritt darum, sich die Spendenmotive der Empfänger Ihres Schreibens noch einmal ganz bewusst zu machen.

Idealerweise können Sie hierfür auf eine Checkliste zurückgreifen, die Sie im Rahmen Ihres Beziehungsmanagements erstellt haben (siehe hierzu auch Kapitel 6). Dann sehen Sie auf einen Blick, welche Motive und Interessen die jeweilige Spendergruppe bewegt.

Notieren Sie in Stichworten,
• was Ihrer Zielgruppe wichtig ist
• welche dieser Motive Sie ansprechen wollen
• welche Informationen Ihre Zielgruppe benötigt, um Ihr Anliegen zu verstehen.

Ihre Bitte um Unterstützung können Sie auf verschiedene Weise darlegen:
• Sie stellen das Problem oder den Bedarf in den Mittelpunkt.

- Im Vordergrund steht die Lösung Ihres Problems. Was wird sich zum Positiven durch die Unterstützung Ihrer Spender verändern?
- Sie machen die Kosten Ihres Projekts zum zentralen Thema.

Jede Vorgehensweise hat ihre Vorteile. Welche Sie wählen, ist abhängig von den Motiven Ihrer Zielgruppe.

»Bilder sagen mehr als Worte«. Stellen Sie Ihrem Text daher aussagekräftige Bilder »zur Seite«, die den von Ihnen beschriebenen Sachverhalt anschaulich machen.

Sprache

Wählen Sie einfache Worte und kurze Sätze. Erhöhen Sie die Lesbarkeit Ihres Textes durch sinnvolle Absätze. Als Richtwert gilt, dass ein Absatz nicht mehr als 7 Zeilen umfassen sollte.

Fachvokabular signalisiert einerseits Ihre Kompetenz, macht für Außenstehende manches aber auch unverständlich. Verzichten Sie deshalb auf Fachbegriffe und stellen Sie Ihre Ziele laienverständlich dar.

Wählen Sie bildhafte und anschauliche Worte. Das lässt vor den Augen Ihrer Leser ein konkretes Bild entstehen.

Aktive Verben vermitteln einen dynamischen Eindruck. Mobilisieren Sie die ganze Bandbreite Ihres Wortschatzes, um auch einmal weniger gebräuchliche Aktiv-Verben zu nutzen.

Vermeiden Sie den Konjunktiv, denn solche Formulierungen wirken vage und können Ihre Leser verunsichern. Wenn Sie schreiben: »Wir werden unser Außengelände in einen Erlebnisgarten umgestalten«, lassen Sie hingegen keinerlei Zweifel an der erfolgreichen Umsetzung Ihres Projektes aufkommen.

Die meisten Menschen überfliegen ein Schreiben zunächst. Erst wenn dabei Interesse entsteht, wird das Schreiben vollständig und aufmerksam gelesen.

Gliedern Sie daher Ihr Schreiben entsprechend:
- Formulieren Sie eine Betreffzeile, die neugierig macht.
- Heben Sie Schlüsselworte durch Fettdruck oder Unterstreichungen hervor und führen Sie damit durch den wesentlichen Inhalt Ihres

Schreibens. Gut ist, wenn die Schlüsselworte für sich gelesen einen nachvollziehbaren Zusammenhang ergeben.
Achtung: Nutzen Sie Hervorhebungen, aber sparsam. Die Wirkung verflüchtigt sich, wenn zu vieles unterstrichen oder fett gedruckt ist.
* Heben Sie sich das, was Ihnen wichtig ist, für das P. S. auf und wecken Sie hier in Ihrem Leser noch einmal den Wunsch, mehr erfahren zu wollen.

Jetzt haben Sie alle Elemente für einen packenden Spendenbrief zusammen. Formulieren Sie einen Entwurf und achten Sie darauf auf, dass Sie Ihre verbalen Inhalte mit passenden Bildern unterstützen. Dabei sollten die Fotos Druckqualität haben und weder verwackelt noch verschwommen sein.

Machen Sie sich bewusst, dass Ihre Leser nicht so eng verbunden sind mit der Kita wie Sie selbst. Manche Sachverhalte müssen erklärt werden, aber immer nur so viel wie nötig und so wenig wie möglich. Bleiben Sie dabei klar, logisch und verständlich in der Sprache.

Ihr Schreiben soll Emotionen wecken. Das ist eine Gratwanderung, denn auch hier kann ein »Zuviel« sich ins Gegenteil verkehren.

Wichtig: Ihr Schreiben sollte nicht zu lang werden. Im Idealfall sollte 1 DIN-A4-Seite, allenfalls 1,5 Seiten genügen.

Wenn Ihr Entwurf steht, gehen Sie ihn noch einmal kritisch mit den Augen Ihrer Leser durch. Denn beim Leser werden Fragen entstehen:
* Warum wendet sich die Kita ausgerechnet an mich?
* Was wollen die von mir?
* Was soll ich konkret tun? Wann? Warum?
* Welchen Nutzen habe ich davon?
* Wie kann ich überprüfen, ob das stimmt?

Ihr Schreiben muss auf diese Fragen Antworten bieten. Am besten ist, Sie geben Ihren Brief-Entwurf Freunden oder Familienmitgliedern und bitten diese um ein kritisches Feedback.

Personalisieren Sie Ihre Anschreiben. Unterschreiben Sie den Brief persönlich und nutzen Sie den Namen Ihres Empfängers nicht nur in der Anrede, sondern auch hin und wieder als direkte Anrede im Verlauf Ihres Textes.

Achten Sie unbedingt darauf, dass Sie Namen und Anschrift oder einen eventuellen Titel in Ihrer Datenbank korrekt erfasst haben. Ist der Name unvollständig oder fehlt beim späteren Seriendruck die Anrede »Herr« oder »Frau« vor dem Namen, ist das nicht nur ärgerlich, sonst kann ihre ganze Mühe zunichtemachen. Denn wer wird schon gerne mit »Sehr geehrter Müller« angeschrieben!?

Vor allem aber: Wie soll der potentielle Unterstützer Ihnen das Vertrauen schenken, dass Sie seine Unterstützung sorgfältig einsetzen und verwalten, wenn es bereits zu Fehlern bei der relativ leichten Aufgabe der Erfassung von Daten kommt.

Die Form

Wenn Sie Ihr Schreiben auf dem Postweg versenden, sollten Sie darauf achten, sich von anderen Postsendungen abzuheben. Allzu schnell landet Ihr Schreiben sonst ungelesen und als vermutete Werbepost im Altpapier.

Wählen Sie ein anderes Format als das übliche »DIN-A4-lang«. Ein DIN-A5-Umschlag oder eine beidseitig bedruckte Postwurfsendung heben sich positiv vom Allerlei ab.

Das am häufigste verwendete Papier hat eine Stärke von 80 g. Wählen Sie stärkeres Papier, beispielsweise 90 g. Dieses Papier fühlt sich ganz anders an, wirkt im wahrsten Sinne des Wortes gewichtiger und wird daher seltener achtlos aus der Hand gelegt.

Eine zusätzliche Wirkung können Sie erzielen, wenn Sie statt des üblichen matten Papiers »Seidenglanz« verwenden. Dieses Papier hat bei gleicher Stärke eine glattere Oberfläche, so dass insbesondere Fotos sehr viel klarer abgebildet werden.

Der Alltag in Ihrer Kita ist bunt und lebhaft. Da liegt der Gedanke nahe, farbiges Papier zu verwenden. Auch damit heben Sie sich selbstverständlich von anderen Schreiben ab. Aber Achtung: Buntes Briefpapier oder farbiger Hintergrund bei Mails wirkt leicht unruhig, vor allem dann, wenn auch Bilder eingesetzt werden.

Wenn Sie Farbe einsetzen, dann mit Vorsicht. Probieren Sie aus, welche Farbe am besten zu Ihren Bildern passt und diese vielleicht noch hervorhebt, statt ihre Wirkung zu beeinträchtigen.

Ein guter Kompromiss kann beispielsweise sein, einen farbigen Umschlag, aber weißes Briefpapier zu verwenden. Damit nutzen Sie auch gleich den Vorteil, dass viele Menschen mit einem farbigen Umschlag private Post verbinden.

Um Portokosten zu sparen, werden Spendenbriefe häufig als Infopost versandt. Das ist zwar einerseits wirtschaftlich, erhöht aber andererseits erheblich die Verwechslungsgefahr mit Werbepost.

Besser ist daher, Sie wählen den Empfängerkreis sehr gezielt und genau aus und beschränken damit die Zahl der zu versendenden Briefe. Diese frankieren Sie dafür dann aber mit dem üblichen Porto.

 Praxis-Tipp:

Machen Sie Spendenbriefe zu einem raren Instrument. Sie nutzen sich sonst leicht ab. Am sinnvollsten lässt sich dieses Instrument einsetzen, um gezielt Unterstützung für ein ganz konkretes Projekt einzuwerben.

Benötigen Sie Geld für andere, nicht besonders kostspielige Zwecke, dann sollten Sie alternative Fundraising-Instrumente nutzen.

Übrigens: Auch die Versendung von Zuwendungsbestätigungen ist ein guter Anlass zur Versendung von Spendenbriefen. Verbunden mit dem Dank für die Unterstützung in der Vergangenheit, können Sie auf weitere Projekte aufmerksam machen.

Bereiten Sie die Spendenaktion nach:

Mit der Festlegung Ihrer Ziele haben Sie auch Kennzahlen bestimmt, mit deren Hilfe Sie den Erfolg Ihres Mailings bestimmen können. Überprüfen Sie nun die Soll- (= Plan-) und Ist-Daten. Nur so können Sie eine Aussage über Aufwand und Nutzen dieser Aktion treffen und herausfinden, ob und was Sie gegebenenfalls beim nächsten Spendenbrief besser oder anders machen sollten.

9.5 Benefizveranstaltungen

Ob Spendenlauf, Fußballturnier, Auktion oder Galadinner – den Möglich-keiten zur Gestaltung einer Benefizveranstaltung zu Gunsten Ihrer Kita sind keine Grenzen gesetzt.

Als Benefizveranstaltung werden die Veranstaltungen bezeichnet, deren Erlös einem guten Zweck zukommt. Aus diesem Grund wird häufig ein bewusst überhöhtes Eintritts- oder Startgeld verlangt, denn der Mehr-erlös soll ja Ihrer Kita zugutekommen.

 Rechts-Tipp:

Steuerlich ist diese Vorgehensweise problematisch.

Benefizveranstaltungen gehören aus steuerlicher Sicht meist in den Bereich des sogenannten wirtschaftlichen Geschäftsbetriebs. Dann fallen die Einnahmen aus Eintritts- oder Startgeldern, aber auch der Verkauf von Getränken, Würstchen oder Kuchen in voller Höhe in den steuerpflichtigen wirtschaftlichen Geschäftsbetrieb Ihres Ver-eins. Für den Verkauf von Speisen und Getränken ist dies ohnehin immer der Fall, auch wenn die Veranstaltung selbst nicht als wirt-schaftliche Betätigung (sondern als sog. Zweckbetrieb) anzusehen wäre.

Das ist nicht weiter schlimm, wenn Sie die steuerliche Freigrenze von jährlich 35.000 Euro an Einnahmen aus dem gesamten wirtschaft-lichen Geschäftsbetrieb des Vereins (einschließlich Umsatzsteuer) unterschreiten. Organisieren Sie jedoch häufiger Events, die dem wirtschaftlichen Geschäftsbetrieb zuzurechnen sind, besteht die Gefahr, dass Sie diese Freigrenze überschreiten. Dann unterliegen alle Einnahmen aus wirtschaftlichem Geschäftsbetrieb – und nicht nur diejenigen über 35.000 Euro – der Körperschaft- und Gewerbe-steuer. Sie müssen dann eine Gewinn- und Verlustrechnung erstel-len und der 5.000 Euro übersteigende Gewinn ist zu versteuern.

Es kann deshalb sinnvoll sein, Eintrittsgelder in üblicher Höhe zu ver-langen, gleichzeitig aber darauf hinzuweisen, dass Sie um Spenden bitten.

Vorsicht auch bei Sachspenden, die Sie beispielsweise im Rahmen eines Basars zum Verkauf anbieten. Hierfür können Sie keine Spendenbescheinigungen ausstellen. Hier sollten Sie überlegen, ob Sie nicht stattdessen eine Tombola veranstalten und die gespendeten Gegenstände als Sachpreise ausloben (siehe hierzu auch Kapitel 3.2 zu Sachspenden).

Fazit: Aus steuerlicher Sicht sind Benefizveranstaltungen eine komplizierte Sache mit vielen Stolperfallen. Besprechen Sie Ihr Vorhaben daher unbedingt mit einem in Vereinssteuerfragen versierten Steuerberater oder wenden Sie sich direkt an Ihr zuständiges Finanzamt.

Trotz der komplizierten steuerrechtlichen Seite sind Benefizveranstaltungen ein interessantes Fundraising-Instrument:
- richtig geplant, bringen sie Geld in die Kasse
- sie bieten einen guten Anlass, um die lokale Presse einzuladen und über Ihre Kita zu berichten
- sie stärken das positive Image Ihrer Kita
- sie bieten ein gutes Forum zur Kontaktpflege, Spenderbindung und dem Ausbau des Netzwerks
- Unterstützer können in einem großen Rahmen öffentlichkeitswirksam geehrt werden.

Wenn Sie eine Benefizveranstaltung planen, klären Sie als erstes den Veranstaltungstermin. Vermeiden Sie Terminüberschneidungen und prüfen Sie, ob zu diesem Zeitpunkt weitere Veranstaltungen in Ihrem lokalen Umfeld stattfinden.

Haben Sie Ihren Termin festgelegt, ist der nächste Schritt die Zusammenstellung einer Einladungsliste.

- Wünschen Sie sich einen Schirmherrn?
- Gibt es Personen, die als Multiplikatoren unbedingt dabei sein sollten?
- Möchten Sie Kooperationspartner einbinden?
- Benötigen Sie Sponsoren (siehe hierzu auch Kapitel 11 »Exkurs: Sponsoring)?

Setzen Sie sich mit diesen Menschen und Kontaktpersonen – wenn möglich persönlich – in Verbindung und holen Sie entsprechende Zusagen ein.

Müssen Räume außerhalb der Kita angemietet werden oder benötigen Sie besonderes technisches Equipment, sollten Sie sich rechtzeitig hierum kümmern.

Informieren Sie sich, ob Sie eventuell Genehmigungen benötigen, und falls ja, beantragen Sie diese frühzeitig.

Planen Sie grob den Ablauf der Vorbereitung und Durchführung Ihrer Veranstaltung. Hieraus ergibt sich Ihr Zeitplan: Legen Sie fest, was bis wann erledigt sein muss. Vergeben Sie konkrete Aufgaben und Zuständigkeiten. Planen Sie unbedingt Pufferzeiten ein! Wenn sich eine Entscheidung verzögert oder ein Kooperationspartner unerwartet abspringt, haben Sie immer noch genügend Zeit, nach Alternativen zu suchen.

Stellen Sie Ihren Zeitplan graphisch auf einem Zeitstrahl dar. Das hilft Ihnen Abhängigkeiten zwischen den einzelnen Aufgaben zu erkennen und in Ihrer Planung zu berücksichtigen.

 Praxis-Tipp:

Im Internet steht eine breite Palette kostenfreier Software zur Planung von Projekten zur Verfügung. Viele dieser Programme sind intuitiv zu nutzen und erleichtern mit ihrer Übersichtlichkeit die Projektplanung.

Erstellen Sie eine Projektkalkulation: Mit welchen Kosten rechnen Sie? Welcher Kostenanteil ist fix, fällt also unabhängig von der Zahl der Gäste an? Wenn Sie beispielsweise eine Band buchen, zahlen Sie hierfür einen festen Preis, unabhängig davon, ob die Band für 30 oder 300 Personen spielt.

Legen Sie daher unbedingt einen Zeitpunkt fest, bis zu dem sich Gäste angemeldet haben sollen. Dann können Sie im schlimmsten Fall bei mangelnder Teilnehmerzahl die Veranstaltung immer noch absagen.

Rechts-Tipp:

Wenn Sie Verträge für die Veranstaltung abschließen, also beispielsweise Anmietung von Räumen, Buchungen von Referenten oder
Künstlern etc., sollte der Vertrag ein Rücktrittsrecht beinhalten.

Das verschafft Ihnen die Möglichkeit, bei zu geringer Teilnehmerzahl
von den Verträgen zurückzutreten, ohne die vollen Kosten tragen zu
müssen.

Sorgen Sie für Öffentlichkeitsarbeit:

Lassen Sie Ihren Termin in Veranstaltungskalender eintragen, nutzen Sie
Online-Veranstaltungskalender und soziale Netzwerke. Informieren Sie
die lokale Presse und bitten Sie um einen Vorbericht. Und vergessen
Sie nicht, auch die Pressevertreter zu Ihrer Veranstaltung einzuladen.

 Praxis-Tipp:

Vielleicht können Sie mit Ihrem Team eine größere Veranstaltung
nicht stemmen oder es fehlt Ihnen die Erfahrung, einen solchen
Event zu planen. Dann könnten Sie stattdessen versuchen, mit Ver-
anstaltern bereits bestehender Feste, beispielsweise dem lokalen
Ball der Wirtschaft zu kooperieren.

Sie beteiligen sich in irgendeiner Form an der Programmgestaltung
oder Organisation, im Gegenzug fließt der Erlös der Veranstaltung
(ganz oder teilweise) Ihrer Kita zu. Auch Betriebsfeste von befreun-
deten Unternehmen lassen sich so eventuell nutzbar machen.

Wenn möglich, sollte Ihre Veranstaltung zum festen Termin im Veranstaltungskalender Ihrer Stadt oder Gemeinde werden. Das erhöht
im Laufe der Zeit die Akzeptanz und den Zuspruch.

Seien Sie kreativ!

Sommerfeste gibt es viele, nur wenige bauen im Winter ein Zelt auf
und grillen im Schnee. Und statt eines Laufs um die Kita, könnten Sie
Ihre Gäste auch zu einer kleinen Wanderung mit anschließendem
Picknick im Grünen einladen!

9.6 Aktien, Bausteine und Patenschaften

Menschen tragen gerne zu Lösungen und sichtbaren Erfolgen bei. Sie möchten das Gefühl haben, Teil eines Ganzen zu sein und gemeinsam viel zu bewegen.

Bei der klassischen Geldspende bedarf es vieler Worte Ihrerseits, um dieses Gefühl zu vermitteln. Dagegen sind symbolische Gegenstände, die stellvertretend für ein bestimmtes Projekt stehen, sehr viel greifbarer. Als weiterer Vorteil kommt die klare Abgrenzbarkeit hinzu: Ihr Förderer kann konkret sagen: »Das habe ich mit meiner Unterstützung bewirkt« oder »Das ist mein Anteil«.

Ihrer Kreativität bei der Entwicklung von Symbolen sind keinerlei Grenzen gesetzt. Es kann sich um Bausteine, Materialien oder Pflanzen handeln. Sie können aber auch Anteilsscheine herausgeben oder Patenschaften, zum Beispiel für Spielgeräte oder Grundstücksanteile, vergeben.

Ihr Nutzen:

Ihre Unterstützer sehen konkret, was sie mit Ihrer Spende erreicht haben. Das steigert das Gefühl des Erfolgs, der Sinnhaftigkeit und erhöht die Motivation, noch mehr zu tun.

Die Spenderbindung wird gestärkt. »Erwerben« Ihre Unterstützer Anteilsscheine oder entscheiden sie sich für eine Patenschaft, übernehmen sie gleichzeitig auch Verantwortung. Sie wollen in die weitere Entwicklung einbezogen werden und haben den Ehrgeiz, dass das gemeinsame Projekt insgesamt erfolgreich umgesetzt wird.

Zwar sind gerade Baustein-Modelle oder Patenschaften inzwischen schon relativ verbreitet, aber immer noch ein wenig unkonventionell. In der lokalen Presse werden Sie daher ganz sicher auf positive Resonanz stoßen.

 Praxis-Beispiel:

Schon mehrfach haben wir die Kita SpielSpass bei ihrem Fundraising-Konzept zur Umgestaltung des Außengeländes in einen Erlebnisgarten begleitet.

Ein Teil des Projekts wird über symbolische Anteilsscheine finanziert:

Das Außengelände wurde in 1.000 gleich große ideelle Parzellen unterteilt. Unterstützer können mit ihrer Spende eine oder mehrere Parzellen erwerben. Hierfür erhalten sie jeweils einen dekorativen Anteilsschein. Zudem wird ihr Name auf einem Stein eingraviert. Aus diesen Namens-Steinen wird später die Kräuterspirale entstehen.

Darüber hinaus werden Baum- und Strauchpatenschaften sowie Patenschaften für Spielgeräte vergeben. Zu jeder Pflanze und zu jedem Gerät gehört eine Schiefertafel, auf der der Name ihres Paten eingraviert ist.

Für das geplante Holz-Blockhaus werden symbolisch Holzscheite verkauft. Die »Anteilseigner« erhalten Zertifikate als ideelle Anteilsscheine.

Mit dieser Kombination unterschiedlicher Spendenmöglichkeiten werden breite Schichten von Unterstützern angesprochen. Schon für 5 Euro lässt sich ein Zertifikat erwerben, Patenschaften oder der ideelle Grundstücksanteil sind entsprechend teurer. So ist für »jeden Geldbeutel etwas dabei« und natürlich können Unterstützer auch mehrere Anteile erwerben.

Die Aktion ist ein voller Erfolg, nicht zuletzt auch deshalb, weil häufig in der Presse darüber berichtet wurde.

Aber nicht nur die angestrebten Einnahmen wurden erzielt: Anteilseigner und Paten fühlen sich der Kita und ihrem Erlebnisgarten-Projekt so verbunden, dass sie gerne bereit sind, bei der Umgestaltung des Geländes tatkräftig mit anzupacken. Viele Arbeiten können dank dieser Zeitspenden in Eigenleistung erbracht werden, was natürlich die Gesamtkosten des Projekts deutlich reduziert.

Wie es geht

Setzen Sie Ihr Baustein-, Aktien- oder Patenschaftsmodell konsequent um. Das heißt zum einen: Legen Sie einen »Preis« fest und verkaufen Sie niemals unter Wert. Verschenken kommt nur in absoluten Ausnahmefällen in Betracht und dann auch nur, wenn Sie sicher sind, auf diese Weise einen wichtigen Multiplikatoreffekt erzielen zu können.

Bewerben Sie Ihre Bausteine oder Aktien wie ein Produkt.

Legen Sie – ausgehend von den jeweiligen Projektkosten (also den Mitteln, die Sie zur Umsetzung Ihres Projekts benötigen) – die Zahl möglicher Anteile, benötigter Bausteine oder gewünschter Patenschaften fest.

Durch eine limitierte Stückzahl erhöhen Sie die Exklusivität. Diesen Effekt können Sie durch eine Befristung des »Verkaufszeitraums« oder der »Zeichnungsfrist« verstärken.

Liebevoll gestaltete Zertifikate, die das Engagement Ihres Unterstützers deutlich zeigen, sind ein schönes und dauerhaftes Zeichen der Wertschätzung und des Danks. Verwenden Sie also auf die Gestaltung viel Mühe, damit Ihre Unterstützer das Zertifikat gerne aufhängen. Dann erfüllt es zugleich auch einen Werbeeffekt.

Achten Sie auf kontinuierliche Öffentlichkeitsarbeit. Weisen Sie dabei explizit auf die begrenzte Menge hin und machen Sie deutlich, dass Ihr Angebot nur für eine kurze Zeit gilt.

Sorgen Sie für eine bleibende Erinnerung, die auch nach Abschluss des Projekts noch an die Spender erinnert. Hängen Sie eine Tafel mit den Namen der Unterstützer auf, nutzen Sie – wie die Kita SpielSpass – Namens-Steine und integrieren diese sinnvoll in Ihr Projekt ... Auch hier sind Ihrer Phantasie keine Grenzen gesetzt.

 Praxis-Tipp:

Baustein-Modelle und ideelle Aktien können sehr gut mit der Idee der Matching-Funds (Kapitel 9.8) verbunden werden.

Eine gute Idee ist auch, die Anteile oder symbolischen Gegenstände in einer Auktion zu versteigern. Wichtig ist dann, die Festsetzung eines Mindestgebots.

9.7 Payroll-Giving

»Payroll« bedeutet übersetzt Gehaltsabrechnung.

Mit Payroll-Giving wird eine regelmäßige Spende bezeichnet, die unmittelbar durch den Arbeitgeber vom Gehalt einbehalten und an eine vorher bestimmte gemeinnützige Organisation weitergeleitet wird.

Das heißt also, beim Payroll-Giving verzichten Mitarbeiter eines Unternehmens zugunsten Ihrer Kita auf einen kleinen Teil ihres Gehalts. In der Regel handelt es sich dabei um die Cent-Beträge rechts hinter dem Komma der Gehaltssumme. Manche Mitarbeiter runden aber auch ihr Gehalt auf einen glatten Betrag nach unten ab.

 Praxis-Beispiel:

Mitarbeiter Müller erhält ein monatliches Brutto-Gehalt von 2.393,56 Euro. Er entscheidet sich, am Payroll-Giving-Programm seines Arbeitgebers zugunsten Ihrer Kita teilzunehmen.

Herr Müller kann beispielsweise monatlich den Cent-Betrag von 0,56 Euro spenden, er kann sich aber auch entscheiden, sein Brutto-Gehalt nach unten auf 2.390,00 Euro abzurunden und damit Ihrer Kita monatlich einen Betrag in Höhe von 3,56 Euro zu spenden.

Würden alle 30 Mitarbeiter des Unternehmens sich so entscheiden wie Herr Müller, kämen bei der Cent-Spende monatlich 16,80 Euro (0,56 Euro × 30) zusammen. Bei der Abrundung auf einen glatten Betrag wären es monatlich 106,80 Euro (3,56 Euro × 30)

Da es sich beim »Payroll-Giving« häufig um Cent-Beträge handelt, die von den Mitarbeitern eines Unternehmens gespendet werden, spricht man auch von »Restcent-Spende«.

In den USA und Großbritannien ist diese Form der Spende sehr verbreitet. In Deutschland ist sie hingegen noch weitgehend unbekannt, obwohl die Handhabung sehr einfach ist. Die monatlich abgebuchte Spende wird auf der Gehaltsabrechnung ausgewiesen und ist somit am Jahresende in der Steuererklärung durch den Mitarbeiter steuerbegünstigt geltend zu machen.

Ihr Nutzen:

- Schon der Volksmund sagt »Auch Kleinvieh macht Mist«. Wenn viele Menschen sich zusammen tun und regelmäßig einen kleinen Betrag für Ihre Kita zusammenbringen, dann kommt schnell eine größere Summe zusammen.
- Mit den so gesammelten Beträgen können Sie planen. Denn die Gehaltsspende ist keine einmalige Sache, sondern wird in der Regel über einen längeren Zeitraum hinweg vereinbart. Ähnlich wie auch bei Mitgliedsbeiträgen sind diese Einnahmen also vergleichsweise sicher und in ihrer Höhe recht gut planbar.
- Gerade weil es sich für jeden Einzelnen um so kleine und überschaubare Beträge handelt, ist die Akzeptanz für Gehaltsspenden sehr hoch. Wichtig ist, dass Sie verdeutlichen, wie viel Sie in Ihrer Kita mit dieser Summe bewegen können. Der Gedanke »Was wollen die mit meinen 56 Cent bewegen!?« darf erst gar nicht aufkommen.
- Gehaltsspenden haben eine hohe Spenderbindung zur Folge. Wer regelmäßig monatlich Ihrer Kita spendet, hat Interesse an Ihrer Arbeit und wird von Fall zu Fall auch gerne zusätzliche Unterstützung leisten. Sie wiederum können durch kontinuierliche Information den Kontakt pflegen und ausbauen.
- Ihre Gehaltsspender wirken als Multiplikatoren und Botschafter. Wenn fast die gesamte Abteilung eines Unternehmens Ihre Kita unterstützt, wer wird da schon außen vor bleiben wollen!?
- Für Unternehmen ist die Möglichkeit des »Payroll-Giving« das Angebot einer Win-Win-Situation: Das Unternehmen profitiert vom Imagegewinn und kann dieses Engagement seiner Mitarbeiter öffentlichkeitswirksam präsentieren. Und zwar ohne, dass das Unternehmen selbst spenden muss.
  Allerdings erhöht es die Bereitschaft und Motivation der Mitarbeiter, wenn auch das Unternehmen selbst regelmäßig einen Unterstützungsbeitrag leistet!
- Gerade für kleinere und lokal verwurzelte Einrichtungen wie Ihre Kita sind Gehaltsspenden ein idealer Weg, um mit Unternehmen »ins Geschäft« zu kommen, die – wie Sie – einen engen regionalen Bezug haben. Das Argument, mit einer solchen Initiative »direkt vor der Haustür« helfen zu können, fällt dann besonders positiv ins Gewicht.
- Gehaltsspenden sind eine tolle Ausgangsbasis für viele weitere gemeinsame Aktionen wie beispielsweise die Durchführung von Bene-

Instrumente des Fundraising

fizveranstaltungen oder die Organisation von Zusatzangeboten. Sie helfen aber auch, in Kontakt mit möglichen Zeitspendern zu kommen.

Wie es funktioniert

- Gehen Sie selbst mit gutem Beispiel voran und setzen Sie die Idee der Gehaltsspende in Ihrer Kita um! Denn es ist wenig überzeugend, damit zu argumentieren, dass es nur »um ein paar Cent« geht, wenn das eigene Kita-Team nicht bereit ist, auf diese Cent-Beträge seines Gehalts zu verzichten.
  Dann können Sie auch gleich mit Ihrem Steuerberater die aus Unternehmersicht möglicherweise bestehenden steuerrechtlichen Klippen besprechen. Je nach Rechtsform und Unternehmensgröße können diese ganz unterschiedlich sein.
- Wählen Sie Unternehmen aus, die aus Ihrer Sicht für das Modell der Gehaltsspende besonders geeignet sind. Das können große mittelständische Unternehmen mit Hunderten von Mitarbeitern sein, aber auch mehrere kleine Handwerksbetriebe mit dem gleichen lokalen Bezug wie Ihre Kita.
  Auch der richtige Zeitpunkt ist wichtig, um erfolgreich für das Modell der Gehaltsspende zu werben. Unternehmen in finanziellen Schwierigkeiten werden kaum bereit sein, sich mit diesem Vorschlag zu beschäftigen.
  Wurde hingegen gerade die außerordentlich gute Bilanz veröffentlicht oder hat das Unternehmen Arbeitsplatzgarantien gegeben, ist der Zeitpunkt gut gewählt, um noch ein bisschen mehr für's gute Image zu tun.
- Machen Sie die Geschäftsleitung zu Ihrem Botschafter!
  Selbst wenn der Inhaber oder Geschäftsführer eines Unternehmens Ihre Idee der Gehaltsspende toll findet, bleibt es natürlich jedem einzelnen Mitarbeiter selbst überlassen, ob er an dieser Aktion teilnehmen will oder nicht. Hier gilt es, gemeinsam mit der Geschäftsleitung Überzeugungsarbeit zu leisten.
  Dazu gehört zum einen eine breite Information über die Arbeit Ihrer Kita, zum anderen die aktive Unterstützung durch das Führungsteam des Unternehmens. Auch hier wirkt das gute Beispiel: Die Führungsmannschaft – und natürlich auch die Arbeitnehmervertretung – sollten auf jeden Fall zu den Gehaltsspendern gehören.
  Die Kooperation mit Ihrer Kita sollte an vielen Stellen im Unternehmen

sichtbar werden: So könnte beispielsweise ein Roll-up in der Kantine auf Ihre Kita und die Möglichkeit der Gehaltsspende hinweisen, aber auch der Aushang am Schwarzen Brett, Informationen im Firmen-Intranet oder die regelmäßige Kolumne in der hausinternen Firmenzeitschrift oder dem Firmen-Newsletter. Bei Firmenveranstaltungen oder Betriebsfesten gehört Ihre Kita selbstverständlich als Partner dazu. Damit auch neue Mitarbeiter eingebunden und auf die Möglichkeit der Gehaltsspende aufmerksam werden, sollten Sie eine Info-Mappe zusammenstellen, die den Arbeitsverträgen als Information beigefügt wird.

Überzeugen Sie die Geschäftsleitung, neben ihrem eigenen Engagement als Gehaltsspender noch einen weiteren Anreiz zu setzen: So könnte beispielsweise vereinbart werden, dass das Unternehmen die monatliche Summe der Gehaltsspenden auf einen runden Betrag aufstockt. Oder bei Erreichen einer bestimmten Jahres-Spendensumme verdoppelt das Unternehmen den gesammelten Betrag.

- Berichten Sie regelmäßig über Erfolge!

Machen Sie immer wieder aufs Neue deutlich, wie viel mit den gesammelten Restcents erreicht werden konnte. Das gibt allen Beteiligten das Gefühl, an einer Lösung mitzuarbeiten und motiviert immer wieder neu.

Laden Sie Ihre Gehaltsspender in die Kita ein und feiern Sie ein jährliches Danke-Fest. Dann können sich alle persönlich davon überzeugen, wie viel sie gemeinsam bewirkt haben.

9.8 Matching Funds

Bei Matching Funds (übersetzt in etwa »übereinstimmende Beträge«) geht es um die bedingte Zusage einer Vervielfachung eingeworbener Spenden.

Das heißt, der als Spende in Aussicht gestellte Betrag fließt erst dann tatsächlich, wenn eine bestimmte Bedingung erfüllt ist. In der Regel besteht die Bedingung darin, dass auf anderen Wegen der gleiche Betrag bereits als Spende gesammelt sein muss.

Praxis-Beispiel: ─────────────────────

Ein Unternehmen hat Ihrer Kita eine Spende in Höhe von 5.000 Euro in Aussicht gestellt. Diese Spende ist aber an die Bedingung geknüpft, dass Sie zuvor weitere 5.000 Euro bei anderen Spendern erfolgreich gesammelt haben.

Diese Form des Spendensammelns setzt auf den im übertragenen Sinn sportlichen Ehrgeiz der Spender und Spendensammler.

Gleichzeitig motiviert das gute Beispiel des Matching-Fund-Gebers viele zum Mitmachen. Umgekehrt erfährt er, dass die Idee, die er unterstützen will, von vielen mitgetragen wird.

Eine andere Form des Matching Fund sieht vor, dass jede Spende – unabhängig von einem zu erreichenden Gesamtbetrag – vervielfacht wird.

 Praxis-Beispiel: ─────────────────────

Ein Unternehmen hat mit Ihnen eine Gehaltsspenden-Aktion vereinbart. Um die Mitarbeiter zu motivieren, sich in großer Zahl an dieser Aktion zu beteiligen, gibt die Unternehmensleitung die Zusage, jede Restcent-Spende zu verdoppeln.

In Zahlen:

Mitarbeiter	Restcent-Spende	Matching-Funds	Gesamtspende
Müller	€ 0,56	€ 0,56	€ 1,12
Meier	€ 1,03	€ 1,03	€ 2,06
Schmidt	€ 0,28	€ 0,28	€ 0,56

Die Vervielfachung des eigenen Spendenbetrages verstärkt das Gefühl, dass man selbst schon mit einem kleinen Betrag viel bewegen kann.

In den USA werden sehr häufig Matching Funds zur Projektfinanzierung genutzt, in Deutschland ist dieses Instrument bislang relativ unbekannt.

Wenn überhaupt, wird hierzulande eher die Aufstockung eines gesammelten Spendenbetrages bevorzugt. Damit geht aber das Element des Anreizes verloren, denn dass der gesammelte Betrag aufgerundet wird, wird vielfach erst im Nachhinein kommuniziert.

Der Versuch, einen Matching Fund ins Leben zu rufen, lohnt sich auf jeden Fall und ist beispielsweise eine gute Ergänzung zum Instrument des »Payroll Giving« (s. o. Kapitel 9.7). Auch in Kombination mit Web-2.0.-Instrumenten (siehe Kapitel 9.13) kann ein Matching Fund einen zusätzlichen Anreiz bieten und zur Unterstützung motivieren.

Weisen Sie auf Ihrer Webseite, im Flyer oder Newsletter auf die Möglichkeit des Matching Fund hin.

Gehen Sie gezielt auf Unternehmen zu und begeistern Sie die Entscheider für diese etwas außergewöhnliche Form des Spendensammelns. Ganz bestimmt wird sich die Presse für eine solche Aktion interessieren, so dass den Partnern – Ihnen und dem Matching-Fund-Geber – eine positive Presseresonanz sicher ist.

 Praxis-Tipp:

Alle Jahre wieder verschenken Unternehmen an Ihre Kunden Wein und andere Aufmerksamkeiten und erhalten ganz ähnliche Geschenke von ihren Lieferanten.

Wählen Sie ein Unternehmen aus den Reihen Ihrer Unterstützer aus und machen Sie folgenden Vorschlag:

Das Unternehmen verzichtet in diesem Jahr auf Geschenke und Weihnachtskarten und stellt dieses Budget stattdessen Ihrer Kita zur Verfügung.

Eine solche Aktion ist an sich schon eine gute und öffentlichkeitswirksame Idee!

Machen Sie noch ein wenig mehr daraus, indem Sie einen Matching Fund vorschlagen: Kunden und Lieferanten des Unternehmens werden gebeten, sich dieser Aktion anzuschließen und den gleichen Betrag noch einmal gemeinsam an Spenden aufzubringen.

In Zahlen:

Das Unternehmen hat ein Budget in Höhe von 5.000 Euro einge-plant, um Weihnachtsgeschenke und -karten für Kunden und Liefe-ranten einzukaufen. In diesem Jahr wird auf diese Aufmerksamkeit verzichtet und der Betrag – 5.000 Euro – soll stattdessen Ihrer Kita zufließen.

Gleichzeitig nutzt das Unternehmen sein Netzwerk aus Kunden und Lieferanten, informiert diese über die geplante Aktion und bittet sie, sich hieran zu beteiligen. Ziel sei, von Seiten der Kunden und Liefe-ranten noch einmal den gleichen Betrag – also 5.000 Euro – zu sam-meln.

Ist die Aktion erfolgreich, kommen insgesamt 10.000 Euro in die Kasse Ihrer Kita.

Die Vorteile liegen auf der Hand: Ihre Kita kann mit dem Spenden-betrag lang gehegte Wünsche erfüllen. Das beteiligte Unternehmen und dessen Kunden sowie Lieferanten erzielen mit ihrer Aktion ein hohes Maß an öffentlicher Aufmerksamkeit und verbuchen einen Imagegewinn. Darüber hinaus stärkt ein solches gemeinsames Pro-jekt die Kundenbindung, und zwar mehr als jedes Weihnachts-geschenk.

Ein Matching Fund lässt sich auch sehr gut mit dem in Kapitel 9.6 be-schriebenen Baustein-Modell oder ideellen Anteilsscheinen verbinden.

Dann erwirbt der Matching-Fund-Geber beispielsweise die Hälfte des zur Verfügung stehenden »Aktienpakets«, während die andere Hälfte zum »freien Verkauf« steht.

Oder der Matching-Fund-Geber sichert zu, für jeden verkauften Anteil selbst einen weiteren Anteil zu erwerben.

9.9 Bußgeldmarketing

Jedes Jahr vergeben die deutschen Gerichte mehr als 100 Millionen Euro an gemeinnützige Einrichtungen.

Woher kommt dieses Geld?

Ermittlungs- und Strafverfahren können in Deutschland durch die Staatsanwaltschaft sowie die Gerichte unter bestimmten Voraussetzungen eingestellt werden. Rund 130.000 Verfahren werden so jedes Jahr nach § 153a der Strafprozessordnung (StPO) behandelt. Verbunden ist das für die Beschuldigten oder Angeklagten in der Regel mit einer Auflage: Sie haben ein Bußgeld – zum Beispiel an eine gemeinnützige Einrichtung – zu zahlen. An welche Einrichtung gezahlt werden muss, legen die jeweiligen Staatsanwälte und Richter nach ihrem Ermessen fest.

Zu diesem Zweck werden bei den Staatsanwaltschaften, Amts-, Land- und Oberlandesgerichten entsprechende Listen gemeinnütziger Organisationen – und damit potenzieller Empfänger – geführt.

Auch der Förderverein Ihrer Kita kann sich in diese Listen eintragen lassen.

Der Antrag auf Eintragung wird formlos gestellt. Manche Staatsanwaltschaften und Gerichte halten inzwischen sogar entsprechende Online-Formulare zur Registrierung bereit.

Da Einrichtungen nur dann Empfänger von Bußgeldern sein können, wenn sie gemeinnützig sind, ist unbedingt darauf zu achten, dass der gemeinnützige Förderverein Ihrer Kita – und nicht die Kita selbst, wenn ihr Träger kein gemeinnütziger Verein ist – die Eintragung beantragt.

Dem formlosen Schreiben sind folgende Unterlagen beizufügen:
• ein aktueller Auszug aus dem Vereinsregister
• eine Kopie der Satzung des Fördervereins
• eine Kopie des aktuellen Freistellungsbescheids des für den Förderverein zuständigen Finanzamts
• Angabe der Bankverbindung des Fördervereins
• ggf. weiteres Informationsmaterial über die Arbeit Ihres Fördervereins.

Nachdem Sie den formlosen Antrag formuliert und die notwendigen Unterlagen zusammengestellt haben, senden Sie alle Unterlagen an
• das für den Sitz des Fördervereins zuständige Amtsgericht (adressiert an den Direktor/die Direktorin)
• das für das Amtsgericht zuständige Landgericht (adressiert an den Präsidenten/die Präsidentin)

- die diesem Landgericht zugeordnete Staatsanwaltschaft (adressiert an den Leitenden Oberstaatsanwalt/die Leitende Oberstaatsanwältin)

Nach einiger Zeit sollten Sie von den Gerichten bzw. der jeweiligen Staatsanwaltschaft eine Rückmeldung erhalten, die Ihnen die Aufnahme in die bei Gericht bzw. Staatsanwaltschaft geführte Liste bestätigt.

Nun geht es darum, die richtigen Ansprechpartner in Sachen Bußgeldzuweisungen zu finden. Dies sind die Staatsanwälte und Richter der jeweiligen Strafkammern. Wer Ihre Ansprechpartner sind, erfahren Sie am einfachsten durch ein Telefonat mit der zuständigen Geschäftsstelle.

Auch im Bußgeldmarketing gilt der Fundraising-Grundsatz »Menschen geben Menschen«.

Suchen Sie das persönliche Gespräch mit den zuständigen Richtern und Staatsanwälten. Damit geben Sie Ihrer Kita und Ihrem Anliegen ein Gesicht. Anderenfalls laufen Sie Gefahr eine Organisation unter vielen zu bleiben und in der Liste möglicher Bußgeld-Empfänger unterzugehen.

Konkretisieren Sie gegenüber den Entscheidern Ihren Bedarf. Stellen Sie explizit ein konkretes Projekt vor, für das Sie besondere Unterstützung suchen.

Für den guten ersten Eindruck bekommen Sie keine zweite Chance. Heben Sie sich aus der Masse Ihrer Wettbewerber hervor und stellen Sie die Besonderheiten Ihrer Kita heraus. Schnüren Sie ein umfassendes Informationspaket, das die Philosophie der Kita ebenso darstellt, wie die erreichten Erfolge und die geplanten Projekte.

Folgende Unterlagen sollten Sie Ihrem Gesprächspartner überreichen oder – falls ein persönliches Gespräch nicht möglich ist – zusenden:
- die Vereinssatzung
- umfassende Kontaktdaten des Vorstands des Fördervereins und der Kita-Leitung
- die Bankverbindung des Vereins
- eine Auswahl von Presseartikeln, die über die Arbeit Ihrer Kita berichten
- den letzten Jahresbericht
- die Image-Broschüre Ihrer Kita.

Praxis-Tipp:

Bei den Richtern und Staatsanwälten kommt es immer gut an, wenn Sie Arbeit abnehmen. Fügen Sie den Unterlagen vorbereitete Überweisungsträger bei, in denen der Name und die Kontoverbindung Ihrer Kita bereits eingetragen sind.

Pflegen Sie guten Kontakt zu den Entscheidern!

Wie auch im übrigen Beziehungsmanagement ist der Dank für Unterstützung zentrales Element der Spenderpflege.

Bedanken Sie sich mit einem kurzen, aber persönlich gehaltenen Brief für Zuweisungen. Informieren Sie, welches Vorhaben Sie mit diesem Geld umsetzen konnten. Für den Fall, dass Sie durch eine Bußgeldzuweisung eine außergewöhnliche Anschaffung tätigen oder ein Projekt umsetzen konnten, berichten Sie hierüber in der Presse. Betonen Sie, dass dieser Erfolg durch die Zuweisung des jeweiligen Entscheiders möglich wurde.

 Praxis-Tipp:

Senden Sie den Entwurf Ihrer Pressemitteilung vorher mit der Bitte um Freigabe an den jeweiligen Richter oder den Staatsanwalt. Der oder andere mag etwas dagegen haben, persönlich genannt zu werden. Es empfiehlt sich daher, vorher die Zustimmung einzuholen.

Laden Sie die Entscheider stets zu wichtigen Veranstaltungen Ihrer Kita ein. An einem Tag der offenen Tür können die sich dann persönlich ein Bild von Ihrer guten Arbeit machen. Damit steigt natürlich die Bereitschaft, dem Förderverein auch in der Zukunft Bußgelder zuzuweisen. Bedenken Sie stets, dass kleine Gesten oft große Wirkung zeigen. Mit einer Weihnachtskarte und einer Danksagung bringen Sie sich beispielsweise stets in positive Erinnerung.

Die meisten Entscheider schätzen einen lokalen oder regionalen Bezug. Es macht daher wenig Sinn, sich beispielsweise landesweit bei allen Gerichten eintragen zu lassen. Dagegen spricht auch der zeitliche Aufwand, um die jeweiligen Kontakte individuell zu pflegen. Hier ist weniger mehr! Beschränken Sie sich auf einige wenige Gerichte, pflegen Sie diese Beziehungen aber intensiv!

 Praxis-Tipp:

Schauen Sie sich unter den Eltern Ihrer Einrichtung und den Mitgliedern des Fördervereins um, ob es nicht da persönliche Kontakte zu Richtern oder der Staatsanwaltschaft gibt. Eine persönliche Empfehlung von dieser Seite erleichtert den ersten Kontakt.

Übrigens: Auch die Betroffenen selbst, also diejenigen, die ein Bußgeld zahlen müssen, können einen Vorschlag machen, welche Einrichtung das Bußgeld erhalten soll. Meist stehen hinter diesen Vorschlägen die jeweiligen Strafverteidiger. Vielleicht findet sich in Ihrem Netzwerk ein Rechtsanwalt, dessen Schwerpunkt im Strafrecht liegt und der dann ein guter Multiplikator für Ihre Kita sein kann.

Rechte bringen Pflichten mit sich!

Nicht das Gericht überweist Ihnen den Bußgeldbetrag, sondern der Beschuldigte zahlt direkt an Ihre Einrichtung.

Daher obliegt Ihnen die Kontrolle, ob das Bußgeld ordnungsgemäß gezahlt wird.

Das Gericht teilt Ihnen lediglich mit, in welcher Höhe Ihnen ein Bußgeld zugewiesen wurde, wer zahlen muss und ob unter Umständen eine Ratenzahlung zugestanden wurde. Ist Letzteres der Fall, werden Ihnen auch die Höhe der jeweils zu zahlenden Raten sowie die Zahlungstermine mitgeteilt.

Sie sind verpflichtet, dem Gericht unverzüglich die Zahlungseingänge mitzuteilen. Ebenso müssen Sie dem zuständigen Gericht umgehend Zahlungsverzögerungen mitteilen.

Achten Sie darauf, dass diese Arbeit vom Förderverein akribisch umgesetzt wird. Denn bei Versäumnissen erfolgt die prompte Streichung aus der Liste wegen Unzuverlässigkeit.

Die Kontrolle über die Zahlungseingänge gelingt am leichtesten, wenn Sie ein Unterkonto für Bußgeldzuweisungen anlegen. Tragen Sie Zahlungsfristen sofort nach Erhalt der gerichtlichen Mitteilung in Ihren elektronischen Kalender ein und lassen Sie sich daran erinnern.

9.10 Testamentsspenden (Erbschaftsmarketing)

Erinnern Sie sich an die Fundraising-Pyramide? Testamentsspenden stehen an der Spitze der Pyramide, d. h. ihre Einwerbung bedarf einer lange gewachsenen freundschaftlichen Beziehung und tiefen Verbundenheit.

Erbschaftsmarketing oder auch sogenannte Testamentsspenden sind eine nicht alltägliche Methode des Fundraising. Ziel ist, Menschen dafür zu gewinnen, einen Teil ihres Vermögens nach ihrem Tod der Kita zur Verfügung zu stellen.

Ein heikles und sehr emotionales Thema, das viel Fingerspitzengefühl erfordert. Der Tod, noch dazu der eigene, ist für viele Menschen ein Thema, mit dem man sich ungern beschäftigt und das noch dazu mit vielen Tabus belegt ist.

Dennoch: Wir alle beschäftigen uns irgendwann mehr oder weniger intensiv mit der Frage, was bleibt nach unserem Tod.

Besondere Bedeutung hat diese Frage für die zunehmende Zahl von Menschen, die keine Kinder oder engen Verwandten haben. Oft haben sie den Wunsch, der Gesellschaft etwas zurückzugeben und kommenden Generationen ein Vermächtnis zu hinterlassen, das über ihren Tod hinaus wirkt.

Und das könnte eben Ihre Kita sein.

Aber auch diejenigen, die Kinder haben, möchten zuweilen einen Teil ihres Vermögens darauf verwenden, Ideale und Wertvorstellungen, die ihnen zeitlebens wichtig waren, auch über ihren Tod hinaus zu unterstützen.

Der gegenüber Testamentsspenden häufig geäußerte Vorwurf, es handele sich um Erbschleicherei oder gar Leichenfledderei, ignoriert völlig die Motive potentieller Spender, die schlicht gelebte Ideale sinnvoll fördern möchten.

Diskutieren Sie dieses Thema zunächst intensiv in Ihrem Team. Holen Sie Meinungen ein und versuchen Sie, die Möglichkeit der Testaments- spende auch im Kreis Ihrer Familie und Freunde zu diskutieren. So erhal- ten Sie ein Gefühl für die damit verbundenen Vorbehalte und Emotionen.

Sprechen Sie bewusst von Testamentsspende oder Vermächtnisspen- de. Der Begriff »Marketing« im Zusammenhang mit Erbe wirkt ge- schäftsmäßig und kalt. Das weckt zusätzlich Vorbehalte und führt ganz sicher zur Ablehnung.

Schaffen Sie Verständnis: Erklären Sie ruhig und sachlich, dass Spen- den per Testament etwas Positives und ein von vielen Spendern aus- drücklich gewünschtes Instrument sind. Legen Sie dar, welche Gründe Menschen dazu bewegen könnten, Ihre Kita mit einer Testaments- spende zu bedenken. Zeigen Sie auf, dass durch eine solche Spende nicht nur Ihre Kita gewinnt, sondern auch ein Unterstützungsangebot geschaffen wird, dass einigen Menschen einen guten Weg bietet, auch über den Tod hinaus zu wirken.

Erläutern Sie auch Ihre mögliche Strategie, um Testamentsspender für Ihre Kita zu gewinnen. Manche Vorbehalte rühren schlicht aus der Vor- stellung, man werde ein aggressives Marketing-Konzept verfolgen.

 Praxis-Tipp:

Halten Sie Kritikern vor Augen, dass gemeinnützige Organisationen vom Gesetzgeber nicht ohne Grund von der Erbschaftssteuer befreit worden sind. Diese Art des Spendens wird also vom Gesetzgeber sogar bewusst gefördert.

Spender-Gruppe 1: Personen, die Ihrer Einrichtung lange verbunden sind

Viele Menschen sind Kitas über lange Jahre hinweg treu verbunden. Da- durch, dass sie selbst, ihre Kinder oder aber sogar die Enkel die Einrich- tung besuchen. Oder aber es sind Unternehmer und andere Gönner, die Ihre Kita bereits langjährig und regelmäßig unterstützen und Ihnen daher bestens bekannt sind. All diese Personen kommen als Testamentsspen- der in Frage. Denn es hat sich in der Praxis immer wieder gezeigt, dass auch viele Mitmenschen mit Familie zumindest einen kleinen Teil ihres Erbes einem Teil der Allgemeinheit zukommen lassen wollen. Eine Kita ist in diesem Falle eine herausragende Einrichtung.

Doch wie verankern Sie das Thema Testamentsspende im Bewusstsein möglicher Geldgeber? Das kann beispielsweise dadurch gelingen, dass Sie einen Artikel zum Thema in der nächsten Ausgabe der Kita-Zeitung oder aber auf Ihrer Internetpräsenz veröffentlichen. Informieren Sie beispielsweise über erfolgreich durchgeführte Projekte, die durch Testamentsspenden umgesetzt werden konnten.

Sprechen Sie mögliche Spender auch persönlich an.

Das ist mit Sicherheit eine besondere Situation und bedarf einer guten Vorbereitung. Halten Sie sich dabei aber stets vor Augen, dass Menschen, von denen Sie wissen, dass Sie Ihrer Kita wohlgesonnen sind, sich niemals dadurch belästigt fühlen würden. Binden Sie eventuell Meinungsbildner und Fürsprecher Ihrer Einrichtung in diese Aufgaben mit ein. Mögliche Testamentsspender fühlen sich so besonders geehrt und erfahren dadurch, dass Sie für das Fortbestehen der Einrichtung von maßgeblicher und wesentlicher Bedeutung sind.

 Praxis-Tipp:

Gerade in vielen Einrichtungen, die unter kirchlicher Trägerschaft stehen, besteht die große Chance, dass ein geschulter und erfahrener Seelsorger die Ansprache an mögliche Testamentsspender übernimmt oder aber zumindest unterstützt.

Um weitere mögliche Testamentsspender für Ihre Kita ausfindig zu machen, gehen Sie wie folgt vor:

- Durchsuchen Sie Ihre Spender-Datenbank nach Gönnern, die Ihrer Einrichtung seit vielen Jahren Gelder zukommen lassen.
- Durchsuchen Sie Ihre Spender-Datenbank nach Spendern aus der Generation 50plus. Meist haben diese Menschen sich bereits einmal mit dem Thema Erbschaft auseinandergesetzt.

Spender-Gruppe 2: Personen, die Ihre Kita noch nicht kennen

Um Menschen, die Ihre Einrichtung noch nicht kennen, als mögliche Testamentsspender anzusprechen, können Sie auf mehrere Methoden zurückgreifen. Eine altbekannte verfährt nach dem Motto: »Lassen Sie sich Gutes tun und sprechen Sie darüber«. Sollten Sie Dank einer Testamentsspende ein Projekt erfolgreich umgesetzt haben, lassen Sie es den Medien mittels einer Pressemitteilung zukommen. Informieren Sie über ein Erfolgsprojekt und stellen Sie in diesem Zusammenhang das Thema Testamentsspende und die Umsetzung in Ihrer Kita detailliert vor.

 Rechts-Tipp:

Bitten Sie dabei unbedingt den Spender um die Erlaubnis, ihn nach seinem Ableben in diesem Zusammenhang erwähnen zu dürfen. Zieht es ein Testamentsspender vor, anonym zu bleiben, sollten Sie diesem Wunsch in jedem Fall entsprechen.

Möglich ist auch, dass sich im Testament Anordnungen zum Thema »Veröffentlichung« finden, denen Sie natürlich unbedingt nachkommen müssen.

Ein weiterer Weg Testamentsspender zu finden, führt über Personen, die sich aus beruflichen Gründen mit dem Thema Erbschaft beschäftigen: Notare und Bestatter.

Diese Gruppen beraten Menschen hinsichtlich der Gestaltung eines Testamentes bzw. der Bestattungsvorsorge. Und sie sind es, die in der Praxis danach gefragt werden und dann auch soziale Einrichtungen empfehlen, denen ein Erbe zukommen kann. Sprechen Sie Notare und Bestatter aus dem näheren Umfeld Ihrer Einrichtung ganz konkret an. Bitten Sie um die Aufnahme in die entsprechenden Datenbanken oder Listen, soweit vorhanden.

Darüber hinaus werden auch Mitarbeiter von Seniorenheimen oder Pflegediensten häufig mit dem Thema Erbschaft konfrontiert. Sie sind daher ebenfalls wichtige Multiplikatoren, die von Ihnen angesprochen und sachlich informiert werden sollten.

Internet-Tipp:

Den Bundesverband Deutscher Bestatter e. V. und sämtliche ihm angeschlossene Bestatter finden Sie im Internet unter www.bestatter.de. Die Bundesnotarkammer erreichen Sie unter www.notar.de.

So gehen Sie mit Testamentsspendern angemessen um.

Im Umgang mit Testamentsspendern sollten Sie zwei Ebenen beachten. Den persönlichen Umgang mit dem Menschen und den formellen Umgang. Beziehen Sie einen Testamentsspender von Anfang an ausführlich und intensiv in die Planung »seines« Projektes mit ein. Beachten Sie auch hier die unterschiedliche Persönlichkeit möglicher Testamentsspender: Manchen freuen sich, wenn beispielsweise der Neubau eines Gebäudes nach ihnen benannt wird. Andere Spender ziehen die Anonymität vor.

Halten Sie Infomaterial bereit!

Auch im Bereich Testamentsspende gilt der Grundsatz: Fundraising ist Öffentlichkeitsarbeit.

Egal ob mögliche Geldspender nun Ihre Einrichtung seit langer Zeit kennen oder aber ob sie beispielsweise durch einen Notar auf Ihre Kita aufmerksam geworden sind: Sie alle wollen möglichst genau nähere Informationen zu Ihrer Einrichtung.

Wenn Sie sich also dazu entschließen, Ihr Fundraising um den Bereich Testamentsspende zu erweitern, dann sollten Sie eine Broschüre zum Thema »Testamentsspende« zusammenstellen. Im Rahmen dieses Info-Materials präsentieren Sie beispielsweise kurz generelle Informationen zu Ihrer Kita, erfolgreich mit Testamentsspenden umgesetzte Projekte oder ausstehende Projekte, für die Spenden gesucht werden.

Diese Informationen können Sie selbstverständlich auch der Pressemappe Ihrer Einrichtung beilegen oder als Unterstützungsoption auf der Homepage beschreiben.

Fazit

Testamentsspenden sind ein heikles Thema, für das Sie viel Fingerspitzengefühl und Einfühlungsvermögen benötigen.

Wenn es Ihnen gelingt, dass sich potenzielle Spender mit dem Thema komfortabel fühlen, sie sehen, dass sich so ihr Lebenswerk über ihr Ableben hinaus vergrößert und sie wissen, dass sie einem langfristigen guten Zweck dienen, gewinnen Sie schon zu Lebzeiten einen treuen Förderer Ihrer Einrichtung.

Praxis-Tipp:

Eine interessante Möglichkeit im Zusammenhang mit Testaments-spenden stellt auch die Gründung einer Stiftung dar.

Da die Gründung einer nichtrechtsfähigen, unselbstständigen Stif-tung (treuhänderische Stiftung), auch unter dem Dach einer größe-ren Stiftung, möglich ist, macht dieser Weg selbst für kleinere Ein-richtungen durchaus Sinn (Näheres zu Stiftungen unter www.stiftun-gen.org (Portal des Bundesverbands Deutscher Stiftungen).

Gegenüber Ihren potentiellen Testamentsspendern kann dies eine vertrauensstärkende Maßnahme sein.

9.11 Stiftungen und EU-Fördermittel

Wegen des vermuteten hohen Aufwands nutzen Kitas Stiftungs- und EU-Fördergelder als Finanzierungsquelle noch zu wenig. Doch die Mühe lohnt sich, vor allem dann, wenn Sie bereits einige Fundraising-Er-fahrungen gesammelt haben.

Wie es geht, zeigen wir am nachstehenden Beispiel:

 Praxis-Beispiel:

Nehmen wir an, eine Kita möchte ihre bestehende Mensa umbauen und erweitern.

Die bisherige Kantine soll in einen gemütlichen Essraum verwandelt und um eine Lernküche ergänzt werden. »Gesunde Ernährung« steht als Thema im Mittelpunkt: Kompetenzen im Umgang mit Le-bensmitteln, wie beispielsweise Lagerung und Zubereitung, werden ebenso vermittelt wie Wissen über die Herkunft und Produktion von Lebensmitteln. Darüber hinaus wird der Frage nachgegangen, ob und wie sich Vorlieben für bestimmte Speisen und Getränke zwi-schen Nationen und Kulturen unterscheiden und warum das so ist.

Rund 19.000 Stiftungen bestehen in Deutschland. Ihnen ist gemeinsam, dass sie in der Regel nur Projekte fördern, die noch nicht begonnen wurden, so dass eine rückwirkende Förderung bereits abgeschlossener oder in Umsetzung befindlicher Projekte nicht möglich ist.

Da das Mensa-Projekt sich noch im Planungsstadium befindet, erfüllt die Kita das Basis-Kriterium einer möglichen Stiftungs-Förderung, so dass die Recherche nach einer geeigneten Stiftung beginnen kann.

Jede Stiftung verschreibt sich individuellen Stiftungszwecken und legt eigene Förderkriterien fest. Diese stiftungsabhängigen Vorgaben müssen dahingehend überprüft werden, ob der Kita-Träger den formalen Kriterien der jeweiligen Stiftung entspricht und ob das Mensa-Projekt zu den Förderschwerpunkten der Stiftung passt.

Das Team identifiziert daher zunächst die Themenbereiche, die das Mensa-Projekt anspricht. Dies sind in jedem Falle die Bereiche Bildung, Kinder, Ernährung und Gesundheit. Möglicherweise gibt es auch Berührungspunkte zum Thema Migration, beispielsweise dann, wenn die Kita Kinder aus verschiedenen Herkunftsländern betreut und sich – wie geplant – mit unterschiedlichen Esskulturen und deren Hintergründen auseinandersetzt.

Wie hoch ist der Finanzbedarf? Stiftungen fördern in der Regel keine laufenden Betriebskosten, sondern nur Projektkosten (siehe hierzu auch »Denken in Projekten«, Kapitel 8.5). Das Kita-Team geht von einer 2-Jährigen Projektlaufzeit aus, in der das Konzept umgesetzt, den Bedürfnissen angepasst und getestet werden soll, wie das neue Angebot angenommen wird. Die in diesem Zeitraum anfallenden Kosten – sowohl Investitionskosten als auch anteilige, projektbezogene Betriebs- und Personalkosten sowie Kosten für Öffentlichkeitsarbeit – ergeben den Finanzbedarf des Projekts. Hinzu kommen etwaige kalkulatorische Kosten (siehe hierzu »Finanzen«, Kapitel 8.3).

Nun kann die Recherche beginnen: Suchmaschinen im Internet bieten sich hierfür ebenso an wie das »Verzeichnis Deutscher Stiftungen«, das vom Bundesverband Deutscher Stiftungen (www.stiftungen.org) herausgegeben wird und u. a. auch über Bibliotheken ausgeliehen werden kann. Als Suchfilter verwendet das Kita-Team die zuvor identifizierten Themenbereiche. Die Förderrichtlinien der Stiftungen, die daraufhin infrage kommen, werden sodann auf formale Kriterien geprüft: Ist die Stiftung fördernd tätig? Welche Art von Einrichtungen wird gefördert und entspricht die Kita der geforderten Rechtsform? Fördert die Stiftung bundesweit oder gibt es regionale Beschränkungen? Sind Antragsfristen zu beachten und korrespondieren diese mit dem geplanten Projektbeginn?

Viele Förderanträge scheitern alleine deswegen, weil die vorgeschlagenen Projekte nicht dem Stiftungszweck oder den Förderrichtlinien entsprechen. Widmen Sie der Recherche daher viel Zeit und suchen Sie gezielt auch nach kleineren Stiftungen in Ihrem regionalen Umfeld, denn gerade diese fördern häufig lokale Projekte.

Nachdem das Kita-Team die formalen und sonstigen Anforderungen geprüft hat, bleiben 15 Stiftungen in der engeren Auswahl. Mit diesen Stiftungen setzt sich das Team intensiv auseinander, liest sich in die bereits geförderten Projektbeispiele ein und prüft genau die Antrags- und Förderbestimmungen. Dabei ist auch zu beachten, welche Anforderungen die Stiftung an die Erstellung von Zwischen- und Endberichten oder Mittelverwendungsnachweisen stellt. Prüfen Sie selbstkritisch, ob Sie diese Anforderungen erfüllen können und wollen.

Nach eingehender Analyse entscheidet sich das Team für zwei Stiftungen und stellt dort Förderanträge. Besser als Stiftungsanträge breit zu streuen, ist es, sich auf einige wenige Stiftungen zu konzentrieren. Zwar können Textbausteine, die allgemeine Ziele und Aufgaben beschreiben, recht universell übernommen werden. Aber jede Stiftung setzt punktuell andere Prioritäten, auf die im Antrag dezidiert eingegangen werden sollte. Somit ist jeder Stiftungsantrag ein »Unikat« und nicht ohne Weiteres auf eine andere Stiftung übertragbar. Sie sparen Zeit und Arbeit und erhöhen ihre Erfolgschancen, wenn Sie eine sehr gezielte Stiftungsauswahl treffen und sich bei der Antragstellung auf diejenigen Stiftungen konzentrieren, die am besten zu Ihnen und Ihrem Projekt passen.

Für das Kita-Team geht es nun an die Antragstellung: Eine der ausgewählten Stiftungen verlangt einen formlosen Antrag, die zweite Stiftung stellt auf ihrer Webseite ein standardisiertes Antragsformular zur Verfügung. An diese individuellen Vorgaben sollten Sie sich unbedingt halten und sehr genau darauf achten, alle erbetenen weiteren Anlagen und Informationen beizufügen. Wird ein formloser Antrag gewünscht, sollte dieser eine detaillierte Projektbeschreibung sowie einen realistischen Finanzplan beinhalten. Auch eine Selbstdarstellung der Kita, also die Beschreibung von Zielen und Philosophie, Arbeitsschwerpunkten, bisherige Erfolgen und der Qualifikationen des Teams gehören in die Projektbeschreibung.

Lassen Sie Dritte den Antrag kritisch lesen. Oft ergeben sich aus den Fragen und Anmerkungen wertvolle Hinweise, um den Antrag noch aussagekräftiger zu machen und damit die Erfolgschancen zu erhöhen.

Üblicherweise fördern Stiftungen nicht die gesamte Projektsumme, sondern übernehmen lediglich einen Teil der Projektkosten. Daher sollten Sie im Finanzplan darlegen, mit welchen weiteren Mitteln das Projekt finanziert werden wird.

Ist Ihr Antrag erfolgreich, erhalten Sie von der Stiftung eine vertragliche Vereinbarung, in der ihre Rechte und Pflichten festgeschrieben werden. Grundlage hierfür sind die Förderrichtlinien der Stiftung sowie Ihre Projektbeschreibung. Gerade Letzteres ist schon bei der Antragsformulierung zu berücksichtigen: Beschreiben Sie das Projekt so detailliert wie möglich, um bei einem außenstehenden Dritten ein konkretes Bild Ihres Vorhabens zu schaffen, aber seien Sie realistisch in Ihrer Zielformulierung und der Definition der erwarteten Ziele. Achten Sie unbedingt darauf, dass Sie die einzelnen Projektschritte auch tatsächlich werden umsetzen und die gesetzten Ziele erreichen können. Denn hieran werden Sie später vom Fördermittelgeber gemessen.

EU-Fördermittel

Da das Mensa-Projekt sich auch mit internationaler Esskultur sowie der Produktion und Herkunft von Lebensmitteln auseinandersetzen wird, liegt der Gedanke an europäische Fördermittel nahe. Deren Vergabe erfolgt im Rahmen von Förderprogrammen, die jeweils genau umrissene Themen und Ziele verfolgen.

Zu unterscheiden sind vier Förder-Säulen, nämlich die Europäischen Strukturfonds, der Europäische Landwirtschaftsfonds für die Entwicklung des ländlichen Raums (ELER), die EU-Außenhilfe sowie die sogenannten »Brüsseler Töpfe«. Jede dieser Säulen hat charakteristische Antrags- und Fördervoraussetzungen, die sich aus dem jeweiligen Rahmenplan, den Programmen, Ausschreibungen, Aufrufen und Leitfäden ergeben. Auch hier ist also intensive Recherche ein »Muss«!

Für Kitas von besonderem Interesse ist das Programm Lebenslanges Lernen, und hier wiederum das Unterprogramm COMENIUS, das sich an schulische und vorschulische Einrichtungen wendet. Gefördert wird u. a. die Initiierung von Schulpartnerschaften, wobei auch vorschulische Einrichtungen angesprochen sind.

Projektaktivitäten können sowohl auf Ebene der Kinder und Schüler stattfinden, aber auch den Gedankenaustausch auf Kollegiumsebene zu pädagogisch-didaktischen Fragen oder Fragen des Schulmanagements beinhalten. Ziel ist, gemeinsam Neues zu entdecken, sich auszutauschen und voneinander zu lernen.

Da sich das Mensa-Projekt auch mit anderen Esskulturen sowie der Herkunft und Produktion von Lebensmitteln beschäftigt, strebt das Kita-Team eine multilaterale COMENIUS-Schulpartnerschaft an. Hieran müssen mindestens drei Einrichtungen aus drei Ländern beteiligt sein und über einen Zeitraum von 2 Jahren am gemeinsamen Projekt arbeiten.

Der pauschale Förderbetrag ergibt sich aus sogenannten Mobilitäten: Darunter ist eine Reiseaktivität zu einer der Partnereinrichtungen zu verstehen.

Nehmen wir an, unser Kita-Team beantragt 8 Mobilitäten: Im Falle einer Förderung erhält es hierfür von der EU einen Pauschalbetrag von € 14.000. Das Kita-Team muss gegenüber der EU am Projektende nachweisen, dass mindestens 8 Personen die Partnereinrichtungen besucht haben. Es ist für die Förderung unerheblich, ob mehr Reisen stattgefunden haben oder die tatsächlichen Projektkosten unter- oder oberhalb des Pauschalbetrages liegen. Es kommt allein auf den Nachweis der Reisetätigkeit an. Jede Partnereinrichtung beantragt bei der für sie zuständigen Nationalagentur ein eigenes Budget, so dass insgesamt ein Projektbudget von mehr als € 40.000 zur Verfügung steht.

Weitere Informationen zu COMENIUS erhalten Sie beim Pädagogischen Austauschdienst – www.kmk-pad.org, der das Programm in Deutschland verwaltet.

Aber auch die weiteren Unterprogramme im Programm LEBENSLANGES LERNEN sind gerade für die Förderung von Einzelpersonen interessant: Förderungen für die Teilnahme an europäischen Workshops, Praktika, Austausch- oder Job-Shadowing-Programmen eröffnen spannende Perspektiven und sind ein guter Einstieg, um erste Erfahrungen im europäischen Kontext zu sammeln.

Ebenso bieten die Strukturfonds und der Europäische Landwirtschafts-fond für regionale Entwicklung, deren Ziel die Angleichung der Lebens-standards in Europa ist, vielfältige Möglichkeiten. Interessant hierbei ist, dass die Einbindung europäischer Partner nicht erforderlich ist und die Programmverwaltung ausschließlich durch nationale Stellen erfolgt.

Es sprengt den hier zur Verfügung stehenden Rahmen, die Fördermög-lichkeiten im einzelnen darzustellen, Sie finden jedoch einen guten Ein-stieg über die Webseite www.esf.de. Hier können Sie gezielt nach den für Ihre Region zuständigen Ansprechpartnern oder Einrichtungen su-chen. Diese stehen Ihnen gerne unterstützend und beratend zur Seite und klären gemeinsam mit Ihnen, wo eventuell Möglichkeiten der För-derung gegeben sind.

Wenn Sie sich für EU-Fördermittel interessieren, sollten Sie unbedingt die von der EU-Kommission sowie den zuständigen Nationalagenturen angebotenen kostenlosen Informations- und Beratungsangebote nut-zen. Sie erhalten dort wichtige Tipps und Hinweise für eine erfolgreiche Antragstellung.

Aufwand und Nutzen: Klassisches Fundraising versus Stiftungs- und EU-Fördermittel!?

Häufigster Vorbehalt gegenüber Stiftungs- und EU-Fördermitteln ist der vermutete hohe Zeitaufwand für die Antragstellung bei nur ungewissen Erfolgsaussichten.

Aber: Ungewiss ist auch der Erfolg klassischer Fundraising-Maßnah-men.

In der Tat ist die Recherche nach geeigneten Stiftungen oder EU-Förder-töpfen zeitintensiv. Hinzu kommt, dass Förderrichtlinien, Leitfäden oder Rahmenprogramme sorgfältig durchgearbeitet werden müssen.

Aber auch der Einsatz klassischer Fundraising-Instrumente benötigt viel Zeit, bedarf kontinuierlicher Aktionen, sowie der Überprüfung und An-passung der Maßnahmen an die jeweilige Zielgruppe bzw. deren Pflege im Rahmen des Beziehungsmanagements.

Vor dem Hintergrund, dass sich in der Regel mit einem Stiftungs- oder EU-Antrag größere Summen einwerben lassen, ist der Aufwand im Stiftungs- und EU-Fundraising durchaus akzeptabel mit dem klassischer Fundraisingarbeit.

Zeit, Know-how, exaktes Arbeiten und eine Organisationsstruktur, die es ermöglicht, die erforderlichen Daten für die Projektplanung und -evaluation abzurufen, sind Grundvoraussetzungen erfolgreichen Stiftungs- und EU-Fundraisings. Dies gilt jedoch auch im klassischen Fundraising, wenn Sie beispielsweise Ihren Unterstützern einen Jahresbericht vorlegen möchten oder den Erfolg eines Projekts – verbunden mit dem Aufruf um weitere Unterstützung – transparent machen wollen.

Während sich klassische Fundraising-Instrumente an eine Gruppe von Menschen mit sehr unterschiedlichen, teils Ihnen unbekannten Präferenzen wenden, arbeiten Sie im Stiftungs- und EU-Fundraising nach klaren »Spielregeln«. Förderrichtlinien geben Ihnen die Orientierung, um Ihr Projekt so zu gestalten, dass es exakt in die Zielstruktur des Fördermittelgebers passt und dessen Förderrichtlinien entspricht.

Fazit:

Selbstverständlich stehen für die Kita-Leitung pädagogische Themen und Überlegungen im Vordergrund. Dennoch müssen sich auch Bildungseinrichtungen betriebswirtschaftliches Wissen aneignen und sich strategisch positionieren, um ihre Leistungen erfolgreich anzubieten.

Stiftungs- und EU-Fundraising tragen dazu bei, sich dieser Herausforderung immer wieder neu zu stellen. Sie dienen daher nicht nur der Mittelbeschaffung, sondern leisten – quasi als Nebeneffekt – einen Beitrag zur professionellen Außendarstellung Ihrer Kita und damit zu deren langfristiger Existenzsicherung. Hinzu kommt, dass eine erfolgreiche Stiftungs- oder EU-Förderung immer auch einen Imagegewinn bedeutet und als gutes Argument im klassischen Fundraising eingesetzt werden kann.

Im Vergleich zu klassischen Fundraising-Instrumenten verursachen Stiftungs- und EU-Fundraising kaum höheren Aufwand. Dies gilt vor allem dann, wenn Sie bereits über Fundraising-Erfahrung verfügen und daher alle notwendigen Vorbereitungen getroffen und Voraussetzungen erfüllt sind.

Ziel der Kita sollte es sein, einen Finanzierungs-Mix aus allen zur Verfügung stehenden Finanzquellen zu nutzen, um den kurz-, mittel- und langfristigen Mittelbedarf zur Umsetzung geplanter und bestehender Projekte zu decken.

9.12 Wettbewerbe, Preise

Viele Ministerien, Stiftungen, Organisationen, Kommunen und Unternehmen schreiben Wettbewerbe oder Preise aus, die inhaltliche Programme oder Projekte fördern.

Sehr oft gehen solche Wettbewerbe nicht nur mit der Ehrung der ausgezeichneten Projekte einher, sondern sind darüber hinaus mit der Vergabe von Preisgeldern, manchmal auch mit praktischer Unterstützung und Beratung verbunden.

In jedem Fall ist die erfolgreiche Teilnahme an einem Wettbewerb öffentlichkeitswirksam und bietet einen guten Anlass, Ihre Kita beispielsweise in einem ausführlichen Pressebericht vorzustellen. Zugleich ist eine solche Auszeichnung ein Qualitätsmerkmal, das Ihre kompetente und professionelle Arbeit sowie Ihre innovativen Ideen nach außen sichtbar macht. Das überzeugt und begeistert natürlich auch Ihre Unterstützer.

Wie es geht

- Am Anfang steht die Recherche nach geeigneten Wettbewerben oder Ausschreibungen. Planen Sie hierfür Zeit ein, denn dieser Schritt ist arbeitsintensiv. Eine Datenbank, in der Sie »auf einen Blick« alle in Frage kommenden Angebote finden, gibt es nämlich nicht.
  Lesen Sie aufmerksam die regionale Presse und Fachzeitschriften. Hier stoßen Sie häufiger auf Hinweise und interessante Aktionen. Fündig werden Sie auch bei manchen Fachportalen im Internet, wie beispielsweise http://www.bildungsserver.de oder www.kita-aktuell.de.
  Internet-Suchmaschinen sind ebenfalls nützlich für Ihre Recherche: Geben Sie Suchbegriffe ein, die mit vorschulischer Bildung und den Schwerpunktthemen Ihrer pädagogischen Arbeit in Beziehung stehen. So finden Sie beispielsweise bei Eingabe der Begriffe »vorschulische Bildung«, »Preise« und »Integration« den Wettbewerb des Krei-

ses Soest »Zukunftspreise Integration«, dessen aktuelle Preisträger zwei Kitas sind.

Zudem eignen sich soziale Netzwerke (siehe hierzu auch Kapitel 9.13.2) als Informationsquelle. Auch hier stoßen Sie immer wieder auf interessante Tipps, Hinweise und weiterführende Links.

- Legen Sie eine eigene Datenbank oder eine Excel-Tabelle an. Tragen Sie hier alle Initiatoren von Wettbewerben ein, die für Ihre Kita interessant sind. Erfassen Sie die Kontaktdaten, die Webseite und – wenn es feste oder wiederkehrende Bewerbungstermine gibt – auch diese.

- Feststehende Fristen sollten Sie zudem in Ihrem Kalender eintragen. Achten Sie darauf, sich an solche Fristen rechtzeitig – einige Wochen vorher – erinnern zu lassen, damit genügend Zeit bleibt, die Bewerbungsunterlagen zusammenzustellen.

  Eine gute Erinnerungsstütze bieten auch Newsletter. Erscheint Ihnen der Initiator eines Wettbewerbs besonders interessant, abonnieren Sie dessen Newsletter. Bestimmt wird hier rechtzeitig auf neue Initiativen und aktuelle Bewerbungsfristen hingewiesen.

- Lesen Sie aufmerksam die Teilnahmevoraussetzungen: Manchmal wird die Gemeinnützigkeit der teilnehmenden Organisationen vorausgesetzt oder es werden bestimmte Zielgruppen oder zielgruppenbezogene Altersgrenzen festgelegt.

- Prüfen Sie die thematischen Vorgaben. Hier kommt Ihnen zugute, dass Sie bereits in Projekten denken. So können Sie schnell entscheiden, ob eines Ihrer Vorhaben inhaltlich in den Wettbewerb passt oder ohne großen Aufwand so umgestaltet werden kann, dass das vorgegebene Thema von Ihnen berücksichtigt wird. Häufig finden Sie auf den Webseiten auch Beispiele geförderter Projekte. Setzen Sie sich damit intensiv auseinander. Zum einen erhalten Sie dadurch wichtige Anregungen für eigene Projektideen, zum anderen schärfen Sie Ihren Blick dafür, welche Projekte aus Sicht der ausschreibenden Organisation für preiswürdig erachtet werden.

- Lesen Sie die »Spielregeln« des Wettbewerbs genau! Hier finden Sie alle wichtigen Informationen, welche Punkte in Ihrer Bewerbung enthalten sein sollen und welche weiteren Unterlagen eventuell beizufügen sind.

  Grundsätzlich werden folgende Punkte abgefragt:

  o Profil/Kurzbeschreibung: An dieser Stelle wird eine kurze Beschreibung Ihrer Kita erwartet. Worin liegen Ihre Besonderheiten? Welche Ziele verfolgen Sie? Was ist Ihr Leitbild?

○ Projektbeschreibung: Aus welcher Idee oder vor dem Hintergrund welchen Problems ist Ihr Projekt entstanden? Wie wollen Sie diese Herausforderung meistern oder einen Beitrag leisten, um das bestehende Problem zu lösen? Arbeiten Sie alleine an der Projektumsetzung oder sind Kooperationspartner eingebunden? Wenn ja, welche und warum?

Beschreiben Sie die Herausforderung, Ihren Lösungsansatz und die geplante Vorgehensweise! Schreiben Sie so viel wie nötig und so wenig wie möglich. Bilder können auch hier Ihren Inhalt unterstützen.

Geben Sie den geplanten Projektstart und die Laufzeit des Projekts an.

Ist für die Projektbeschreibung ein bestimmter Umfang vorgegeben, sollten Sie sich hieran auch möglichst genau halten.

 Praxis-Tipp:

Nehmen Sie in Ihrer Projektbeschreibung unbedingt Bezug auf den Wettbewerb. Lesen Sie noch einmal sorgfältig nach, aus welcher Motivation heraus die Idee zum Wettbewerb entstanden ist und welche Ziele damit verfolgt werden.

Schaffen Sie in Ihrer Projektbeschreibung einen konkreten Bezug zu diesen Themen.

○ Benennen Sie ganz konkret die Ziele Ihres Projekts. Formulieren Sie diese SMART! Dazu gehört auch, dass Sie erläutern, wie Sie die Umsetzung Ihrer Ziele messen wollen. Beschreiben Sie also die geplanten Controlling- und Evaluationsmaßnahmen.

Erklären Sie, welche Verbesserungen mit der Durchführung des Projekts für die Betroffenen – in der Regel Ihre Kita-Kinder – einhergehen. Strahlt Ihr Projekt auch auf andere Zielgruppen aus? Dann ist auch diese geplante Wirkung zu beschreiben.

○ »Nachhaltigkeit« und »Übertragbarkeit« sind Kriterien, die oftmals ein Projekt preiswürdig machen.

Zeigen Sie daher auf, wie Ihr Projekt auch nach Beendigung weiter wirken kann oder ob Sie vielleicht bereits Ideen haben, welche Folgeprojekte sich anschließen könnten.

Hat Ihr Projekt Modellcharakter? Kommen beispielsweise Partner zusammen, die sich sonst nur selten zusammenfinden? Dann heben Sie diesen Punkt hervor und zeigen Sie auf, dass und wie andere Einrichtungen von Ihrem Projekt lernen und Ihre Idee auf eigene Vorhaben übertragen können.

o Erstellen Sie einen Finanzplan und fügen Sie diesen Ihrer Bewerbung bei. Denken Sie daran, auch die kalkulatorischen Kosten, beispielsweise das Engagement der Zeitspender, in Ihrem Finanzplan zu berücksichtigen.

• Reichen Sie den Bewerbungsantrag fristgerecht und vollständig ein. Meist ist es nicht möglich, fehlende Unterlagen nachzureichen.

 Praxis-Tipp:

Auch Auszeichnungen und Zertifikate sind eine gute Möglichkeit für Ihre Kita, um sich qualitativ hervorzuheben. Zwar ist damit in der Regel kein unmittelbarer finanzieller Nutzen verbunden, aber Sie profitieren von der damit einhergehenden öffentlichen Aufmerksamkeit und stärken das Vertrauen Ihrer Unterstützer in Ihre kompetente Arbeit.

Ihre Kita hebt sich positiv von anderen Einrichtungen ab und damit haben Sie ein gutes Argument, um zusätzliche Unterstützung zu erbitten.

9.13 Web 2.0

Das Internet ist nicht mehr aus unserem Leben wegzudenken. Die Kommunikation über E-Mail ist ebenso selbstverständlich geworden wie der Austausch mit anderen Menschen in sozialen Netzwerken und Communities. In Online-Fotoalben teilen wir unsere Urlaubsfotos mit Freunden und Bekannten, über YouTube veröffentlichen wir einen kleinen Urlaubsfilm.

Und auch im Fundraising nimmt die Bedeutung von Web-2.0-Anwendungen deutlich zu. Doch was heißt »Web 2.0« überhaupt?

Der Begriff »Web 2.0« tauchte erstmals 2003 in einer Veröffentlichung auf. Die Bezeichnung »2.0« war angelehnt an die Versionsnummer von

Softwareentwicklungen und sollte signalisieren, dass nun ein neues Zeitalter im Internet begonnen habe.

In seinen Anfangsjahren war das Internet ein eher statisches Medium, das Informationen in digitaler Form bereithielt. In den letzten Jahren entwickelte sich das Medium Internet zu einem dynamischen und von Interaktion geprägten Medium weiter.

»Interaktion« und »Mitmachen« sind die entscheidenden Merkmale des Web 2.0: Es sind vor allem die Nutzer selbst, die Inhalte erstellen: Filme, Bilder oder Musik können von den Nutzern im Internet veröffentlicht und mit anderen geteilt werden. Inhalte, aber auch Produkte und Dienstleistungen werden individuell bewertet oder kommentiert.

Eines der bekanntesten Beispiele einer Web-2.0-Anwendung ist Wikipedia:

Das in diesem Online-Lexikon gesammelte Wissen wurde nicht etwa von einem einzelnen Anbieter zur Verfügung gestellt, sondern wird von unzähligen Nutzern aus der ganzen Welt zusammengetragen. Der Internet-Nutzer wird gleichzeitig zum Autor, stellt Inhalte ein, überarbeitet gemeinsam mit anderen bereits vorhandene Inhalte und schafft Querverbindungen zwischen Inhaltselementen. Auf diese Weise wird der Wissenspool nicht nur ständig erweitert, sondern unterliegt gleichzeitig einer kontinuierlichen Überprüfung und ständigen Aktualisierung.

Weitere klassische Elemente von Web-2.0-Anwendungen sind

- Communities oder soziale Netzwerke: Analog zum Stammtisch oder zum Treffen von Interessengruppen treffen sich hier Personen virtuell. Mit Hilfe von Profilen stellt man sich vor, knüpft Kontakte, tauscht Bilder, Ideen und Meinungen, unterstützt sich bei Fragen und Problemen. Bekannte Beispiele für Communities sind YouTube, Facebook, XING, Wer kennt wen oder Slideshare.
- Blogs: Die Bezeichnung ist aus der Abkürzung von »Web Log«, also »Web-Tagebuch« entstanden. In einem Blog kann der Betreiber, häufig aber auch jeder, der Lust dazu hat, über ein bestimmtes Themengebiet schreiben und hierzu seine Meinung kundtun. Andere Nutzer haben die Möglichkeit zur Kommentierung, so dass sich auf diese Weise Diskussionen im Internet entwickeln können.

- Wikis: Sie funktionieren nach dem Prinzip der Wikipedia. Mehrere Autoren arbeiten gemeinsam an dem Inhalt einer Webseite und tragen so ihr Wissen zusammen.

Im Fundraising sind Web-2.0-Elemente von großem Interesse, weil sie eine zusätzliche Option bieten, in Kontakt mit potentiellen Unterstützern zu treten, bestehende Spenderbeziehungen zu pflegen und in einen aktiven Austausch mit Interessenten und Förderern zu treten. Förderer können selbst zu Fundraisern für Ihre Kita werden und Spendenprojekte ins Leben rufen. Indem sie in ihren sozialen Netzwerken über die Arbeit Ihrer Kita berichten, steigt deren Bekanntheitsgrad.

Damit Ihre Fundraising-Aktionen im Internet erfolgreich sind, sollten Sie einige Grundregeln beachten:

- Im schnelllebigen Internet ist nichts schlimmer als veraltete Informationen. Der Veranstaltungskalender, der nur auf längst vergangene Veranstaltungen hinweist, erfüllt seinen Zweck ebenso wenig wie die Rubrik »Aktuelles«, in der sich an erster Stelle der bereits mehrere Monate alte Bericht über die erfolgreiche Umsetzung eines Projekts findet. Aktualität aller Ihrer Internet-Aktionen hat daher oberste Priorität.

- Verzetteln Sie sich nicht! Das Internet bietet eine nahezu unbegrenzte Zahl an Möglichkeiten, um Ihre Kita und deren Projekte zu bewerben. Das ist nützlich und gewollt, aber bedenken Sie, dass jede Präsenz Ihrer Kita im Netz gepflegt werden muss. Das kostet Zeit und Kreativität, damit aus Informationen spannende News werden, die Nutzer mit Begeisterung lesen und die den Impuls zur spontanen Unterstützung Ihrer Kita geben.
  Beschränken Sie sich auf einige wenige Web-2.0-Instrumente, die sich ergänzen und ein sinnvolles Ganzes ergeben. Betreuen, aktualisieren und bewerben Sie diese regelmäßig.

- Nichts kommt von selbst – auch nicht der Erfolg Ihrer Fundraising-Aktionen im Internet.
  Ihre Zielgruppe sind nicht nur Eltern oder Unterstützer, sondern auch Nutzer, die bislang noch nichts von Ihrer Kita wussten. Denn je mehr Menschen von Ihnen wissen, umso größer ist die Chance, dass Ihre Arbeit und Ihre Online-Spendenprojekte die nötige Aufmerksamkeit finden.
  Auch für Ihre Online-Aktionen gilt daher: Seien Sie aktuell, informativ

und kreativ! Heben Sie sich von anderen Einrichtungen ab und bieten Sie Ihren »Besuchern« einen Nutzen.

- Online-Fundraising ersetzt nicht Ihre konventionelle Öffentlichkeitsarbeit. Beide ergänzen und unterstützen sich.

Das Informations- und Kommunikationsverhalten Ihrer Stakeholder ist ganz unterschiedlich: Während die einen es bevorzugen, sich im Internet zu informieren, blättern die anderen lieber in der Lokalpresse. Indem Sie beide Informations- und Kommunikationskanäle nutzen, werden Sie diesen Interessen gerecht und bieten jedem genau die Möglichkeit, sich über Ihre Kita zu informieren und Ihre Projekte zu unterstützen, die er bevorzugt.

- Häufig werden die Möglichkeiten des Online-Fundraising als kostenlose – oder zumindest sehr kostengünstige – Alternative im Vergleich zu konventionellem Marketing beworben. Dies trifft in vielen Fällen auch zu. Webseiten werden im Baukastensystem angeboten und sind mit wenigen Klicks auch von Laien zu erstellen; viele Web-2.0.-Anwendungen können ohne großes technisches Vorwissen genutzt und auf der eigenen Homepage installiert werden.

Aber: Neben Gesichtspunkten wie professioneller Gestaltung und jederzeitiger technischer Verfügbarkeit, sollten Sie auf keinen Fall den zeitlichen Aufwand unterschätzen, der mit Aufbau und Pflege Ihrer Homepage sowie Ihrer Web-2.0-Anwendungen verbunden ist.

Informationen müssen redaktionell aufgearbeitet und über verschiedene soziale Medien verbreitet werden, Kontakte in sozialen Netzwerken sind zu pflegen und über die Projekte Ihrer Kita muss regelmäßig berichtet werden.

Um den Aufwand in vernünftigen Grenzen zu halten und Ihre personellen Ressourcen nicht über Gebühr zu belasten, ist es sinnvoll, ein Zeitbudget für Online-Aktivitäten festzulegen.

- Formulieren Sie eine Web-2.0-Strategie und einen Verhaltenskodex. Recherchieren Sie im Internet nach Online-Fundraising-Instrumenten und schauen Sie sich möglichst viele Beispiele an. Wenn möglich, probieren Sie Demo-Versionen aus und entscheiden sich dann – unter Berücksichtigung der Präferenzen Ihrer Zielgruppe – für einige wenige Instrumente, die Sie für Ihre Kita künftig nutzen wollen.

Web 2.0 ist gekennzeichnet durch Interaktion. Häufig ist daher auch die Rede vom Mitmach-Web. Wo viele mitmachen, kann der Überblick leicht verloren gehen.

Legen Sie daher gemeinsam mit Ihrem Team und insbesondere denjenigen, die für die Betreuung Ihrer Web-2.0-Aktivitäten verantwortlich sind, einen Verhaltenskodex fest. Dieser sollte beispielsweise Antwort auf folgende Fragen geben:

Wie soll Ihre Kita nach außen dargestellt werden? Wie reagiert man auf Beschwerden oder Kritik seitens der Nutzer? Wann ist die Kita-Leitung über Online-Reaktionen zu informieren? . . .

Schulen Sie Ihr Online-Team im Hinblick auf Datenschutzbestimmungen, Persönlichkeits- und Urheberrechte.

9.13.1 Die eigene Homepage

Wollen Sie künftig Online-Instrumente in Ihre Fundraising-Strategie integrieren, ist Ihre Homepage hierfür der Dreh- und Angelpunkt. Alle Online-Aktionen gehen von ihr aus und führen zu ihr hin.

Sollten Sie noch nicht mit einer Homepage im Internet präsent sein, hindert Sie das natürlich nicht daran, Ihr Projekt auf einem Online-Spendenportal zu präsentieren oder in sozialen Netzwerken über Ihre Kita-Projekte zu berichten. Dann fehlt aber ein wichtiges Element in Ihrer Online-Fundraising-Strategie: Interessierte Nutzer können nicht unmittelbar reagieren und sich auf Ihrer Homepage intensiver über Ihre Kita informieren.

Viele Kitas unterhalten jedoch bereits eine eigene Webseite und präsentieren dort ihre Ziele und ihre Arbeit. Häufig steht dabei die Information – insbesondere für Eltern – im Vordergrund.

Es bedarf in der Regel noch einiger Vorarbeiten und der Integration von »Mitmach-Elementen«, damit Sie Ihre Homepage auch als Fundraising-Instrument einsetzen können. Um zu entscheiden, welche Elemente integriert werden sollen, müssen zunächst die Ziele festgelegt werden: Was wollen Sie mit Ihrer Webseite künftig erreichen?

 Praxis-Beispiel:

Die Kita SpielSpass möchte künftig ihre Webseite als Online-Fundraising-Instrument nutzen. Im Vordergrund steht dabei natürlich das Projekt »Erlebnisgarten«, also die geplante Umgestaltung des Außengeländes in eine Erlebnislandschaft.

Die Webseite soll das tragende Element der Fundraising-Aktivitäten werden. Nach der Umgestaltung der Webseite soll diese folgende Ziele erfüllen:

- Information:
  - Eltern, Förderer und Interessenten finden umfangreiche Informationen beispielsweise über
    - Ziele und Arbeit der Kita
    - aktuelle Projektfortschritte »Erlebnisgarten«
    - weitere Kita-Projekte
    - mögliche Wege, die Kita und ihre Projekte zu unterstützen
    - aktuelle Spendenaktionen und-erfolge
- Kommunikation:
  - Ein Forum soll den Austausch zwischen Eltern, Unterstützern, Interessenten und Kita-Team ermöglichen
- Servicefunktion:
  - Möglichkeit, einen Newsletter zu abonnieren
  - Download-Möglichkeiten für frühere Newsletter sowie aktuellen Kita-Flyer
  - Links zu interessanten anderen Webseiten
  - Elektronisches Kontakt-Formular
  - Möglichkeit der Online-Anmeldung zu Veranstaltungen
- Spenderbindung:
  - Social Bookmarks (Nutzer können interessante Berichte oder Informationen per Klick in andere Netzwerke weiterleiten)
  - Kommentarfunktion
  - Blog: Web-Tagebuch, das regelmäßig über die Arbeit der Kita, die Fortschritte im Projekt »Erlebnisgarten« und besondere Spenderaktionen berichtet
  - redaktionelle Mitarbeit: Nutzer können selbst über ihr Engagement mit und für die Kita berichten
- Erhöhung der Spendeneinnahmen:
  - Hinweis auf verschiedene Unterstützungsmöglichkeiten
  - Spenden-Shop: wie in einem Online-Shop finden sich hier Abbildungen der Gegenstände, die aktuell in der Kita benötigt werden; Unterstützer wählen einen oder mehrere Gegenstände aus, legen diese in einen Warenkorb und bezahlen; der Zahlbetrag entspricht dem Spendenbetrag und wird von

> der Kita dazu verwendet, die ausgewählten Gegenstände anzuschaffen
> o Click-to-donate: Integration eines Spenden-Buttons oder eines Spendenportals mit der direkten Möglichkeit zu spenden.
>
> Damit hat das Team der Kita SpielSpass seine Ziele für den künftigen Webauftritt formuliert und zugleich Elemente definiert, mit deren Hilfe diese Ziele umgesetzt werden sollen.

Damit die Umsetzung Ihrer Ziele gelingt, müssen auch die bisherigen Inhalte nochmals einer kritischen Prüfung unterzogen werden. Dabei geht es nicht nur um Aktualität und zielgruppengerechte Aufbereitung, sondern auch um die visuelle Darstellung. Personalisieren Sie Ihre Inhalte und geben Sie Ihrer Kita ein Gesicht: Nutzen Sie Bilder oder kleine Filme (Urheber- und Persönlichkeitsrechte beachten!), die Ihren Kita-Alltag veranschaulichen oder über die gelungene Umsetzung von Projekten berichten.

Darüber hinaus ist es sinnvoll, ein Team zusammenzustellen, das Ihre Online-Aktivitäten koordiniert und betreut sowie die redaktionelle Arbeit übernimmt.

Wie bei jedem Fundraising-Projekt gehören natürlich Controlling und Evaluation zur erfolgreichen Projektumsetzung.

Neben qualitativen Zielen (s. o.) gehört daher auch die Definition quantitativer Erfolgskennzahlen zur Projektplanung. So können Sie beispielsweise anhand der Besucherzahlen auf Ihrer Webseite prüfen, wie sich diese Zahlen entwickeln, wie lange Besucher bleiben und welche Seiten sie anschauen. Wie weit die Kommunikationsfunktion erfüllt ist, lässt sich mittels der registrierten Nutzer Ihres Forums und der Zahl der dortigen Diskussionsbeiträge prüfen.

Auch die Kosten für die Umgestaltung oder den Neu-Aufbau einer Webseite dürfen nicht vernachlässigt werden.

Zum einen fallen laufende Kosten für den Betrieb der Webseite an. Dies umfasst die Kosten für die Anmietung der Domain, die Kosten für Web- und Mailhosting (Bereitstellung von Speicherkapazitäten auf dem Server des Anbieters sowie von zugehörigen E-Mail-Adressen) sowie etwaige Kosten für die Nutzung zusätzlicher technischer Optionen. Alles in allem sind diese Kosten nahezu vernachlässigbar und belaufen sich häufig unter 100,00 Euro pro Jahr.

Eher ins Gewicht fallen die einmaligen Kosten für Konzept, Gestaltung und Aufbau Ihrer Webseite. Wie hoch diese Kosten sind, hängt entscheidend davon ab, ob Sie eine Agentur mit dieser Arbeit betrauen oder einen Partner finden (eventuell auch jemand aus dem Kreis der Eltern oder Fördervereinsmitglieder), der diese Arbeiten im Rahmen einer Spende für Sie übernimmt.

Die nachstehende Checkliste gibt einige Anhaltspunkte, was Sie bei Auf- oder Umbau Ihrer Webseite zum Fundraising-Instrument beachten sollten:

Ziele und Aufgaben, die die Webseite künftig im Fundraising-Mix erfüllen soll, sind definiert	☐
Web-2.0-Strategie und Verhaltenskodex: schriftlich formuliert	☐
Regelungen, wer was veröffentlichen darf, sind getroffen	☐
Texte für Webseite sind geschrieben, überarbeitet und korrigiert	☐
Fotomaterial für Webseite ist ausgewählt, bearbeitet und notwendige Zustimmungen zur Verwendung sind eingeholt	☐
Anbieterkennzeichnung und Datenschutzhinweise sind vollständig	☐
Leitbild und Ziele unserer Kita kommen klar zum Ausdruck	☐
Online-Redaktion hat sich zusammengefunden	☐
Team wurde fachlich geschult	☐
Online-Redaktion wurde hinsichtlich Datenschutz, Persönlichkeits- und Urheberrechten geschult	☐
Zeitbudget für Online-Aktivitäten wurde festgelegt	☐
Informations- und Kommunikationswege zwischen Online-Redaktion, Kita-Team und anderen Arbeitsgruppen sind beschrieben	☐
Erfolgskennzahlen wurden definiert und ggf. notwendige technische Voraussetzungen geschaffen	☐

Meilensteine wurden terminiert	☐
Inhalte der Webseite berücksichtigen die verschiedenen Interessen Ihrer Zielgruppen	☐
Interaktive Elemente sind integriert und wurden erfolgreich erprobt	☐
Print-Broschüren, Geschäftsdrucksachen etc. enthalten Hinweis auf Webseite	☐

Sind diese Schritte abgearbeitet, ist Ihre Webseite bereit, um als Fundraising-Instrument zu fungieren.

Jetzt müssen Sie nur noch für »Traffic«, also für viele Besucher auf Ihrer Webseite sorgen, damit die dort angebotenen Informationen und Möglichkeiten zu spenden, aktiv genutzt werden.

Halten Sie Ihre Webseite interessant. Aktualität ist das oberste Gebot, aber überraschen Sie Ihre Besucher auch immer wieder mit neuen Mitmach-Aktionen. Beispielsweise können Sie Umfragen zu immer wieder anderen Themen starten, sei es zu Projekten Ihrer Kita, aber auch zu aktuellen bildungspolitischen Diskussionen. Ihren Besuchern vermitteln Sie auf diese Weise das Gefühl eines Mitspracherechts, der Einbindung in Ihre Arbeit und natürlich der Wertschätzung.

 Rechts-Tipp:

Zur Anbieterkennzeichnung (Impressum) siehe Kapitel 10.2. Dort finden sich auch Informationen zur Datenschutzerklärung. Legen Sie bitte für die unterschiedlichen Nutzungen auf Ihrer Webseite (z. B. Forum, Blog, Newsletter-Abruf) jeweils in einfachen, verständlichen Worten dar, welche Daten Sie hierfür bei den Nutzern abfragen und wofür genau Sie diese Daten verwenden (z. B. Abfrage von Name, Anschrift und E-Mail-Adresse zur Identifikation im Blog, zur Spam-Vermeidung oder zum Newsletter-Versand etc.).

Bevor Sie fremde Inhalte auf die Webseite stellen: Klären Sie, dass der Inhaber des Urheberrechts keine Einwände dagegen hat, also entweder allgemein oder in Ihrem Fall auf seine Rechte verzichtet.

9.13.2 Soziale Netzwerke – Facebook, Twitter & Co.

Im Gespräch mit Familie, Freunden, Kollegen und Bekannten erfahren Sie täglich Neues. Auf dem wöchentlichen Markt treffen Sie andere Marktbesucher und tauschen Informationen über diesen oder jenen gemeinsamen Bekannten aus. Bei größeren Veranstaltungen lernen Sie neue Menschen kennen und es ist immer der kleine Imbiss am Schluss, der die besten Gelegenheiten bietet, neue Kontakte zu knüpfen. Auf diese Weise erhalten Sie eine ganze Palette von sehr wichtigen bis belanglosen Informationen.

So ähnlich funktionieren auch soziale Online-Netzwerke, die von einem Viertel der Deutschen regelmäßig genutzt werden. Jugendliche nutzen sogar zu weit über 70% Facebook, SchülerVZ oder andere Netzwerke.

Da verwundert es nicht, dass die Internetseiten entsprechender Anbieter zu den populärsten Seiten im Netz gehören und einen stetigen Zuwachs verzeichnen. Konsequenterweise haben daher auch Unternehmen und gemeinnützige Organisationen die sozialen Netzwerke entdeckt, um für sich und ihre Anliegen zu werben.

Das Prinzip sozialer Netzwerke ist einfach: Die Nutzung ist in der Regel kostenlos und erfordert lediglich eine einmalige Registrierung. Anschließend kann der Nutzer ein persönliches Profil erstellen und mit anderen Nutzern in Kontakt treten. Außerdem kann er meist Fotos, Videos, Musik oder andere Dokumente ins Netz hochladen und mit der Community teilen. Welche dieser Informationen öffentlich sein sollen oder nur mit Freunden oder Kontakten geteilt werden, bestimmt der Nutzer individuell.

Es gibt eine Vielzahl sozialer Netzwerke und jedes funktioniert ein wenig anders oder spricht eine andere Zielgruppe an.

Während die Plattform XING sich selbst als Business-Netzwerk oder Netzwerk für berufliche Kontakte bezeichnet, fungiert Facebook eher als Netzwerk für private Kontakte, bietet aber gleichzeitig auch jede Menge Möglichkeiten für Unternehmen und Organisationen, mit Kunden oder Unterstützern »ins Gespräch« zu kommen.

Twitter wiederum ist eine Art webbasierter SMS. Hier werden kurze, maximal 140 Zeichen lange Mini-Botschaften ins Netz gestellt und können sich so unter Umständen in Windeseile im Netz verbreiten.

Weil jedes Netzwerk seine ganz eigenen Vor- und Nachteile hat und die Interessen des Nutzers unterschiedlich gut bedient, sind die meisten »Netzwerker« gleichzeitig auf verschiedenen Plattformen unterwegs.

Netzwerke funktionieren nach dem Prinzip des Gebens und Nehmens: Je mehr Sie von sich selbst preisgeben, umso höher ist die Chance, von Menschen mit gleichen Interessen gefunden und kontaktiert zu werden. Und wie im richtigen Leben, haben diejenigen die meisten Kontakte, die aktiv auf andere zugehen, sich präsentieren und ihre Meinung äußern.

Meist informiert ein Nachrichtenticker den Nutzer über alle Neuigkeiten, dies sich in seinem Netzwerk ergeben. Banale Informationen werden ebenso weitergereicht wie der Tipp für eine Veranstaltung, eine lesenswerte Webseite oder die Servicewüste eines Unternehmens.

 Rechts-Tipp:

Im Hinblick auf den Datenschutz sollte man aber sehr sorgfältig prüfen, welche persönlichen Informationen man preisgibt.

Nicht jeder, der mitliest, hat lautere Absichten. Auch ist immer zu bedenken, dass Informationen, die einmal im Internet auftauchen, nicht oder nur mit erheblichem zeitlichen oder finanziellen Aufwand gelöscht werden können.

In jedem Netzwerk können Sie mehr oder weniger strenge Einstellungen zum Schutz Ihrer Privatsphäre finden. Es ist zu empfehlen, sich eingehend mit diesen Einstellungen zu beschäftigen.

Doch wie lassen sich im Fundraising solche sozialen Netzwerke nutzen?

Eine Möglichkeit besteht darin, hier leicht neue Kontakte zu knüpfen. Da der Sinn des Netzwerkens genau darin liegt, das eigene Netzwerk zu erweitern, ist der Aufbau neuer Kontakte ausdrücklich erwünscht, und zwar auch und gerade zu Menschen, die Sie bislang nicht kennen. So können Sie zum einen die Basis Ihrer Interessenten erweitern, zum anderen Kontakte zu Menschen knüpfen, die Ihr Anliegen konkret unterstützen können. Dann ist die Kontaktaufnahme im Netz der erste Schritt zu einem persönlichen Kennenlernen.

Hinzu kommt, dass Sie selbst Informationen über Ihre Kita, deren Arbeit und Anliegen über soziale Netzwerke verbreiten können.

In Form von Statusmeldungen (Facebook), Mitteilungen für Ihr Netzwerk und Artikeln in Gruppen (XING) oder Tweets (Kurznachrichten über Twitter) berichten Sie gezielt über Ihre Projekte und Erfolge oder weisen beispielsweise auf Ihre aktuellen Spendenaktionen hin.

Indem Sie Ihre Netzwerke verbinden, lassen sich Ihre Aktivitäten multiplizieren. So erlaubt beispielsweise XING, dass dort eingestellte Artikel mit einem Klick auch in Ihrer Nachrichtenliste auf Facebook erscheinen. Den Link auf Ihren Artikel können Sie dann noch zusätzlich über Twitter verbreiten.

 Praxis-Beispiel:

Paula, die Mitarbeiterin der Kita SpielSpass, arbeitet im Online-Team der Kita. Sie hat sich auf XING registriert und dort ihr persönliches Profil eingestellt. Daneben hat sie für die Kita ein »Unternehmensprofil« angelegt. Auch auf Facebook und Twitter hat Paula die Kita registriert und dort ebenfalls entsprechende Profile angelegt.

Da XING sich selbst als Business-Plattform bezeichnet, hofft Paula, dort Unternehmen zu finden, die die Kita unterstützen.

Nachdem Paula ihr Profil sowie das Kita-Profil vervollständigt hat, beginnt sie mit ihrer Recherche auf XING. Sie sucht Unternehmen aus ihrer Region, die im Bereich erneuerbare Energien tätig sind. Beides – ihren Wohnort und das Stichwort »erneuerbare Energien« – gibt sie als Suchkriterien ein. Die daraufhin ausgegebene Liste mit Unternehmensprofilen prüft sie sorgfältig. Meist sind der Geschäftsführer oder zumindest ein leitender Mitarbeiter dieser Unternehmen auf XING angemeldet. Sie bittet diese um Kontaktbestätigung. Hierfür hat sie einen kurzen Text vorbereitet:

»*Unsere Kita möchte ökologisches Bewusstsein und ressourcenschonendes Verhalten schon im Kindesalter entwickeln. Über einen Kontakt zu Ihrem Unternehmen würde ich mich daher freuen.*«

Im nächsten Schritt recherchiert Paula in den Gruppen auf XING. Dort treffen sich Personen, die an einem bestimmten Thema interessiert sind. Zum Thema der Gruppe tauschen die Mitglieder Informationen und Meinungen in Form von Artikeln aus. Da Paula im Moment weniger am fachlichen Austausch, sondern vielmehr an tatkräftiger Unterstützung interessiert ist, sucht Paula nach Gruppen mit einem Bezug zu ihrer Region sowie nach solchen, die sich mit den Themen Umwelt, Klima, erneuerbare Energien oder auch Sponsoring beschäftigen.

Nachdem Paula einige Gruppen ausgewählt hat und dort Mitglied geworden ist, stellt sie sich mit einem kurzen Artikel dort jeweils vor. Sie berichtet über Leitbild und Ziele ihrer Kita und erzählt vom Projekt »Erlebnisgarten«. Außerdem verlinkt sie auf die Homepage der Kita.

Schon nach kurzer Zeit stellen sich erste Reaktionen ein. Der größte Teil ihrer Kontaktanfragen wird bestätigt, auf einige ihrer Artikel erhält sie positive Kommentare.

Zwei ihrer neuen Kontakte sind besonders interessant: Es handelt sich zum einen um den Geschäftsführer eines Unternehmens im Nachbarort, das Solar- und Photovoltaik-Anlagen herstellt, zum anderen um den Inhaber eines Garten- und Landschaftsbaubetriebes aus der Region.

Zu beiden intensiviert Paula den Kontakt. In einer Mail schildert sie kurz das Projekt »Erlebnisgarten«, skizziert grob den Bedarf und legt dar, welchen Nutzen das jeweilige Unternehmen von einer Zusammenarbeit mit der Kita haben könnte. Sie kündigt an, sich in den nächsten Tagen einmal telefonisch zu melden.

Auf ihren Anruf reagieren beide Gesprächspartner positiv und stimmen schon nach kurzer Zeit der Vereinbarung eines persönlichen Termins zu. Im persönlichen Gespräch gelingt es Paula, beide endgültig zu überzeugen. Während sich das Solar- und Photovoltaik-Unternehmen zur gemeinsamen Durchführung eines »Tags der Sonne« bereit erklärt, sagt der Inhaber des Garten- und Landschaftsbaubetriebes zu, kostenlos die Planung des Erlebnisgartens zu übernehmen.

Paula berichtet in ihren Gruppen auf XING regelmäßig über die Projektfortschritte. In Absprache mit den die Kita unterstützenden Unternehmen veröffentlicht sie dort auch Berichte über deren Engagement. So knüpft sie im Laufe der Zeit viele wertvolle Kontakte, erhält wichtige Informationen und kann ihr Netzwerk immer wieder aktivieren, um an Online-Spendenaktionen der Kita oder an deren Benefiz-Veranstaltungen teilzunehmen.

Auf Facebook hat Paula gleichzeitig ein Profil der Kita eingestellt. Hier geht sie ähnlich vor wie bei XING: Zuerst baut sie ihr Netzwerk auf, sucht nach Freunden und Bekannten und dann nach Personen, die ähnliche Interessen haben wie sie bzw. die Kita. Auf Facebook wird das Netzwerk nicht über Gruppen-Artikel, sondern über Status-meldungen, das Teilen von Neuigkeiten oder Hinweise auf interessante Links informiert. Paula stellt also regelmäßig neue Statusmeldungen ins Netz. Bilder zeigen, wie das Außengelände jetzt aussieht und wie es später einmal aussehen könnte.

Immer wieder verlinkt Paula auf Neuigkeiten, die auf der Kita-Webseite veröffentlicht wurden. Sie macht auf Spendenaktionen und Veranstaltungen aufmerksam und lädt ihr Netzwerk hierzu ein.

Auch hier wächst Paulas Netzwerk langsam, aber beständig.

Vervollständigt wird Paulas Online-Arbeit durch die Präsenz bei Twitter. Wann immer sie einen Artikel auf XING oder eine Statusmeldung bei Facebook publiziert, veröffentlicht sie den Link darauf mit einem Klick auch bei Twitter.

Jeder Veröffentlichung fügt Paula den Link auf die Kita-Webseite bei.

Mit der Zeit erhöhen sich die Besucherzahlen auf der Kita-Webseite spürbar und auch die online erzielten Spendeneinnahmen werden langsam höher.

Das obige Beispiel lässt erahnen, wie gut sich soziale Netzwerke in Ihre Fundraising-Strategie einbauen lassen: Sei es, um selbst als Fundraising-Instrument zu dienen oder um die Wirkung anderer Fundraising-Instrumente zu unterstützen.

Entscheidend für Ihren Erfolg ist jedoch, dass Sie »dran bleiben«. Auch in der sogenannten virtuellen Welt ist es wichtig, aktiv neue Kontakte zu knüpfen und bestehende zu pflegen. Und wie im gesamten Fundraising gilt auch hier: Mit Geduld, Beharrlichkeit und Kreativität kommen Sie zum Erfolg.

Die Pflege sozialer Online-Netzwerke ist zeitintensiv. Setzen Sie sich daher ein Zeitbudget. Am besten funktioniert das mit der Eintragung fester Termine – beispielsweise als »Pflege soziales Netzwerk« – in Ihrem Terminkalender.

Möglicherweise haben Sie zu Beginn Schwierigkeiten, Informationen zu finden oder so aufzubereiten, dass diese Ihren (potentiellen) Unterstützern einen Nutzen bieten. Auch gibt es manchmal ganz viel zu berichten, während man zu anderen Zeiten auf kaum Berichtenswertes stößt. Legen Sie sich daher Notizen an und sammeln Sie Informationen, Links und Ideen, die auch in einigen Wochen noch nichts an Aktualität verloren haben. Aus diesem Pool können Sie dann schöpfen, wenn es aus Ihrer Kita mal nichts Aktuelles zu berichten gibt.

Wollen Sie soziale Netzwerke sinnvoll als Fundraising-Instrument einsetzen, gehört strategisches Vorgehen dazu. Überlegen Sie – wie sonst auch – wen Sie erreichen wollen, welche Motive und Interessen diese Zielgruppen bewegt und wie Ihre Kita von außenstehenden Dritten gesehen werden soll.

Wird die Präsenz Ihrer Kita im Netz von mehreren Personen betreut, sollten diese sich unbedingt abstimmen, wer für welche Aufgaben zuständig ist. Darüber hinaus sollte es Richtlinien geben, wer, was in welcher Form veröffentlichen darf bzw. in welchen Fällen das Online-Team vor Veröffentlichung Rücksprache nehmen soll.

9.13.3 Spendenportale und Charity Malls

Erinnern Sie sich an die Paulas Hauseinweihung. Unter dem Motto »von Sinnen« lud sie Familie, Freunde und Bekannte ein, den Einzug ins neue Haus zu feiern. Statt Geschenken bat sie um finanzielle Unterstützung für den »Garten der Sinne« in der Kita. Damit ihre Gäste erleben konnten, wie Kinder von einem solchen Sinnespfad profitieren, baute sie kurzerhand einen solchen Pfad im Kleinformat auf.

Hiervon waren ihre Gäste so begeistert, dass sie selbst aktiv wurden und beispielsweise ihren eigenen Geburtstag zum Anlass nahmen, um Spenden für die Kita zu sammeln.

Das Besondere: Paula hat mit ihren Ideen, ihrer Begeisterung und ihrem Engagement andere angesteckt. Sie hat aus Spendern Botschafter gemacht und es so geschafft, dass sich Menschen, die in keinerlei direktem Bezug zur Kita stehen, dennoch aktiv für deren Projekt engagieren.

Genau das ist die Idee hinter Spendenportalen: Spender werden selbst aktiv, und zwar nicht nur, indem sie selbst Geld, Zeit, Sachmittel oder Fachwissen spenden, sondern andere dazu bewegen, das Gleiche zu tun. Auf diese Weise wird der Kreis potentieller Unterstützer weit über die Grenzen des sonst Möglichen ausgeweitet.

Im Idealfall entsteht eine Form von Wettbewerb zwischen den Unterstützern: Wer hat die kreativste Idee? Wer erreicht am schnellsten sein Sammelziel? Wer gewinnt die meisten Unterstützer?

Üblicherweise ist es für die Nutzung eines solchen Portals notwendig, sich zu registrieren. Welche Angaben Sie dabei machen müssen oder ob der Nachweis der Gemeinnützigkeit verlangt wird, wenn Sie als Organisation dort für Ihr Projekt werben, ist von Anbieter zu Anbieter unterschiedlich.

Nach erfolgreicher Registrierung können Sie oder auch Ihre Unterstützer dann Ihr Projekt vorstellen und eine Spendensammlung starten, beispielsweise – wie oben kurz dargestellt – im Zusammenhang mit einem bestimmten Anlass.

Einige Spendenportale bieten ähnliche Strukturen wie soziale Netzwerke: Ihre Unterstützer können nicht nur Geld spenden, sondern auch als Freund Ihrer Kita oder als Projektunterstützer eine Referenz für Ihr Projekt abgeben oder selbst neue Projekte zugunsten Ihrer Kita initiieren (siehe unten).

Ihr Nutzen:

- Über Ihre eigene Fundraising-Arbeit hinaus, machen Sie andere zu Ihren Fundraisern. Diese Menschen öffnen Ihnen ihren Freundes- und Bekanntenkreis, so dass potentielle Unterstützer auf Sie aufmerksam werden, die Sie sonst nicht erreicht hätten.
- Spendenportale machen sich häufig den Wettbewerbsgedanken nutzbar. Das spornt Ihre Spender an und animiert zu weiteren Spenden.
- Spender mögen Erfolge und das Gefühl, etwas Gutes getan zu haben.
  Bei den meisten Spendenportalen zeigt ein Spendenbarometer den

Erfolg einer Kampagne an. Der Spender sieht sofort die Wirkung seiner Spende und erhält so Bestätigung.

- Wenn andere für Sie werben und Aktionen für Ihre Kita starten, schafft das zusätzliches Vertrauen.
- Viele Spendenportale bieten ihre Leistungen kostenfrei oder gegen geringe Provisionen in Abhängigkeit vom Spendenvolumen an. Die Kosten dieser Fundraising-Maßnahme sind also in der Regel überschaubar und gut zu kalkulieren.

Nachteile:

- Wenn andere Menschen für Sie werben, geben Sie einen Teil der Öffentlichkeitsarbeit aus der Hand und haben keinen direkten Einfluss darauf.
- Die Einwerbung von Spenden über Spendenportale ist nur dann erfolgreich, wenn Sie Ihre dort eingestellten Projekte in einem großen Kreis potentieller Unterstützer bewerben. Es muss Ihnen zudem gelingen, Unterstützer zu aktivieren, selbst weitere Projekte zugunsten ihrer Kita auf dem Portal einzustellen.

  Das ist zeitaufwändig und bedarf der Pflege, denn der Projektfortschritt sollte kontinuierlich aktualisiert werden. Wenn Sie in anderen sozialen Medien wie beispielsweise Twitter oder Facebook auf Ihr Spendenprojekt hinweisen, steigert dies den Erfolg auf dem Spendenportal, kostet aber auch Zeit.

 Praxis- und Rechts-Tipps:

Lesen Sie sich die Nutzungsbedingungen genau durch und achten Sie auf das »Kleingedruckte«. Manche Portale sind nahezu kostenfrei, andere berechnen üppige Gebühren.

Besonders wichtig: Gibt es eine Datenschutzerklärung? Wird konkret mitgeteilt, welche Daten erhoben und verwendet werden und zu welchen Zwecken dies geschieht? Das gehört zu den Pflichten des Anbieters einer Webseite (siehe Kapitel 10.2.5).

Einige Betreiber von Spendenportalen bieten Ihnen an, Ihr dort eingestelltes Spendenprojekt mit wenigen Klicks in Ihre Webseite zu integrieren. Das hat den großen Vorteil, dass Sie Ihre potentiellen Unterstützer nicht auf das Spendenportal verweisen, sondern direkt auf Ihre eigene Homepage leiten können.

Prüfen Sie, ob das von Ihnen ausgewählte Spendenportal diese Möglichkeit zulässt. Denn anderenfalls besteht die Gefahr, dass Ihre Kita in der Fülle der übrigen, auf dem Spendenportal vorgestellten Projekte »untergeht«. Außerdem leiten Sie sonst ungewollt Besucher Ihrer Webseite oder Interessenten auf die Seite des Spendenportals. Das ist kontraproduktiv, denn Ihr Ziel sollte sein, mögliche Unterstützer an Ihre eigene Internet-Präsenz zu binden.

Aber bitte beachten: Wenn Sie das Spendenportal in Ihre Webseite integrieren, sind Sie für eine ordnungsgemäße Anbieterkennzeichnung und Datenschutzerklärung mitverantwortlich (Näheres Kapitel 10.2).

Bevor Sie ein Spendenportal nutzen, machen Sie sich bitte mit den Bedingungen vertraut. Sehen Sie sich die Präsentationen anderer Projekte und Demo-Videos, die die Portal-Nutzung beschreiben, an. In vielen Internet-Foren werden inzwischen Erfahrungen bei der Nutzung von Spendenportalen ausgetauscht. Hier finden Sie viele wichtige Informationen.

Denn es macht keinen Sinn, auf allen möglichen Spendenportalen präsent zu sein. Hier ist weniger mehr; Sie verzetteln sich sonst.

Spendenportale finden Sie am leichtesten, indem Sie den Begriff als Suchwort in einer Suchmaschine eingeben.

9.13.4 Click-to-donate

Eine andere Form, online – also im Internet – um Spenden zu werben, bieten manche Einkaufsportale und Suchmaschinen.

Dabei spendet der Nutzer nicht selbst, sondern löst durch seine Aktion – nämlich seinen Einkauf oder die Suche nach einem Stichwort – die Spende des jeweiligen Portalbetreibers aus.

Der Spender hat also selbst keine finanzielle Belastung, sondern unterstützt allein durch seine Aktion und sein Verhalten eine Organisation seiner Wahl.

Bevor Sie auf diesem Weg Geld für Ihre Kita sammeln können, müssen Sie sich in der Regel zuvor auf einem solchen Portal registrieren.

Auch hier gilt: Es hängt vom Portalbetreiber ab, welche Angaben von Ihnen verlangt werden. Deshalb lesen Sie die Nutzungsbedingungen genau durch!

Sind alle Formalien erfüllt, wird Ihre Kita in der Liste möglicher Spendenempfänger geführt. Nutzen Ihre Unterstützer das Portal, haben sie die Möglichkeit, Ihre Kita als Spendenempfänger auszuwählen.

Sehen wir uns als Beispiel einmal die Suchmaschine »benefind« an. Um in der Spendenempfängerliste aufgeführt zu werden, müssen Sie sich einmalig registrieren und per Post eine Kopie Ihrer Gemeinnützigkeitsbescheinigung an den Portalbetreiber versenden. Nach Überprüfung Ihrer Angaben werden Sie freigeschaltet und in der entsprechenden Liste der gemeinnützigen Organisationen geführt. Hier können Sie Ihr Profil hinterlegen.

Nutzer der Suchmaschine können aus der Liste Ihre Kita als Spendenempfänger auswählen.

Der Betreiber der Suchmaschine verpflichtet sich, bei jeder Internet-Suche, die über sein Portal läuft, einen bestimmten Geldbetrag an die ausgewählte Organisation zu spenden.

Den jeweils aktuellen Spendenstand können alle Nutzer über eine Spendenstatistik abrufen.

Ihr Nutzen:

- Registrierung und Erstellung Ihres Kurzprofils sind schnell erledigt und ohne großen Aufwand zu leisten.
- Solche Portale sind ein hervorragender Einstieg, um Menschen zur Unterstützung für Ihre Kita zu gewinnen, und zwar selbst dann, wenn diese jetzt noch nicht bereit sind, selbst zu spenden. Es genügt eine kleine Verhaltensänderung, im obigen Beispiel die Nutzung einer bestimmten Suchmaschine, um etwas Gutes zu bewirken. Für aktive Spender ist es eine tolle Möglichkeit, sich zusätzlich für Ihre Kita zu engagieren.

 Praxis-Tipp:

Der Hinweis auf diese indirekte Form der Spende eignet sich sehr gut, um beispielsweise auch Unternehmen zur Unterstützung zu bewegen.

Das Unternehmen selbst hat hierdurch keine Kosten, kann aber dennoch den Imagegewinn als aktiver Unterstützer Ihrer Kita für sich verbuchen.

Sie haben den Vorteil, dass das Unternehmen als Multiplikator dieser Aktion wirkt und so eine Vielzahl von Menschen auf diesem indirekten Weg zu Unterstützern wird.

Nachteile:
- Ihre Präsenz auf solchen Internet-Portalen muss durch Sie – und im Idealfall durch weitere Multiplikatoren – ständig und kontinuierlich beworben werden. Das erfordert von Ihnen Beharrlichkeit und die Konsequenz, im eigenen Team mit gutem Beispiel voranzugehen.
- Meist kommen über »click-to-donate«-Portale nur vergleichsweise geringe Summen zustande. Damit eignet sich diese Form der Unterstützung kaum für die Projektfinanzierung, wohl aber dafür, regelmäßig zusätzliche Einnahmen zu generieren.

 Praxis-Tipp:

Auch hier gilt: weniger ist mehr! Wirklichen Erfolg haben Sie nur dann, wenn Sie viele Menschen aktivieren, diese Portale regelmäßig zu nutzen.

Das klappt nur, wenn Sie immer wieder auf Ihre Präsenz dort hinweisen, beispielsweise in dem Sie die Signatur Ihrer Mails mit einem P. S. und dem Hinweis auf das entsprechende Portal versehen.

Wenn Sie hier gleich fünf oder mehr Möglichkeiten anbieten, verzetteln Sie sich und laufen zudem Gefahr, Interessierte zu verunsichern.

Schauen Sie sich also intensiv im Internet um und konzentrieren Sie sich dann auf einige wenige Portale, beispielsweise eine Option für eine Suchmaschine sowie ein Einkaufsportal.

Eine interessante Variante ist übrigens die Webseite www.einfach-danke.de. Hier können Sie Ihr Projekt vorstellen und andere einladen, hierfür ihre Stimme abzugeben. Die Seite generiert automatisch einen Link, den Sie auf Ihrer Webseite einbinden können, um das Voting zu bewerben. Gleichzeitig können Sie oder Ihre Unterstützer mit einem Klick den Hinweis auf die Aktion über Twitter oder Facebook verbreiten.

Das Projekt, das innerhalb eines definierten Zeitraums die meisten Stimmen auf sich versammeln kann, erhält vom Initiator von »einfach-danke« (einem Unternehmen) einen Geldbetrag.

Das Prinzip ist einfach, der Aufwand gering und Ihre Unterstützer müssen auch hier selbst kein Geld »in die Hand nehmen«.

Der Versuch lohnt sich also auf jeden Fall. Ebenso wie auch die Recherche nach ähnlichen Initiativen, denn auch andere Unternehmen betreiben – zumindest von Zeit zu Zeit – solche Projekte.

10. Fundraising und Datenschutz – Ein Überblick

Auf den folgenden Seiten erhalten Sie fundiertes Insider-Wissen über maßgebliche Regelungen des Datenschutzes.

Dies soll insbesondere am Beispiel von Vereinen geschehen. Wir finden bei Trägern von Kitas zahlreiche unterschiedliche Rechtsformen. Es gibt z. B. kommunale und kirchliche Kitas oder Kitas in freier Trägerschaft. Letztere sind meist als eingetragener Verein (e. V.), Stiftung oder GmbH organisiert, jeweils steuerbefreit wegen der Verfolgung gemeinnütziger Zwecke. Dieser Rechtsformen bedienen sich zuweilen auch kirchliche Kitas. Für kommunale, kirchliche oder private Kitas gilt zum Teil unterschiedliches Datenschutzrecht. Da dieses hier nicht für alle möglichen Rechtsformen dargestellt werden kann, bedarf es einer Beschränkung. Es bietet sich an, dabei den Fokus auf Vereine zu richten, weil eingetragene gemeinnützige Vereine häufig als Kita-Trägervereine und -Fördervereine in Erscheinung treten.

Fragen des Datenschutzes sollten auch im Zusammenhang mit Fundraising die gebührende Beachtung finden, allerdings nicht als weitere bürokratische Spaßbremse, sondern als Qualitätsmerkmal eines modernen Fundraising-Konzepts. Die Gewährleistung des Datenschutzes ist kein Selbstzweck, sondern für viele Menschen ein wichtiges Bedürfnis, das sie auch im Zusammenhang mit Spenden und der sonstigen Unterstützung gemeinnütziger Aktivitäten erfüllt sehen wollen. Beachtet man die Vorgaben des Datenschutzes, muss man sicherlich an der einen oder anderen Stelle umdenken und Zeitaufwand für Problemlösungen investieren, kann dann aber auch den Datenschutzgedanken offensiv nach außen vertreten und damit für die eigene Organisation im Wettbewerb punkten.

Wir möchten Sie für die Bedeutung des Datenschutzes sensibilisieren.

Mehr als einen Überblick können wir hier aber nicht leisten; eine vertiefte Betrachtung der komplexen Rechtsmaterie »Datenschutz« würde den Rahmen dieses Buches sprengen. Auf besondere datenschutzrechtliche Problematiken gehen wir aber ausführlich an anderen Stellen dieses Buches ein, nämlich dort, wo sich ein konkreter Zusammenhang mit Fundraising-Maßnahmen ergibt.

Die gesetzlichen Grundlagen für den Datenschutz finden sich vor allem im Bundesdatenschutzgesetz (BDSG), aber auch im Telemediengesetz (TMG).

10.1 Rechtsgrundlage: Bundesdatenschutzgesetz (BDSG)

Fundraising wirft im Hinblick auf den Datenschutz einige besondere Fragen auf, die in diesem Kapitel angesprochen werden. Zum besseren Verständnis soll aber zunächst der Blick auf die allgemeinen Grundlagen des Datenschutzes gerichtet werden

10.1.1 Anwendungsbereich

Das BDSG gilt u. a. für **nichtöffentliche Stellen**, also natürliche und juristische Personen, Gesellschaften und andere Personenvereinigungen des privaten Rechts (§§ 1 Abs. 2, 2 Abs. 4 BDSG), wenn sie *personenbezogene* Daten erheben, verarbeiten oder nutzen. Dies ist eine sehr weitgehende Definition, die sowohl einzelne Personen wie auch Organisationen fast jeder Art erfasst. Gemeint sind beispielsweise Privatpersonen, Kaufleute, Freiberufler, Gesellschaften bürgerlichen Rechts (GbR), Unternehmensformen wie GmbH, AG und KG, aber auch eingetragene und nicht-eingetragene Vereine (z. B. Fördervereine für Kitas), Stiftungen sowie andere Non-Profit-Organisationen.

Das BDSG gilt nicht für Kirchen, die als Körperschaften öffentlichen Rechts organisiert sind (z. B. die katholische oder evangelische Kirche). Hier ist das kirchliche Datenschutzrecht anzuwenden. Dies trifft auch für kircheneigene Einrichtungen zu, auch wenn diese sich einer privaten Rechtsform bedienen (z. B. GmbH oder Verein). Als kircheneigene Einrichtungen werden nach Auffassung vieler Juristen auch Kitas angesehen.

Ausnahmsweise greift das BDSG nicht, falls Daten ausschließlich für den privaten oder familiären Gebrauch erhoben, verarbeitet oder genutzt werden (§ 1 Abs. 2 BDSG). Diese Ausnahme passt aber nicht für Vereine, so dass wir letztlich festhalten können:

Vereine müssen sich an die Vorschriften des BDSG halten, übrigens auch dann, wenn sie keine Datenverarbeitungsanlagen (EDV) benutzen, sondern personenbezogene Daten mit Hilfe eines nicht-automatisierten Systems verwalten, also etwa einen alphabetisch geordneten Karteikasten verwenden.

Neben dem Förderverein muss selbstverständlich auch die Kita Vorschriften des Datenschutzes einhalten. Welche das sind, hängt davon ab, wer Träger der Kita ist. Für eine kommunale Kita gilt das jeweilige Landesdatenschutzgesetz; eine kirchliche Kita hat die kirchenrechtlichen Vorschriften zum Datenschutz zu beachten (s. o.). Ist eine Kita in privater Trägerschaft (z. B. Verein oder GmbH) ist das BDSG anwendbar.

Das BDSG schützt **personenbezogene** Daten. Dies sind Einzelangaben über persönliche oder sachliche Verhältnisse einer bestimmten oder bestimmbaren natürlichen Person (§ 3 Abs. 1 BDSG). Einfacher ausgedrückt handelt es sich hierbei um Informationen, die über einen lebenden Menschen und seine Lebensumstände Auskunft geben, wobei es sich um eine Person handeln muss, die entweder schon bekannt ist oder die – auch anhand des Zusammenspiels bestimmter Daten – zumindest identifizierbar ist. Beispiele: Name, Anschrift, Geburtsdatum, Anzahl und Alter der Kinder, Telefon- und Bankverbindung, E-Mail-Adresse, wirtschaftliche Verhältnisse, Aussehen (Körpergröße, Haarfarbe), aber auch »weiche Daten« wie Eigenschaften (Spendenbereitschaft) sowie Überzeugungen und Interessen (ausgedrückt z. B. im ehrenamtlichen Engagement oder Vereins- und Parteimitgliedschaften).

Das BDSG schützt allerdings keine Angaben, die ausschließlich eine juristische Person, also etwa einen Verein oder eine GmbH, kennzeichnen (z. B. Firmenadresse). Dies ist aber kein Freibrief für sorglosen Umgang mit entsprechenden Informationen. Denn deren Verbreitung kann z. B. arbeitsvertraglich oder strafrechtlich verboten sein (etwa § 203 Strafgesetzbuch: Verletzung von Geschäftsgeheimnissen). Außerdem gibt es Daten, die sowohl zu einem Menschen wie einer juristischen Person gehören. So tritt nicht selten der Fall auf, dass ein Verein keine eigene Geschäftsstelle hat, sondern offiziell unter der privaten Anschrift oder Telefonnummer des Vorsitzenden erreichbar ist. Dann fallen diese Daten in den Schutzbereich des BDSG.

Begriffe

Im Sprachgebrauch des BDSG ist:
– Erheben das Beschaffen von personenbezogenen Daten;

- Verarbeiten das Speichern, Verändern, Übermitteln, Sperren und Löschen von personenbezogenen Daten;
- Nutzen jede Verwendung von personenbezogenen Daten, soweit es sich nicht um Verarbeitung handelt (§ 3 BDSG).

Weitere Definitionen können Sie in § 3 BDSG nachlesen.

Mit dem Begriff »Verwendung« von Daten wird üblicherweise – auch wenn sich dieser Ausdruck im BDSG nicht findet – die Verarbeitung und Nutzung von Daten zusammengefasst.

10.1.2 Wie wirkt sich das BDSG in der Praxis aus?

Personenbezogene Daten dürfen nur erhoben, verarbeitet oder genutzt werden, soweit das BDSG oder eine sonstige Rechtsvorschrift dies erlaubt oder der Betroffene eingewilligt hat (§ 4 Abs. 1 BDSG). Im vorliegenden Zusammenhang findet sich die Erlaubnis in erster Linie im BDSG selbst. Es ist also zunächst zu fragen: Erlaubt das BDSG die Erhebung und Verwendung der Daten? Falls nicht, muss bei der betroffenen Person eine Einwilligung eingeholt werden.

Was bedeutet dies für die Vereinsverwaltung, aber auch für Fundraising-Aktivitäten?

Was ist erlaubt ohne Einwilligung?

Wichtig für den Umgang mit Daten im Verein ist in erster Linie **§ 28 Abs. 1 Nr. 1 BDSG**. Dort heißt es:

Das Erheben, Speichern, Verändern oder Übermitteln personenbezogener Daten oder ihre Nutzung als Mittel für die Erfüllung eigener Geschäftszwecke ist zulässig, wenn es für die Begründung, Durchführung oder Beendigung eines rechtsgeschäftlichen oder rechtsgeschäftsähnlichen Schuldverhältnisses mit dem Betroffenen erforderlich ist.

Ein solches Schuldverhältnis ist ein Vertragsverhältnis mit gegenseitigen Rechten und Pflichten (z. B. Kaufvertrag, Mietvertrag, Dienstvertrag, Werkvertrag, Darlehen). Dies bedeutet zunächst einmal, dass natürliche oder juristische Personen Daten erheben und verwenden dürfen, soweit dies erforderlich ist für den Abschluss, die Durchführung und die Beendigung eines Vertrages, an dem sie beteiligt sind und der ihren eigenen Interessen (»eigenen Geschäftszwecken«) dient (etwa Wareneinkauf oder -verkauf, Anmietung von Geschäftsräumen etc.). Dies betrifft etwa Name, Anschrift und Kommunikationsdaten des Vertragspartners.

Für Arbeitsverträge gelten Sondervorschriften im BDSG (§§ 32 ff.).

Darüber hinaus hat diese Vorschrift eine Bedeutung für Vereine, die sich zunächst aus dem Wortlaut nicht erschließen lässt. Hierzu muss man wissen, dass die Mitgliedschaft in einem Verein ebenfalls ein Rechtsverhältnis mit Rechten und Pflichten ist (Mitgliedschaftsverhältnis) und »eigene Geschäftszwecke« sich auch als »eigene Satzungszwecke« begreifen lassen.

Gemeint ist damit folgendes: § 28 Abs. 1 Nr. 1 BDSG erlaubt das Erheben, Speichern, Verändern, Übermitteln oder Nutzen von Daten, soweit dies unbedingt erforderlich ist, um den Vereinszweck zu erfüllen und die Mitgliederverwaltung zu organisieren. Dies betrifft solche Daten, die auf jeden Fall gebraucht werden, damit der Verein gemäß den Zwecken und Regelungen der Satzung ordnungsgemäß geführt werden kann. So dürfen etwa folgende, für den Verein »lebensnotwendige« Daten erhoben, gespeichert und im Rahmen der Vereinsverwaltung genutzt werden:

– Name und Adresse des Mitglieds;
– Eintrittsdatum;
– Geburtstag, wenn diese Information laut Satzung benötigt wird (z. B. Stimmrecht bei Volljährigkeit);
– Zahlung des Beitrags;
– Bankverbindung, wenn die Satzung Bankeinzug anordnet;
– Kommunikationsdaten von Vorstandsmitgliedern oder sonstigen Amtsinhabern;
– E-Mail-Adressen von Mitgliedern, wenn die Satzung diese Kommunikationsform vorsieht;
– Ämter und Aufgaben des Mitglieds im Verein;
– Daten von Spendern, soweit dies zur ordnungsgemäßen Abwicklung der Spende, insbesondere Ausstellung einer Zuwendungsbestätigung (Spendenbescheinigung) erforderlich ist.

Ohne solche Daten kann man sich eine geordnete Vereinsführung nicht vorstellen, wobei in Zweifelsfällen die Satzung darüber entscheidet, welche Datenverwendung notwendig ist.

Daneben kann auf **§ 28 Abs. 1 Nr. 2 BDSG** zurückgegriffen werden. Diese Vorschrift erlaubt die Erhebung, Speicherung, Veränderung,

Übermittlung oder Nutzung von Daten, wenn dies zwar für den Verein nicht lebensnotwendig, aber nützlich ist. In diesen Fällen muss allerdings erst eine Abwägung zwischen den Interessen des Vereins und der betroffenen Person stattfinden. Dies hat man sich so vorzustellen:

1. Zunächst ist zu fragen, ob die Arbeit mit solchen nützlichen Daten einem berechtigten Interesse des Vereins dient. Was heißt »berechtigtes Interesse«? Dies ist ein sehr weiter Bereich und meint jedes vernünftige ideelle oder wirtschaftliche Interesse des Vereins. Daher kann diese erste Frage meist bejaht werden.
2. Weiter ist zu prüfen, ob ein Interesse des Betroffenen gegen die Verwendung seiner Daten durch den Verein sprechen könnte. Hier geht es um den Schutz der Privatsphäre und des Persönlichkeitsrechts. Ist kein solches Interesse ersichtlich, darf der Verein mit den Daten arbeiten. Besteht ein derartiges Interesse des Betroffenen, ist
3. zu fragen, ob die Gegenargumente des Betroffenen stärker zu gewichten sind als das Vereinsinteresse. Das Interesse des Einzelnen kann insbesondere dann überwiegen, wenn die Datenverwendung seine Privatsphäre erheblich verletzt oder sonstige gravierende Nachteile für sein Persönlichkeitsrecht drohen. Besteht allenfalls eine Patt-Situation, ist das Interesse des Betroffenen also bestenfalls dem Vereinsinteresse gleichzusetzen, darf der Verein die Daten verwenden.

Diese Abwägung mag im Einzelfall kompliziert sein. Es kann aber jedenfalls gesagt werden, dass die Erhebung und interne Verwendung z. B. folgender Daten ermöglicht wird:

- Kommunikationsdaten von Mitgliedern und von Helfern bei Projekten (auch Nicht-Mitglieder);
- Geburtsjahrgang aus statistischen Gründen (Kenntnis der Mitgliederstruktur);
- Spenderlisten mit Daten, die aus statistischen Gründen (Einteilung von Spendergruppen) erforderlich sind (ohne Bankdaten);
- zur Verwendung von Spenderlisten für Spendenaufrufe siehe unten »Datenverwendung zu Werbezwecken«.

An diesen Informationen hat der Verein ein berechtigtes Interesse, um seine Ziele zu erreichen. Auf der anderen Seite drohen der betroffenen Person keine wesentlichen Nachteile, so dass sie entweder kein »Geheimhaltungsinteresse« hat oder dieses jedenfalls nicht wichtiger ist als das Vereinsinteresse.

In Zweifelsfällen sollte lieber eine Einwilligung eingeholt werden.

Alles in allem wird ein Verein durch die Regelungen des BDSG in seiner Mitgliederverwaltung kaum eingeschränkt. Wie ist es aber zu beurteilen, wenn Daten nicht mehr lediglich intern verwendet werden, sondern an Stellen außerhalb des Vereins übermittelt oder veröffentlicht werden sollen?

Es gilt folgender Grundsatz: Geprüft werden muss, ob die jeweils anstehende Art des Umgangs mit Daten (Erhebung, Speicherung, Veränderung, Übermittlung oder Nutzung) erlaubt ist: Darf man beispielsweise Daten speichern, so heißt das noch nicht, dass etwa auch die Übermittlung zulässig ist.

Beispiel: Der Verein darf die Adressen seiner Mitglieder für die interne Vereinsverwaltung speichern und nutzen, während etwa die Übermittlung der Adressen an einen Sponsor die Privatsphäre der Mitglieder verletzt, also nur mit deren Einwilligung erlaubt ist (siehe auch Kapitel 11 Sponsoring).

Eine Übermittlung an andere Stellen oder Personen bzw. eine Veröffentlichung ist meist kritisch zu sehen. Beides wird für den Verein häufig nicht »lebensnotwendig« sein, so dass es auf eine Interessenabwägung gemäß § 28 Abs. 1 Nr. 2 BDSG herausläuft. Hier wiegt das Interesse des Betroffenen an der Respektierung seiner Privatsphäre deshalb sehr schwer, weil seine Daten den engen Bereich der Vereinsverwaltung verlassen, vor allem, wenn eine Veröffentlichung im Internet ansteht. Dies führt häufig dazu, dass das Interesse des Betroffenen schwerer wiegt als das Interesse des Vereins, weshalb eine solche Übermittlung/Veröffentlichung unzulässig bzw. nur mit Einwilligung des Betroffenen erlaubt ist.

Von einer Datenübermittlung spricht man übrigens auch dann, wenn Daten an Vereinsmitglieder weitergegeben werden, die keine Funktion im Verein bekleiden oder zwar eine Funktion innehaben, jedoch die Daten außerhalb ihres Aufgabenbereichs erhalten. Auch solche Übermittlungen sind kritisch zu sehen. Jedoch haben Gerichte entschieden, dass die Herausgabe der Mitgliederliste an Vereinsmitglieder zulässig ist, wenn die Kommunikationsdaten benötigt werden, um aus satzungsgemäßen Gründen andere Mitglieder anzusprechen oder anzuschreiben. Satzungsgemäße Gründe meint hier: Die Liste wird gebraucht, um die erforderliche Mehrheit für einen Antrag auf außerordentliche Mitgliederversammlung zusammen zu bekommen oder in einer besonders wichtigen Frage ein Positionspapier an die übrigen Mitglieder zu versenden. In solchen Fällen dürfen aber nur die für die Kontaktaufnahme unbedingt notwendigen Daten (z. B. Name, Anschrift, E-Mail-Adresse) herausgegeben werden.

Fazit

Probleme können entstehen, wenn Sie Daten aus der Vereinsverwaltung an andere Stellen oder Personen oder die Öffentlichkeit weitergeben (Datenübermittlung). Hier ist Vorsicht und kritisches Nachdenken geboten. Ist die Übermittlung wirklich notwendig? Welche Gründe sprechen dafür, welche dagegen? Wie würde man selbst reagieren, wenn die eigenen Daten an andere weitergegeben oder veröffentlicht würden? Im Zweifel bitte Einwilligung einholen!

Sonderfälle

Sind personenbezogene Daten **allgemein zugänglich**, dürfen sie erhoben, gespeichert, verändert, übermittelt oder genutzt werden, wenn ein berechtigtes Interesse des Vereins vorliegt (s. o.), es sei denn ein dagegen gerichtetes Interesse des Betroffenen überwiegt offensichtlich (**§ 28 Abs. 1 Nr. 3 BDSG**). Allgemein zugänglich sind Daten, wenn sie veröffentlicht sind (z. B. in der Zeitung) oder aus Verzeichnissen stammen, die jeder ohne Begründung einsehen kann. Letzteres trifft etwa auf das Vereins- oder Handelsregister, nicht aber das Grundbuch zu. Öffentlich sind Daten aber auch, wenn sie im Rahmen einer öffentlichen Veranstaltung kundgetan werden oder für Besucher ersichtlich sind (Teilnahme bestimmter Personen, Torschützen eines Fußballspiels etc.). Ob die Veranstaltung nur gegen Eintrittsgeld besucht werden kann oder ab einer bestimmten Zuschauerzahl »ausverkauft« ist, ändert nichts am öffentlichen Charakter.

Solche allgemein zugänglichen Daten darf der Verein erheben und verwenden (auch nochmals veröffentlichen), wenn er ein ideelles oder wirtschaftliches Interesse hieran hat. Hiergegen wird der Betroffenen in den allermeisten Fällen keine Einwendungen vorbringen können, da seine Daten ja bereits öffentlich sind. Außerdem müssten seine Gegenargumente die Interessen des Vereins offensichtlich – also deutlich und für alle nachvollziehbar – überwiegen. Dies könnte wohl nur der Fall sein, wenn bereits »Gras über einer Sache gewachsen ist« und die erneute Veröffentlichung beleidigenden Charakter hätte.

Besonders sensible Daten sind Angaben über rassische und ethnische Herkunft, politische Meinungen, religiöse oder philosophische Überzeugungen, Gewerkschaftszugehörigkeit, Gesundheit oder Sexualleben (§ 3 Abs. 9 BDSG). Diese Daten dürfen grundsätzlich nur mit Einwilligung der betroffenen Person erhoben und verwendet werden (§ 28 Abs. 6–9 BDSG). Nur in wenigen Ausnahmefällen darf auf eine Einwilligung verzichtet werden.

 Rechts-Tipp:

Sofern ein Kita-Förderverein oder -Trägerverein mit solchen sensiblen Daten arbeitet, sollte er nicht auf die Ausnahmen bauen, sondern stets eine Einwilligung der betroffenen Person einholen.

Wenn ein Verein Arbeitnehmer beschäftigt, gelten für den Umgang mit **Daten des Arbeitsverhältnisses** besondere Vorschriften im BDSG (§§ 32 ff.). Zwischen einem Verein als Arbeitgeber und anderen Arbeitgebern werden keine Unterschiede gemacht.

Fundraising und Datenschutz

In diesem Abschnitt sollen einige Fallgestaltungen näher beleuchtet werden, die häufig im Zusammenhang mit Fundraising-Aktivitäten auftreten.

Datenverwendung für Werbeschreiben

Dies ist in sehr komplexer Weise in § 28 Abs. 3–4 BDSG geregelt. Die Komplexität beginnt bereits beim Geltungsdatum dieser Vorschriften: Die am 01.09.2009 in Kraft getretene Neuregelung gilt für alle Daten, die ab dem 01.09.2009 erhoben oder gespeichert wurden. Für vor diesem Stichtag erhobene oder gespeicherte Daten ist die Neuregelung erst ab 01.09.2012 gültig. Im Folgenden wird die Neuregelung dargelegt, zum einen, weil der 01.09.2012 nicht mehr allzu fern ist, zum anderen, weil eine Aufteilung des vorhandenen Datenbestands in vor und nach dem 01.09.2009 erhobene oder gespeicherte Daten in der Praxis nicht häufig anzutreffen sein dürfte.

Grundsätzlich ist die Verarbeitung oder Nutzung personenbezogener Daten für Werbungszwecke nur mit Einwilligung des Betroffenen erlaubt. Jedoch finden sich folgende wichtige Ausnahmen von diesem Grundsatz:

Werbung für steuerbegünstigte Spenden

»Listenmäßig oder sonst zusammengefasste Daten über Angehörige einer Personengruppe« (§ 28 Abs. 3 BDSG) dürfen verarbeitet oder genutzt werden, um Werbung für steuerbegünstigte Spenden zu machen, also z. B. Spenden an Organisationen, die wegen gemeinnütziger, mildtätiger oder kirchlicher Zwecke von der Körperschaftsteuer befreit sind. Gemeint sind etwa Adresslisten, die ein gemeinnütziger Verein anhand eigener, legal erhobener Daten selbst zusammenstellt (z. B. Spenderlisten) oder erwirbt (kauft oder mietet, Adresshandel), um Spendenbriefe zu versenden. Angehörige einer Personengruppe können beispielsweise sein: Mitglieder einer Organisation, Spender, Personen, die Info-Material von Ihnen angefordert haben, Angehörige von Berufsgruppen (wie etwa Rechtsanwälte und Lehrer) oder auch Personen mit einem gemeinsamen Hobby.

Diese Listen dürfen folgende Daten enthalten: Die Zugehörigkeit des Betroffenen zu der Personengruppe, seine Berufs-, Branchen- oder Geschäftsbezeichnung, seinen Namen, Titel, akademischen Grad, seine Anschrift und sein Geburtsjahr.

Dazu gehören E-Mail-Adressen sowie Telefon- und Fax-Nummern nicht. Daher ist die Spendenwerbung mit Hilfe dieser Kommunikationsmittel nicht erlaubt, es sei denn der Empfänger hat vorher seine ausdrückliche Einwilligung dafür gegeben (siehe unten 10.1.3). Innerhalb des Vereins kann die Einwilligung durch eine entsprechende Satzungsklausel ersetzt werden, die dann für alle Mitglieder verbindlich ist (»Mitglieder, die dem Verein ihre E-Mail-Adresse bekanntgeben, erklären sich auf diese Weise damit einverstanden, dass der Verein ihnen Schriftverkehr jeglicher Art – auch Werbung für Spenden an den Verein – per E-Mail übermittelt«).

Diskutiert wird unter Juristen, ob für gemeinnützige Organisationen eventuell andere rechtliche Möglichkeiten bestehen, Mailing-Aktionen per E-Mail durchzuführen. Zu bedenken ist aber zusätzlich, dass auch das Gesetz gegen unlauteren Wettbewerb (UWG) für die Werbung per E-Mail, Fax, Telefon oder SMS besondere Einschränkungen vorsieht (z. B. Einwilligung erforderlich). Hierzu wird zwar zum Teil die Auffassung vertreten, dies gelte nicht für Spendenwerbung, aber auch dies ist umstritten, so dass aufgrund der zahlreichen Unsicherheiten Anlass besteht für folgenden

 **Rechts-Tipp:**

Bitte für die Spendenwerbung den guten alten Postbrief verwenden oder zumindest vorher unbedingt rechtlichen Rat einholen.

Diese Werbeform mittels Listendaten ist nicht zulässig, soweit schutzwürdige Interessen eines Betroffenen gegen eine solche Verarbeitung oder Nutzung seiner Daten sprechen. Wenn es um Spendenbriefe gemeinnütziger Organisationen geht, dürften aber solche schutzwürdigen Interessen selten anzutreffen sein.

Der Empfänger der Werbung kann gegenüber der Stelle, die die Daten zu Werbezwecken verarbeitet oder nutzt (also etwa ein Verein) dieser Verwendung seiner Daten widersprechen. Über dieses Widerspruchsrecht und darüber, an welche Stelle der Widerspruch zu senden ist, muss der Werbende den Adressaten spätestens bei Zugang der Werbung belehren (§ 28 Abs. 4 BDSG). Geht ein Widerspruch ein, dürfen die Daten nicht mehr für Werbung verwendet werden. Für andere zulässige Zwecke (z. B. im Rahmen der Vereinsverwaltung) dürfen die Daten aber weiterhin verarbeitet oder genutzt werden.

 **Rechts-Tipp:**

Der Eintrag in die sog. Robinson-Listen ist kein Widerspruch in diesem Sinne.

Werbung für eigene Angebote

Mit Hilfe von Listendaten kann ein Verein auch für seine eigenen Angebote werben.

Die Information über eigene Angebote, die ein Verein an die **eigenen Mitglieder** richtet, ist allerdings nach unserer Auffassung keine Werbung. Mitglieder sind keine Kunden. Der Verein ist verpflichtet, mindestens aber berechtigt seine Mitglieder über Angebote des Vereins im ideellen Bereich, aber auch im wirtschaftlichen Geschäftsbetrieb zu unterrichten. Die Verwendung von Adressdaten aus der Mitgliederverwaltung für solche Informationen ist ohne weiteres zulässig.

Anders ist die Situation, wenn sich ein Verein zum Zwecke der Mitgliederwerbung oder des Erzielens von Einkünften (z. B. Werbung für Basar oder Flohmarkt) an **Nicht-Mitglieder** wendet. Diese Ansprache von Nicht-Mitgliedern ist zulässig mit Hilfe von Listendaten, wenn die Daten aus allgemein zugänglichen Adress-, Rufnummern-, Branchen- oder vergleichbaren Verzeichnissen entnommen wurden, wobei hier zu den oben genannten Daten weitere Daten (etwa Vereinsmitgliedschaften oder E-Mail-Adressen) hinzugespeichert und damit zu Werbezwecken verwendet werden dürfen (§ 28 Abs. 3 BDSG). Will man die E-Mail-Adresse einsetzen, gibt es als Hürde aber immer noch das UWG (s. o.). Hierzu wird zwar auch die Meinung vertreten, dass das UWG für die Mitgliederwerbung von Vereinen nicht greift. Aber dies ist umstritten, so dass auch hier anzuraten ist, auf den Postbrief zurückzugreifen, wenn keine Einwilligung mit E-Mail-Werbung vorliegt.

Allgemein zugängliche Verzeichnisse sind nur solche, die von jedermann ohne besondere Begründung eingesehen werden können.

Auch diese Werbeform ist nicht erlaubt, soweit schutzwürdige Interesse des Betroffenen entgegenstehen oder dieser widerspricht (s. o.).

Wir möchten an dieser Stelle unseren Unterstützern danken ...

Der Dank an den Spender ist ebenso eine moralische Verpflichtung wie Bestandteil eines erfolgreichen Fundraising-Konzepts. Die beste Außenwirkung lässt sich natürlich durch eine öffentliche Danksagung erzielen (etwa im Rahmen einer Veranstaltung oder Mitgliederversammlung). Aber ist dies zulässig?

Hier kommt es auf die Abwägung zwischen den Interessen des Vereins und des Spenders an (s. o.). Unter Spendern gibt es keine einheitliche Meinung dazu, ob eine Veröffentlichung der Spende gewünscht oder abgelehnt wird. Etliche Spender würden eine Veröffentlichung als schwerwiegenden Eingriff in ihre Privatsphäre betrachten und möglicherweise dann von künftigen Spenden Abstand nehmen. Dies läge auch nicht im Interesse des Vereins. Letztlich muss es der Entscheidung jedes Spenders überlassen bleiben, ob über seine Spende berichtet werden soll. Nach alledem bestehen aus Sicht des Vereins Anhaltspunkte dafür, dass das Interesse des Spenders letztlich gegen die Veröffentlichung spricht, weil es höher zu bewerten ist als etwaige Vereinsinteressen (§ 28 Abs. 1 Nr. 2 BDSG). Die Veröffentlichung der Spende als solcher und ihrer Höhe bedarf somit der Einwilligung des Spenders. In der Praxis dürfte es aber kein großes Problem darstellen, den Spender rechtzeitig nach seiner Auffassung zu fragen und ggf. seine Einwilligung einzuholen. Auf diese Weise ist auch die Zufriedenheit des Spenders gewährleistet.

Fotos

Zu jeder Kampagne und Veranstaltung gehört eine Fotodokumentation. Jedoch tangieren Fotos, auf denen die abgelichteten Personen als Einzelpersonen oder Mitglieder einer Gruppe deutlich zu erkennen sind, deren Persönlichkeitsrecht oft stärker als das geschriebene Wort allein. Denn Fotos verknüpfen Nachrichten mit dem Aussehen einer Person und erhöhen damit für Außenstehende den Informations- und Erinnerungswert. Dies ist auch gerade der Sinn einer Fotodokumentation im Rahmen eines nachhaltigen Fundraisingkonzepts. Bestandteil eines solchen Konzepts muss aber auch die Wahrung des Rechts am eigenen Bild sein, insbesondere wenn es um Fotos von Minderjährigen und/oder die Veröffentlichung von Fotos im Internet geht. Daher sollen hier einige grundlegende Rahmenbedingungen für die Veröffentlichung von Fotos aufgezeigt werden:

Maßgebliche Rechtsgrundlage sind die §§ 22 und 23 des Kunsturhebergesetzes (KUG). Dort wird der Grundsatz aufgestellt, dass Fotos nur mit Einwilligung der abgebildeten, erkennbaren Person verbreitet oder zur Schau gestellt werden dürfen. Dies gilt etwa für Broschüren, Vereinszeitungen oder die Vereinshomepage.

Einer Einwilligung bedarf es u. a. nicht, wenn
- Fotos aus dem Bereich der Zeitgeschichte stammen, also insbesondere eine Person der Zeitgeschichte fotografiert wird (z. B. Politiker, Inhaber hoher Ämter, bekannte Sportler oder Schauspieler); je mehr

eine Person im öffentlichen Leben steht, desto mehr ist ihre Privatsphäre eingeschränkt;

- die Person lediglich als Beiwerk neben einer Landschaft oder sonstigen Örtlichkeit erscheint (z. B. Aufnahme des Kölner Doms, auf der sich zufällig Passanten befinden);
- das Foto eine Versammlung, einen Aufzug oder ähnliches (Mitgliederversammlung, Demonstration, Wettkampf, Benefizveranstaltung etc.) ablichtet, an der die fotografierte Person als Teilnehmer oder Zuschauer teilgenommen hat; dies erlaubt aber nicht die gezielte Hervorhebung einer einzelnen Person oder Gruppe.
- Die Befugnis, das Foto ohne Einwilligung zu veröffentlichen, besteht aber nur, wenn kein berechtigtes Interesse des Abgebildeten verletzt wird.

In allen anderen Fällen muss eine Einwilligung der erkennbaren Personen eingeholt werden.

 Rechts-Tipp:

Da in diesem Bereich viele Zweifelsfälle auftreten, sollten Sie – wenn eben möglich – zur Streitvermeidung die betreffenden Personen stets um ihre Einwilligung bitten. Dies gilt vor allem, wenn Sie eine Veröffentlichung im Internet beabsichtigen, die nicht mehr oder nur mit großem Zeit- und Geldaufwand rückgängig gemacht werden kann.

Besondere Vorsicht ist bei der Veröffentlichung von Fotos Minderjähriger geboten. Hier müssen die Eltern bzw. Sorgeberechtigten einwilligen.

10.1.3 Einwilligung

Bislang war Thema die Frage, ob das BDSG oder eine sonstige Rechtsvorschrift die Erhebung oder Verwendung von Daten erlaubt. Soweit dies jedoch nicht der Fall ist, dürfen personenbezogene Daten nur erhoben, verarbeitet oder genutzt werden, wenn eine Einwilligung der betroffenen Personen vorliegt.

Die Einwilligung **(§ 4a BDSG)** ist eine freiwillige Erklärung, die nur wirksam ist, wenn der Betroffene zuvor konkret darüber aufgeklärt worden ist, warum seine Daten erhoben/verwendet werden sollen. Außerdem muss man den Betroffenen vorher darüber informieren, welche Folgen es haben kann, wenn er die Einwilligung verweigert (also z. B. ohne Einwilligung bestimmte Leistungen nicht erhalten kann).

Die Einwilligung kann jederzeit widerrufen werden.

Sie muss schriftlich erteilt werden, »soweit nicht wegen besonderer Umstände eine andere Form angemessen ist« (§ 4a BDSG). Eine Einwilligung per Fax ist keine schriftliche Erklärung. Auch eine E-Mail genügt nicht der Schriftform, es sei denn es handelt sich um eine E-Mail mit Signatur nach dem Signaturgesetz (§ 126a BGB).

Wenn »besondere Umstände« vorliegen, ist die Schriftform nicht notwendig. Dann genügt sogar eine mündliche Einwilligung, wobei man in diesem Fall aber darauf achten muss, dass die Einwilligung zur Not beweisbar ist (also z. B. Zeugen hinzuziehen).

Wann solche besonderen Umstände vorliegen, ist allerdings unter Juristen umstritten. Man sollte zur Sicherheit davon ausgehen, dass im Regelfall Schriftform erforderlich ist und nur in seltenen Ausnahmefällen hierauf verzichtet werden darf. Ein solcher Ausnahmefall könnte etwa vorliegen, wenn die schriftliche Abfassung der Erklärung einen unzumutbaren Aufwand erfordern würde.

Ein mögliches Beispiel: Der Verein möchte einem Spender auf der kommenden Mitgliederversammlung für seine großzügige Unterstützung danken. Der Datenschutzbeauftragte weist den Vorstand darauf hin, dass hierfür die Einwilligung des Spenders erforderlich ist. Daraufhin fragt der Vorsitzende den Spender in einem Gespräch, ob dieser einverstanden mit der Veröffentlichung seines Namens sowie der Höhe der Spende ist. Der Spender fühlt sich geehrt und antwortet dem Vorsitzenden, er sei sehr gerne damit einverstanden. Soll nun der Vorsitzende eine schriftliche Erklärung einfordern? Dies verärgert den Spender, weil er meint, der Verein vertraue seinem Wort nicht und veranstalte unnötigen Aufwand. Daher kann dem Verein nicht zugemutet werden, die Abgabe einer schriftlichen Erklärung zu verlangen.

Für den Bereich der Werbung sieht § 28 Abs. 3a BDSG Folgendes vor:

Wird die Einwilligung nicht schriftlich erteilt, muss der Verein schriftlich bestätigen, dass eine Einwilligung erfolgt ist. Das ist nicht nötig, wenn die Einwilligung elektronisch erklärt wird und die verantwortliche Stelle (hier: der Verein) sicherstellt, dass die Einwilligung protokolliert wird und der Betroffene deren Inhalt jederzeit abrufen und die Einwilligung jederzeit mit Wirkung für die Zukunft widerrufen kann.

Soll die Einwilligung zusammen mit anderen Erklärungen (z. B. im Aufnahmeantrag) schriftlich erteilt werden, ist sie drucktechnisch deutlich hervorzuheben.

Häufig wird die Frage gestellt, ob auch Minderjährige einwilligen dürfen. Grundsätzlich ist dies möglich, setzt aber voraus, dass sie die Fähigkeit haben, die Tragweite der Einwilligung zu erkennen. Insbesondere muss ihnen bewusst sein, welche Bedeutung ihre personenbezogenen Daten haben und welche Auswirkungen es haben kann, wenn andere Personen diese Daten verwenden. Dies lässt sich – wenn überhaupt – nur im Einzelfall entscheiden. Will man hier kein Risiko eingehen, sollte man die Einwilligung der Eltern bzw. Sorgeberechtigten einholen.

Oben war von der Einwilligung in die Veröffentlichung von Fotos die Rede. Das Kunsturhebergesetz schreibt nicht vor, dass diese Einwilligung schriftlich abzugeben ist. Jedoch lässt sich mit guten Gründen die Auffassung vertreten, dass auch hier – wie im BDSG – im Regelfall die Einwilligung schriftlich erteilt werden muss.

Vereine können Einwilligungen auch durch eine Satzungsklausel regeln. Diese ist dann für sämtliche Vereinsmitglieder verbindlich.

10.1.4 Datengeheimnis

Die bei der Datenverarbeitung beschäftigten Personen haben das Datengeheimnis zu wahren und müssen bei Aufnahme ihrer Tätigkeit auf das Datengeheimnis verpflichtet werden (§ 5 BDSG).

Dies bedeutet im Einzelnen:
– Daten dürfen nicht unbefugt erhoben, verarbeitet oder genutzt werden. Innerhalb einer Organisation (z. B. Verein) dürfen die handelnden Personen nur im Rahmen ihrer Zuständigkeit mit Daten umgehen. Daten, die sie für ihr Amt oder ihre Aufgabe nicht benötigen, sind tabu.
– Die bei der Datenverarbeitung beschäftigten Personen sind persönlich über ihre Pflichten zu belehren und müssen sich zur Einhaltung des Datengeheimnisses verpflichten, am besten in schriftlicher Form; Schriftform ist allerdings nicht vorgeschrieben.

- Beschäftigte Personen in diesem Sinne sind alle Personen, die im Auftrag des Vereins mit personenbezogenen Daten arbeiten. Ob sie dies im Angestelltenverhältnis, als Honorarkraft oder ehrenamtlich tun, ist unerheblich (z. B. Vorstandsmitglieder, Abteilungsleiter, Projektleiter, EDV-Verantwortliche). Es genügt auch, wenn der Umgang mit Daten nur einen Teil ihrer Tätigkeit ausmacht oder sie sich darauf beschränken, Daten zu nutzen, ohne solche in die EDV einzugeben oder dort zu ändern. Damit fallen auch Schreibkräfte (Verwendung von Adressen) oder Kursleiter (Ausdruck von Teilnehmerlisten) unter diesen Personenkreis.
- Verantwortlich für die Belehrung und Verpflichtung ist der Vereinsvorstand. Der Vertretungsvorstand des Vereins (§ 26 BGB) als gesetzlicher Vertreter des Vereins muss nicht verpflichtet werden.

10.1.5 Berichtigung, Löschung, Sperrung von Daten

Es besteht ein Anspruch auf **Berichtigung** von gespeicherten Daten, falls diese unrichtig sind (§ 35 Abs. 1 BDSG).

Daten müssen gemäß § 35 Abs. 2 BDSG dann **gelöscht** werden, wenn schon ihre Speicherung unzulässig war (Beispiel: In die Listendaten für die Spendenwerbung – s. o. – wurde die E-Mail-Adresse aufgenommen). War die Speicherung ursprünglich nicht erlaubt, wird aber später aus anderen Gründen rechtmäßig (z. B. Nachholung der Einwilligung), ist die Löschung nicht mehr erforderlich.

Eine Verpflichtung zur Löschung besteht auch, soweit Daten für den Zweck, für den sie gespeichert wurden, nicht mehr erforderlich sind. Dies ist etwa der Fall, wenn ein Mitglied aus dem Verein austritt. Sobald der Austritt abgewickelt ist und keine gegenseitigen Ansprüche mehr bestehen, sind die Daten aus der Mitgliederverwaltung zu löschen.

Entsprechendes gilt bei Spenderdaten. Wenn die Spende verwaltungsmäßig erledigt und die Zuwendungsbestätigung ausgestellt ist, braucht der Verein die Daten des Spenders nicht mehr.

Allerdings ist hier immer nach dem konkreten Zweck der Speicherung zu fragen. Hat ein Verein beispielsweise im Zusammenhang mit einer Spende Kenntnis von Daten des Spenders erhalten und diese gespeichert, so sind diese Daten zu löschen, soweit sie nach Erfüllung des Zwecks (Abwicklung des Vorgangs »Spende«) nicht mehr benötigt werden (z. B. Bankdaten). Dies gilt aber nicht für Daten über die Person des Spenders, die aus ganz anderen Gründen in rechtlich korrekter Weise gespeichert wurden. Ist etwa der Spender Vereinsmitglied, so bleiben seine Mitgliedsdaten nach wie vor Bestandteil der Mitgliederverwaltung. Entsprechendes gilt, wenn die Daten des Spenders von einer Liste stammen, die der Verein zum Zwecke der Spendenwerbung selbst zusammengestellt oder erworben hat (s. o.). Diese Liste kann im Rahmen ihres Zwecks mit den Daten, die auf der Liste sein dürfen, weiterhin Verwendung finden.

Löschen heißt Unkenntlichmachen gespeicherter Daten (§ 3 Abs. 4 Nr. 5 BDSG). Statt der Löschung sind die Daten unter bestimmten Voraussetzungen lediglich zu **sperren** (Kennzeichnen gespeicherter Daten, um ihre weitere Verarbeitung oder Nutzung einzuschränken, § 3 Abs. 4 Nr. 4 BDSG). Durch einen »Sperrvermerk« sollen die Daten aus dem üblichen Geschäftsgang entfernt und nur noch für bestimmte Zwecke archiviert werden. Dies kann innerhalb der EDV erfolgen, indem etwa die gesperrten Daten nur durch ein besonderes, lediglich dem Vorsitzenden und dem Schatzmeister bekanntes Passwort erreichbar sind. Möglich ist es auch, die gesperrten Daten auf einen externen Datenträger zu nehmen und im Keller einzuschließen.

Gemäß § 35 Abs. 3 BDSG muss der Verein u. a. dann anstelle der Löschung eine Sperrung durchführen, wenn gesetzliche, satzungsmäßige oder vertragliche Aufbewahrungsfristen eine Löschung verbieten. Von besonderer Bedeutung sind hier die Fristen des Steuerrechts (langjährige Fristen für die Aufbewahrung von Nachweisen). Falls die oben angesprochenen Spenderdaten unter diese Fristen fallen, entfällt die Löschung und die Daten werden gesperrt, also nur noch als steuerliche Nachweise vorgehalten und für alle anderen Zwecke aus dem Verkehr gezogen.

Hat ein Betroffener ein schutzwürdiges Interesse am Erhalt der Daten, ist ebenfalls die Sperrung der Löschung vorzuziehen.

10.1.6 Information, Benachrichtigung des Betroffenen

Das BDSG geht von dem Grundsatz aus, dass Daten beim Betroffenen selbst abgefragt werden (§ 4 Abs. 2 BDSG) und dieser daher von vornherein weiß, welche Daten er weitergibt. Aber auch, wenn die Daten bei

der betroffenen Person erhoben werden, ist diese **bei Erhebung** darüber zu unterrichten,
- welche Stelle welche Daten erhebt;
- wofür die Daten abgefragt und benötigt werden;
- wohin die Daten möglicherweise übermittelt werden, soweit dies nicht ohnehin auf der Hand liegt.

Diese Informationen müssen nicht gegeben werden, wenn die betroffene Person schon aus anderen Gründen Bescheid weiß (§ 4 Abs. 3 BDSG).

Entsprechende Pflichten bestehen gemäß § 33 Abs. 1 BDSG, wenn Daten erstmalig **gespeichert** werden **und** der Betroffene von dieser Speicherung nichts weiß. Dann ist der Betroffene darüber zu benachrichtigen,
- wer welche Daten speichert;
- wofür er diese Daten haben und verwenden will;
- wohin die Daten möglicherweise übermittelt werden, soweit dies nicht ohnehin auf der Hand liegt.

Auch hier gilt: Diese Informationen müssen nicht gegeben werden, wenn die betroffene Person schon aus anderen Gründen Bescheid weiß (§ 33 Abs. 2 BDSG).

Daraus ist die Empfehlung an den Verein abzuleiten, bei der Erhebung der Daten genau und mit möglichst einfachen Worten darüber zu informieren,
- dass hier der Verein personenbezogene Daten erhebt und speichert (Angabe von Vereinsname, Adresse und Vertretungsvorstand);
- welche Daten dies konkret sind;
- wofür (zu welchen Zwecken) diese Daten abgefragt und verwendet werden sollen;
- wohin Daten ggf. übermittelt werden.

10.1.7 Auskunftsanspruch des Betroffenen

Gemäß § 34 BDSG kann jeder von der datenverarbeitenden Stelle (z. B. Verein) eine kostenlose Auskunft in Textform (Brief, Telefax oder E-Mail) verlangen über
- seine dort gespeicherten personenbezogenen Daten und deren Herkunft;

- Empfänger und mögliche Empfänger, an die Daten weitergegeben werden;
- den Zweck der Datenspeicherung (Wofür werden die Daten vorgehalten?).

Diese Auskunft kann auch dann nicht abgelehnt werden, wenn die anfragende Person die Antworten schon kennt.

Der Betroffene soll die Art der Daten, über die Auskunft erteilt werden soll, näher bezeichnen (§ 34 Abs. 1 BDSG). Dies ist »lediglich« eine Soll-Vorschrift und kein unbedingtes »Muss«, so dass man auch verlangen kann, dass Auskunft über sämtliche personenbezogenen Daten erteilt wird.

10.1.8 Technische und organisatorische Maßnahmen

Ein Verein muss technische und organisatorische Maßnahmen treffen, um Datenschutz und Datensicherheit zu gewährleisten, soweit der Aufwand dafür angemessen ist (§ 9 BDSG).

Näheres siehe Anlage zu § 9 BDSG (»8 Gebote des Datenschutzes«).

10.1.9 Datenschutzbeauftragter

Wer muss einen Datenschutzbeauftragten bestellen?

Viele Vereinsvorstände wissen nicht, dass ihr Verein einen Datenschutzbeauftragten bestellen muss. Gemäß § 4f BDSG ist dies zwingend notwendig, wenn der Verein *in der Regel mindestens 10 Personen ständig mit der automatisierten Verarbeitung personenbezogener Daten beschäftigt.* Welche Personen sind in diesem Sinne beschäftigt?

Es handelt sich um Personen, die im Auftrag des Vereins regelmäßig personenbezogene Daten mittels Datenverarbeitungsanlagen (EDV) erheben, verarbeiten oder nutzen. »Nutzen« liegt schon vor, wenn jemand lediglich auf Daten zugreift, ohne sie einzugeben oder zu verändern. Gemeint sind beispielsweise Schreibkräfte oder Kursleiter, die im Rahmen ihrer Vereinstätigkeit Daten aus der elektronischen Vereinsverwaltung verwenden (z. B. Adressen für Einladungsschreiben bzw. Teilnehmerlisten). Hierbei ist auch nicht Voraussetzung, dass die Person selbst am PC Zugriff auf die Daten nimmt; es genügt, wenn andere Personen ihr Daten verschaffen (etwa in Form eines Ausdrucks).

Unerheblich ist, in welchem Rechtsverhältnis diese Tätigkeit ausgeführt wird, ob als Angestellter, freier Mitarbeiter (Honorarkraft) oder ehrenamtlich. Es reicht auch aus, wenn die Erhebung, Verarbeitung oder Nutzung von Daten nur einen Teil des Aufgabenspektrums darstellt.

Ein einmaliger Zugriff auf die EDV genügt allerdings nicht; es muss schon eine regelmäßig wiederkehrende Aufgabenstellung vorliegen.

Nach alledem kommen als Beschäftigte beispielsweise in Betracht: Vorstandsmitglieder, sonstige Inhaber von Satzungsämtern, Abteilungsleiter, Webmaster, EDV-Verantwortliche, externe Dienstleister, Übungsleiter, Kursleiter, Schreibkräfte, Helfer bei Projekten und Aktionen etc. So erreichen viele Vereine die erforderliche Zahl von 10 Personen, ohne sich beim Zählen besonders anstrengen zu müssen.

Werden Daten auf nicht-automatisierte Weise erhoben, verarbeitet oder genutzt (etwa nach dem Karteikastensystem), muss der Verein erst dann einen Datenschutzbeauftragten bestellen, wenn er mindestens 20 Personen hierbei beschäftigt.

 Rechts-Tipp:

Überlegen Sie als Vorsitzender, ob Ihr Verein nicht auf jeden Fall einen Datenschutzbeauftragten bestellen sollte, also auch dann, wenn er es nicht muss! Dadurch würden Sie nach innen und außen ein Zeichen dafür setzen, dass der Datenschutz und damit der Schutz der Privatsphäre in Ihrem Verein eine hohe Wertigkeit besitzen. Dies kann Ihrem Verein Vorteile im Wettbewerb um Mitglieder, Unterstützer und Spender verschaffen.

Außerdem: Falls kein Datenschutzbeauftragter bestellt werden muss, besteht kein Grund zur Gemütlichkeit. Denn dann muss der Vorstand dafür sorgen, dass die Aufgaben des Datenschutzbeauftragten auf andere Weise erfüllt werden, also etwa durch den Vorstand (§ 4g Abs. 2a BDSG). Ein Datenschutzbeauftragter trägt daher auch zur Entlastung des Vorstands bei.

Wer darf Datenschutzbeauftragter werden?

Vereinsmitglieder oder externe Personen, nicht aber Vorstandsmitglieder (zumindest nicht Mitglieder des Vertretungsvorstands gemäß § 26

BGB) oder für die Datenverarbeitung im Verein verantwortliche Personen/EDV-Leiter. Im Zweifelsfall sollte dies mit der Datenschutz-Aufsichtsbehörde abgestimmt werden.

Wie wird man Datenschutzbeauftragter?

Durch formlose, schriftliche Bestellung, also ein Schreiben, mit dem der Verein die Berufung zum Datenschutzbeauftragten ausspricht.

Was zeichnet den Datenschutzbeauftragten aus?

Er muss die zur Aufgabenerfüllung erforderliche Fachkunde und Zuverlässigkeit haben. Darüber gibt es keine allgemeingültigen oder staatlichen Vorgaben. Die erforderliche Fachkunde ist, wie das Gesetz sagt, unter Berücksichtigung des Umfangs der im Verein anfallenden Datenverarbeitung und des Schutzbedarfs der erhobenen oder verwendeten Daten zu definieren. Will sagen: In einem kleinen Verein sind die Anforderungen geringer als in einem Großverein oder einem Verein, der mit besonders sensiblen Daten arbeitet.

Der Datenschutzbeauftragte untersteht direkt dem Vorstand, ist auf dem Gebiet Datenschutz weisungsfrei und darf wegen dieser Tätigkeit nicht benachteiligt werden. Er unterliegt einer Verschwiegenheitspflicht (§ 4f Abs. 3, 4 BDSG).

Der Datenschutzbeauftragte kann nur aus wichtigem Grund (§ 626 BGB) abberufen werden und genießt als Angestellter Kündigungsschutz (Näheres § 4f Abs. 3 BDSG).

Alles in allem ergibt sich das Bild eines unabhängigen Beraters, der aber nicht weisungs- oder entscheidungsbefugt ist.

Welche Aufgaben hat der Datenschutzbeauftragte?

Er sorgt für die Einhaltung der Datenschutzgesetze (z. B. durch Kontrollen). Insbesondere überwacht er die ordnungsgemäße Anwendung der eingesetzten Programme (siehe z. B. § 9 BDSG) und macht die im Verein tätigen Personen mit den gesetzlichen Vorschriften und dem Datenschutz vertraut (Näheres siehe § 4g BDSG).

10.2 Rechtsgrundlage: Telemediengesetz (TMG)

Eine originell gestaltete Homepage ist unerlässlich für eine Kita, die sich nach außen gut präsentieren will. Man kann sogar so weit gehen, dass Fundraising ohne brauchbare Homepage vermutlich kaum erfolgreich sein wird. Welche rechtlichen Vorgaben sind bei der Einrichtung einer Internetpräsenz oder der Versendung von Newslettern zu beachten? Maßgebliche Rechtsgrundlage ist hier das TMG.

10.2.1 Anwendungsbereich des TMG

Das TMG gilt für elektronische Informations- und Kommunikationsdienste (Telemedien, z. B. Webseite, Internetforum, Newsletter) und stellt Anforderungen für die Anbieter dieser Dienste auf. Diensteanbieter ist jede natürliche oder juristische Person (z. B. Verein), die eigene oder fremde Telemedien zur Nutzung bereithält (§§ 1, 2 TMG).

10.2.2 Informationspflichten, Anbieterkennzeichnung

Worüber muss informiert werden?

Gemäß §§ 5 TMG muss jeder, der »geschäftsmäßig« Telemedien anbietet, bestimmte Informationen leicht erkennbar, unmittelbar erreichbar und ständig verfügbar halten, z. B. auf seiner Webseite. Dies wird oft als Impressum bezeichnet, was aber eigentlich nicht richtig ist, da dieser Begriff aus dem Pressebereich stammt. Dennoch hat er sich hier eingebürgert. Richtiger wäre »Anbieterkennzeichnung«.

Im Falle eines Vereins muss daraus mindestens hervorgehen, dass es sich um einen Verein handelt (Zusatz e. V.), weiter Name und Anschrift, Vertretungsberechtigte sowie »Angaben, die eine schnelle elektronische Kontaktaufnahme und unmittelbare Kommunikation ermöglichen, einschließlich der Adresse der elektronischen Post« – also eine E-Mail-Adresse und Telefonnummer –, das zuständige Vereinsregister (Registergericht) mit VR-Nummer und, soweit vorhanden, Umsatzsteueridentifikationsnummer (§ 27a UmsatzsteuerG).

Bietet jemand kommerzielle Dienste an, ergeben sich aus § 6 TMG noch weitergehende Informationspflichten.

Man mag darüber streiten, ob und wann Vereine diese Pflichten erfüllen müssen. So wird die Meinung vertreten, dass die Informationspflichten nicht für Webseiten gelten, auf denen gemeinnützige Vereine über sich informieren. Auf diesen Streit sollte man sich aber nicht einlassen. Zum einen wird der Begriff »geschäftsmäßig« so weit ausgelegt, dass praktisch nur rein private oder familiäre Webseiten nicht unter § 5 TMG fallen. Zum anderen kann ein Verein die Informationspflicht relativ leicht erfüllen und ihm drohen, wenn er der Pflicht nicht nachkommt, Abmahnungen und/oder Bußgelder.

Wo und wie müssen die Informationen angebracht werden?

Das Gesetz spricht lediglich von leicht erkennbar, unmittelbar erreichbar und ständig verfügbar. Dies heißt, der Nutzer darf nicht lange suchen müssen. Versucht man dies zu konkretisieren, bietet sich Folgendes an:
- Anbieterkennzeichnung/Impressum auf jeder Webseite oder
- auf einer gesonderten Seite, die aber von jeder anderen Seite mit einem Link erreichbar ist.

 Rechts-Tipp:

Grundsätzlich gilt die 2-Click-Regel: Der Nutzer darf, auf welcher Seite des Internet-Auftritts er sich auch befindet, nie mehr als 2 Clicks von der Anbieterkennzeichnung entfernt sein.

Einige Gerichte haben die Auffassung vertreten, es sei nicht korrekt, wenn der Nutzer erst zum unteren Rand einer Webseite scrollen müsse, um zum Link oder den Angaben zu kommen; andere Juristen halten diese Auffassung für falsch, da der Nutzer ja am Balken sieht, dass er nicht die vollständige Seite im Blick hat, und es von vielen individuellen Einstellungen und der jeweiligen Bildschirmgröße abhängt, wie eine Seite sich beim Nutzer aufbaut.

Der Nutzer muss die Pflichtangaben ausdrucken können.

Wichtig ist auch, dass der Nutzer überhaupt erkennt, welcher Link ihn zu den Informationen gemäß § 5, 6 TMG führen will. Er muss die Kennzeichnung des Links so verstehen, dass sich dahinter Informationen zur Identität und Erreichbarkeit des Anbieters befinden. Wie also muss der Link bezeichnet sein? Auch hierüber streiten die Juristen. Die meisten schlagen vor »Impressum«, »Anbieterkennzeichnung« oder »Anbieterkennzeichnung/Impressum«. Auch »Kontakt« oder »Service« soll korrekt sein.

Leider hat es der Gesetzgeber versäumt, über den Ort und die Bezeichnung der Informationen Klarheit zu schaffen. Deshalb werden in diesem Bereich weiterhin zahlreiche Streitpunkte bleiben.

10.2.3 Erhebung und Verwendung von Daten

Der Anbieter (hier: der Verein) darf personenbezogene Daten zur Bereitstellung von Telemedien nur erheben und verwenden, soweit das TMG es erlaubt oder der Nutzer eingewilligt hat (§ 12 Abs. 1 TMG). Dies bedeutet, dass ein Verein, der Telemedien anbietet (z. B. einen Newsletter oder ein Internet-Forum) und hierfür Daten abfragen will, zunächst prüfen muss, ob das TMG die Verwendung dieser Daten erlaubt. Ist dies nicht der Fall, benötigt der Verein eine Einwilligung der betroffenen Person.

Das Bundesdatenschutzgesetz (BDSG) hilft in dieser Situation nicht weiter. Selbst wenn das BDSG die Datenerhebung oder Verwendung gestatten würde, könnte sich der Verein darauf hier nicht berufen, da das BDSG hinter dem TMG zurücksteht.

Was erlaubt das TMG?

Es erlaubt die Erhebung und Verwendung von sog. Bestands- und Nutzungsdaten (§§ 14, 15 TMG).

Bestandsdaten sind Daten, die für die Begründung, den Inhalt oder die Änderung eines Vertragsverhältnisses zwischen Verein und Nutzer erforderlich sind (z. B. Name, Anschrift, Kommunikationsdaten, Bankverbindung). Dies setzt also voraus, dass ein Vertrag zwischen Verein und Nutzer geschlossen wird. (z. B. über den Bezug eines Newsletters oder die Teilnahme an einem Online-Kurs). Hierbei muss es sich nicht unbedingt um eine kostenpflichtige Nutzung handeln. Voraussetzung ist aber immer, dass zwischen Verein und Nutzer ein Vertragsverhältnis mit gegenseitigen Rechten und Pflichten besteht. Daten, die für dieses Vertragsverhältnis unbedingt benötigt werden, dürfen abgefragt werden.

Ob ein Vertrag geschlossen wurde oder nicht, darf der Verein aber jedenfalls **Nutzungsdaten** erheben oder verwenden. Dies sind Angaben, die erforderlich sind, um das jeweilige Angebot überhaupt zu ermöglichen und ggf. abzurechnen. Gemeint sind insbesondere Angaben zur Identifikation des Nutzers (z. B. Name, postalische und E-Mail-Adresse), Angaben über Beginn, Ende und Umfang der jeweiligen Nutzung sowie Angaben darüber, welche Dienste der Nutzer in Anspruch genommen hat.

Dürfen diese Daten auch für andere Zwecke verwendet werden?

Nein, das TMG erklärt eindeutig:

Der Anbieter (hier: der Verein) darf die für die Bereitstellung von Telemedien erhobenen personenbezogene Daten für andere Zwecke nur verwenden, soweit dieses Gesetz es erlaubt oder der Nutzer eingewilligt hat (§ 12 Abs. 2 TMG).

Auch hier hilft das BDSG nicht, da es sich nicht auf Telemedien bezieht (s.o.).

 Praxis-Beispiel:

Der Verein bietet einen Newsletter an und sammelt hierfür auf einem Fragebogen Namen, Anschriften und E-Mail-Adressen von Interessenten. Diese Daten, die er zwecks Newsletter-Versand erhalten hat, darf er nicht für andere Maßnahmen verwenden, also z. B. nicht zusätzlich zur Versendung eines gesonderten Spendenbriefs. Es wäre aber möglich, einen Spendenaufruf in den Newsletter einzubeziehen. Allerdings setzt dies voraus, dass der Empfänger damit einverstanden ist, Spendenwerbung per E-Mail zu erhalten (s. o. 10.1.2 »Werbung für steuerbegünstigte Spenden«).

 Rechts-Tipp:

Fragen Sie die Interessenten, ob sie mit einer anderen Verwendung ihrer Daten (z. B. gesonderte Spendenbriefe, Einladungen) oder Spenden-/Mitgliederwerbung per E-Mail einverstanden sind und lassen Sie sich die Einwilligung schriftlich auf dem Fragebogen geben. Damit erweitern Sie Ihre Möglichkeiten. Wollen Sie einen Interessenten fragen, ob er mit dem Erhalt von Werbeschreiben einverstanden ist, sollten Sie dies kreativ formulieren, damit es nicht »plump« wirkt.

Ein Beispiel finden Sie in Kapitel 9.3.1.

Wenn allerdings der Verein dieselben Daten legal auch noch auf anderem Weg und aus anderen Beweggründen erhalten hat oder erhält – beispielsweise, weil der Newsletter-Empfänger Vereinsmitglied ist oder Spender wird – dürfen die Daten für diese anderen Zwecke – z. B. Mitgliederverwaltung bzw. Abwicklung der Spende – natürlich verwendet werden. Gleiches gilt, wenn der Verein für den Newsletter-Versand gar keine Daten abfragt, sondern auf den bereits vorhandenen, rechtmäßig aus anderen Gründen erhobenen Datenbestand (z. B. Mitgliederdatei) zurückgreift. Dieser Bestand darf weiter genutzt werden.

Anonyme oder pseudonyme Nutzung

Der Anbieter hat die Nutzung von Telemedien und ihre Bezahlung anonym oder unter Pseudonym zu ermöglichen, soweit dies technisch möglich und zumutbar ist. Besteht diese Möglichkeit, müssen Sie den Nutzer darüber informieren (§ 13 Abs. 6 TMG).

10.2.4 Einwilligung in elektronischer Form

Erlaubt das TMG die Erhebung und Verwendung von Daten nicht, muss der Verein Einwilligungen der betroffenen Personen einholen (§ 13 Abs. 2, 3 TMG), falls er auf die Daten nicht verzichten will. Damit folgt das TMG der Struktur des BDSG (s. o. 10.1.2).

Die Einwilligung kann im Bereich des TMG elektronisch erklärt werden, wenn sichergestellt ist, dass
– der Nutzer seine Einwilligung bewusst und eindeutig erklärt;
– die Einwilligung protokolliert wird;
– der Nutzer den Inhalt der Einwilligung jederzeit abrufen kann;
– der Nutzer die Einwilligung jederzeit mit Wirkung für die Zukunft widerrufen kann. Auf dieses Widerrufsrecht muss der Verein den Nutzer vor der Einwilligung hinweisen. Den Inhalt dieses Hinweises muss der Nutzer jederzeit abrufen können.

Sonst muss die Einwilligung schriftlich erklärt werden (s. o. 10.1.3).

10.2.5 Weitere Pflichten des Anbieters

Der Anbieter (hier: der Verein) hat den Nutzer zu Beginn des Nutzungsvorgangs über Art, Umfang und Zwecke der Erhebung und Verwendung personenbezogener Daten sowie über die Verarbeitung seiner Daten in

Staaten außerhalb des Europäischen Wirtschaftsraums in allgemein verständlicher Form zu unterrichten, sofern eine solche Unterrichtung nicht bereits erfolgt ist (§ 13 Abs. 1 TMG). Der Inhalt dieser Unterrichtung muss für den Nutzer jederzeit abrufbar sein.

Dies nennt man üblicherweise **Datenschutzerklärung**.

Der Nutzer muss demnach, bevor die jeweilige Nutzung beginnt – etwa im Anmeldeformular – in einfacher, verständlicher Weise – darüber belehrt werden,
– welche personenbezogenen Daten abgefragt oder verwendet werden und
– wofür dies geschieht, z. B. Abfrage von Name, Anschrift und E-Mail-Adresse zum Newsletter-Versand, zur Spamvermeidung oder Identifikation im Blog, soweit keine anonyme oder pseudonyme Nutzung stattfindet (s.o. 10.2.3).

Und: Wenn die Daten außerhalb des Europäischen Wirtschaftsraums verarbeitet werden, muss der Anbieter dies dem Nutzer mitteilen. Warum das?

Die Übermittlung personenbezogener Daten in Staaten außerhalb des Europäischen Wirtschaftsraums (EU 27 plus Norwegen, Liechtenstein, Island) ist nicht erlaubt, wenn diese Staaten kein angemessenes Datenschutzniveau gewährleisten (§ 4b BDSG). Ausnahme: Einwilligung des Betroffenen oder vertragliche Abreden (§ 4c BDSG).

Dies betrifft insbesondere die USA. Was hat dies mit der Homepage eines deutschen Vereins zu tun?

Ganz einfach: In diese Situation kann ein Anbieter von Telemedien leichter kommen, als er denkt. Wenn er für seine Webseiten beispielsweise Statistik- oder Anti-Spam-Programme von amerikanischen Anbietern (z. B. Google) nutzt, ist davon auszugehen, dass die hierfür benötigten Nutzer-Daten auf Servern in den USA aufbereitet werden. Dies gilt auch für den »Gefällt-mir-Button« von Facebook. Auch wenn etwa nur IP-Adressen für diese Zwecke »exportiert« werden, bleibt die Situation problematisch. Denn immer mehr deutsche Datenschützer gehen davon aus, dass IP-Adressen personenbezogene Daten sind, da sie – wenn auch mehr oder weniger mühevoll – mit Personen verknüpft werden können.

Wer also solche Programme nutzt, muss seine Nutzer darauf hinweisen, dass seine Daten in ein Land außerhalb des Europäischen Wirtschaftsraums übermittelt werden. Dieser Hinweis darf aber nicht erst erfolgen, wenn die Nutzung des Teledienstes bereits begonnen hat. Denn dann ist das Kind bereits in den Brunnen gefallen und der Nutzer kann keine freie Entscheidung mehr über seine Ablehnung oder Einwilligung treffen.

 Rechts-Tipp:

Bitte prüfen Sie genau, welche fremden Programme, Buttons, Plug-ins etc. Sie auf Ihren Webseiten einbinden. Häufig ist unklar, welche Nutzerdaten hierdurch an fremde Unternehmen fließen und was dort mit diesen Daten geschieht. Solche Unklarheiten erschweren auch die korrekte Abfassung der Belehrung, denn Sie müssen den Nutzer ja darüber informieren, welche Daten Sie erheben und verwenden – etwa auch an Dritte übermitteln – und zu welchem Zweck dies geschieht.

10.2.6 Beendigung des Dienstes, Löschung von Daten

Durch technische und organisatorische Maßnahmen muss der Verein sicherstellen, dass der Nutzer die Nutzung des Dienstes jederzeit beenden kann und dass die personenbezogenen Daten des Nutzers dann unmittelbar gelöscht werden (§ 13 Abs. 4 TMG). Wenn gesetzliche, satzungmäßige oder vertragliche Aufbewahrungsfristen bestehen, sind die Daten zu sperren (s. o. 10.1.5).

10.2.7 Auskunft

Der Nutzer hat Anspruch auf Auskunft gegen den Anbieter gemäß § 34 BDSG (§ 13 Abs. 7 TMG, s. o. 10.1.7).

11. Exkurs: Sponsoring

11.1 Was ist Sponsoring?

Im Gegensatz zur Spende ist Sponsoring ein Vertragsverhältnis mit einem gegenseitigen Austausch von Leistungen. Während ein Spender seine Leistung gibt, ohne eine Gegenleistung zu erwarten, stellen Sponsoren (Einzelpersonen, Unternehmen oder sonstige Organisationen) einem Verein oder einer anderen gemeinnützigen Organisation Geldbeträge oder auch Sach- oder Dienstleistungen zur Verfügung, um eine bestimmte Gegenleistung zu erhalten.

Meist besteht diese Gegenleistung darin, den Sponsor im Bereich der Werbung oder Öffentlichkeitsarbeit zu unterstützen oder ihm ein Forum für Aktionen zu bieten, mit denen er sein Unternehmen präsentieren kann (z. B. Vorstellung des Sponsors in der Vereinszeitung; Werbung für den Sponsor auf dem Vereinsgelände oder dem Vereinsfahrzeug; Logo des Sponsors auf der Vereinshomepage mit Link zur Homepage des Sponsors; Sponsor darf mit dem Verein und dem Vereinslogo werben und bei Veranstaltungen auf dem Vereinsgelände einen Info-Stand betreiben).

Die beidseitigen Leistungen und die Zusammenarbeit werden häufig in einem schriftlichen Vertrag festgehalten.

Auf diese Weise wird die Förderung des gemeinnützigen Zwecks zu einem Marketinginstrument, von dem beide Seiten – Verein und Sponsor – profitieren.

Soweit eine runde und einfache Sache, wenn es das Steuerrecht nicht gäbe.

Denn Sponsoring wirft für beide Seiten eine Reihe von steuerrechtlichen Fragestellungen auf. Aus der Sicht des Sponsors ist z. B. wichtig, ob seine Ausgaben steuerlich absetzbare Betriebsausgaben sind. Der Verein muss Klarheit darüber haben, ob die von ihm erzielten Einnahmen dem wirtschaftlichen Geschäftsbetrieb zuzuordnen sind. Dies kann erhebliche Auswirkungen auf Körperschaft- und Umsatzsteuer haben.

Diesen Fragen soll hier nicht näher nachgegangen werden, da dies den thematischen Rahmen des Buches überschreiten würde. Es ist unbedingt zu raten, **vor** Abschluss eines Sponsoring-Vertrages fachmännischen Rat in Anspruch zu nehmen. Dann besteht auch die Möglichkeit, die Gestaltung des Vertrages den geltenden Gesetzen und den Vorstellungen der Partner anzupassen.

An dieser Stelle nur so viel:

Eine Spende im Sinne des Steuerrechts liegt nur vor, wenn der Spender keine Gegenleistung erhält. Bedankt sich der Empfänger einer Spende, so kann dies unter bestimmten Umständen als Gegenleistung anzusehen sein.

Allerdings weiß auch das Finanzamt: Einem Spender muss man danken. Dieser Dank ist keine Gegenleistung, die aus einer Spende einen Sponsoring-Vertrag macht.

Aber: Es muss sich um ein »einfaches Dankeschön« handeln und darf nicht damit verbunden sein, dass Sie Werbung für das Unternehmen machen oder an dessen Präsentation mitwirken. Wie hat man sich das vorzustellen? Wird lediglich auf die Unterstützung hingewiesen, dabei der Name des Spenders etwa in einer Lautsprecherdurchsage, auf Plakaten oder auf der Homepage genannt (auch mit Logo des Spenders), findet jedoch keine besondere Hervorhebung statt, so ist dies ein bloßes Dankeschön, das bei einer Spende erlaubt ist (Beispiele: »Den Sand für den Sandkasten hat uns die Firma Müller zur Verfügung gestellt. Vielen Dank dafür!« »Wir danken unseren Unterstützern: Firma Schulz & Söhne – Spende von Mobiliar; Rechtsanwalt Dr. Calamity – Spende von 500 Euro; . . .«).

Geht der Dank jedoch darüber hinaus, wird etwa Produktwerbung damit verbunden oder im Internet ein Link zum Spender gesetzt, dann geben Sie dem Unternehmen Raum zur Selbstdarstellung, weshalb eine Gegenleistung und damit keine Spende, sondern Sponsoring vorliegt.

Einnahmen aus Sponsoring sind beim Verein meist dem wirtschaftlichen Geschäftsbetrieb zuzuordnen.

Ist der Verein umsatzsteuerpflichtig, muss er bei Rechnungsstellung 19% Umsatzsteuer erheben. Soweit es sich um Einnahmen aus Vermietung und Verpachtung handelt (z. B. Verpachtung von Werbeflächen), gehören diese zur für den Verein steuerfreien Vermögensverwaltung (Umsatzsteuersatz 7%).

Rechts-Tipp:

Datenschutz:

Manchmal legen Sponsoren Wert darauf, die Mitgliederliste oder Teile davon als eine Gegenleistung zu erhalten, um diese für Werbemaßnahmen zu nutzen.

Aus Sicht des Vereins wäre dies ein Verkauf von Mitgliederdaten.

Dies ist nicht zulässig.

Zwar hat der Verein ein nachvollziehbares ideelles und wirtschaftliches Interesse an dem Sponsoring-Vertrag, wenn die Leistung des Sponsors den satzungsgemäßen Zielen des Vereins dienen soll.

Aber dagegen spricht das Interesse der Mitglieder, die das Recht haben, selbst zu entscheiden, ob ihre Daten aus wirtschaftlichen Gründen an einen Sponsor weitergegeben werden sollen.

Wägt man diese Interessen gegeneinander ab, überwiegt das Interesse der Mitglieder (siehe Kapitel 10.1.2).

Somit ist die Übermittlung von Mitgliederdaten an einen Sponsor nur mit Einwilligung der Mitglieder erlaubt. Falls ein großzügiges Angebot des Sponsors vorliegt, sind viele Mitglieder vielleicht bereit, ihre Einwilligung zu geben.

Sonst gibt es eine andere Möglichkeit: Der Verein versendet selbst das Werbematerial des Sponsors. Dann müssen die Daten nicht nach außen gegeben werden.

11.2 Wie gewinnen Sie Sponsoren?

Grundsätzlich gilt für die Gewinnung von Sponsoren das, was auch für die Gewinnung von Spendern gilt.

Weil jedoch das Prinzip von Leistung und Gegenleistung als charakteristisches Merkmal das Sponsoring prägt, sind Sie gefordert, Ihre Gegenleistung, die Sie im Gegenzug für die Sponsorenleistung anbieten können, zu konkretisieren.

Welche Gegenleistung dies tatsächlich sein kann, hängt maßgeblich von den Interessen und Erwartungen Ihres Sponsors ab. Meist erwarten Unternehmen im Gegenzug für ihre Unterstützung

- einen Imagegewinn
- die Steigerung des Bekanntheitsgrades
- die Gewinnung neuer Kunden.

Diesen Erwartungen muss Ihre Gegenleistung entsprechen.

Entscheidend für die erfolgreiche Gewinnung von Sponsoren ist daher, dass Sie die für Sie als Sponsoren in Frage kommenden Unternehmen mit handfesten Vorteilen, die eine Unterstützung Ihrer Projekte mit sich bringen wird, überzeugen.

Berücksichtigen Sie dabei, dass aus Sicht des Unternehmens die Entscheidung »pro oder contra Sponsoring« eine Investitionsentscheidung ist: Macht sich der investierte Betrag in einem gestärkten positiven Image, einem höheren Bekanntheitsgrad oder der Ausweitung des Kundenkreises bemerkbar?

Überlegen Sie daher zunächst, welchen konkreten Nutzen Ihre Kita anbieten kann und vor allem, was Sie tatsächlich tun können, um den versprochenen Nutzen auch zu realisieren.

So resultieren Imagegewinn und Steigerung des Bekanntheitsgrades zumeist aus einer umfassenden und kontinuierlichen Öffentlichkeitsarbeit.

Wenn Sie diesen Nutzen anbieten, müssen Sie sich sicher sein, auch für eine entsprechende Öffentlichkeitsarbeit sorgen zu können. Machen Sie ein entsprechendes Konzept zum Bestandteil Ihres Sponsoring-Angebots.

Hier zahlt sich aus, dass Sie über ein aussagekräftiges Rechnungswesen verfügen. Denn mit diesen Informationen können Sie Ihre Nutzenargumente »schwarz und weiß« belegen.

So könnten Sie beispielsweise darauf verweisen, dass Ihr vierteljährlich erscheinender Newsletter von mehr als 200 Personen gelesen oder Ihre Homepage monatlich von über 500 Nutzern besucht wird. Positioniert Ihr potentieller Sponsor hier sein Logo und eine Anzeige, erreicht er damit eine große Zahl möglicher neuer Kunden. Auch Ihre aktive Präsenz in sozialen Netzwerken ist ein überzeugendes Nutzenargument in Ihrem

Sponsoringkonzept. Denn Ihre Berichte über das Engagement Ihrer Sponsoren werden auch hier von Ihren Kontakten gelesen.

Überzeugend ist, wenn Sie im Gespräch mit Ihrem künftigen Sponsor bereits ein Konzept vorlegen, aus dem deutlich wird, welche Leistungen Ihre Kita dem Unternehmen anbieten kann und welcher messbare Nutzen dadurch für das Unternehmen entsteht. Je mehr Sie das »Nutzenversprechen« mit Zahlen belegen können, umso besser.

Fragen Sie sich, welche Unternehmen aus dem lokalen Umfeld als Sponsoren Ihrer Kita in Frage kommen oder welche Wunschpartner Sie gerne hätten.

Versetzen Sie sich in die Lage des Entscheiders im Unternehmen: Welche Argumente und welcher Nutzen könnte Sie dann überzeugen, Ihre Kita zu unterstützen?

Selbstverständlich ist auch im Sponsoring die Kontaktpflege eine unverzichtbare und tragende Säule. Informieren Sie Ihre Sponsoren regelmäßig: Über den Entwicklung und den Erfolg des mit Sponsorenmitteln umgesetzten Projekts, aber auch über die Mediadaten (also Zahl der Newsletter-Abonnenten oder Besucher der Webseite etc.).

Bleiben Sie aber auch im Gespräch über den Erfolg des Sponsoring aus Sicht des Unternehmens. Zeigen Sie, dass Sie auch die Interessen Ihrer Sponsoren im Blick haben. Bleiben Sie im Gespräch mit Ihren Sponsoren und fragen Sie regelmäßig nach, ob sich deren Erwartungen erfüllt haben. Gibt es Gründe für Unzufriedenheit, überlegen Sie gemeinsam, was besser gemacht werden kann.

So haben Sie nicht nur einen zufriedenen Sponsor, sondern einen Partner auf Augenhöhe, der Sie regelmäßig und wiederkehrend unterstützt.